U0793423

交通职业教育教学指导委员会推荐教材
高职高专院校市政工程专业教学用书

高等职业教育规划教材

市政道路养护与管理

Shizheng Daolu Yanghu Yu Guanli

主编　周传林
主审　彭富强

人民交通出版社

内 容 提 要

本书是高等职业教育规划教材，由交通职业教育教学指导委员会路桥工程专业指导委员会组织编写。全书共9章，主要内容包括：市政道路养护的方针、政策与管理体系，市政道路养护机械，市政道路路基、路面、桥梁、人行道及附属设施的养护，市政道路沿线设施的养护，市政道路绿化以及市政道路养护管理等。

本书是高职高专院校市政工程专业教学用书，也可供道路桥梁工程技术等相关专业教学使用，或供从事市政工程养护与管理的干部、技术人员学习参考。

图书在版编目(CIP)数据

市政道路养护与管理／周传林主编. —北京：人民交通出版社，2009. 1

ISBN 978-7-114-07416-5

I.市… II.周… III.城市道路—公路养护 IV.U418

中国版本图书馆CIP数据核字(2008)第150264号

书　　名：市政道路养护与管理
著 作 者：周传林
责任编辑：田克运
出版发行：人民交通出版社股份有限公司
地　　址：（100011）北京市朝阳区安定门外外馆斜街3号
网　　址：http://www.ccpress.com.cn
销售电话：（010）59757973
总 经 销：人民交通出版社股份有限公司发行部
经　　销：各地新华书店
印　　刷：北京交通印务有限公司
开　　本：787×1092 1/16
印　　张：14.75
字　　数：346千
版　　次：2009年1月 第1版
印　　次：2021年12月 第7次印刷
书　　号：ISBN 978-7-114-07416-5
定　　价：30.00元

前言

QIANYAN

为深入贯彻落实《高等教育面向21世纪教学内容和课程体系改革计划》，按照教育部“以教育思想、观念改革为先导，以教学改革为核心，以教学基本建设为重点，注重提高质量，努力办出特色”的基本思路，交通职业教育教学指导委员会路桥工程专业指导委员会在总结道路桥梁工程技术专业教学文件编制及其教材编写工作经验的基础上，为合理调整和配置资源，扩充道路桥梁工程技术专业的方向，又组织开发了相关专业的教学指导方案及部分专业教材，其中包括三年制高职高专院校市政工程专业教学指导方案及7门课程的规划教材。

本教材以教育部对高职高专人才培养目标、培养规格、培养模式及与之相适应的知识、技能、能力和素质结构的要求为宗旨，充分注意学生创新能力和实践能力的培养，加强了实训教学环节。本教材紧密跟踪我国市政工程技术的发展，采用了最新的行业技术标准、规范、规程，具有较强的针对性。教材编写中全面贯彻素质教育思想，力求体现以就业为导向，以需求为本位，注重知识实用性的现代职业教育理念，从市政工程行业岗位群对人才的知识结构和技能要求出发，提出教学目标和教学内容。本教材在理论体系、组织结构、内容描述上均反映了专业教学改革的成果。

《市政道路养护与管理》是高职高专院校市政工程专业规划教材之一，内容包括：市政道路养护的方针、政策与管理体系，市政道路养护机械，市政道路路基、路面、桥梁、人行道及附属设施的养护，市政道路沿线设施的养护，市政道路绿化以及市政道路养护管理等。

参加本书编写工作的人员有：南京交通职业技术学院周传林（编写第三、四、五、八章）、耿巍（编写第一、二章）、李建才（编写第九章），河南交通职业技术学院张丽娟（编写第六、七章）。全书由周传林担任主编，湖南交通职业技术学院彭富强担任主审。

本套教材是路桥工程专业指导委员会委员及长期从事市政工程专业教学与工程实践的教师们工作经验的总结。本教材力求通俗易懂，紧密联系市政工程实际，实用性强，既可以作为市政工程专业三年制教学用书，也可供公路工程、市政工程专业施工人员学习参考。

由于编写时间仓促加之我们水平有限，书中难免有不妥之处，敬请广大读者批评指正。

本套教材在编写过程中得到了交通职业教育教学指导委员会的关心与指导，全国各交通职业技术学院的领导也给予了大力支持，在此，向他们表示诚挚的谢意。

交通职业教育教学指导委员会
路桥工程专业指导委员会
2008 年 4 月

目　录

MULU

第一章

绪论

知识目标

1. 解释市政道路的概念和养护范围；
2. 描述市政道路的分类与分级；
3. 描述市政道路检测方法和评价方法。

能力目标

进行市政道路的分类。

•第一节　市政道路的分类与技术分级•

市政道路是指城市内部的通路，是城市组织生产、安排生活、搞活经济、物资流通所必需的车辆、行人交通往来的道路，是连接城市各个功能分区和对外交通的纽带。

我国的城市道路是根据其在道路系统中的地位、交通功能以及对沿线建筑物的服务功能及车辆、行人进出频率而分类。2012 年建设部颁发的行业标准《城市道路设计规范》(CJJ 37—2012)，根据城市道路的类型、道路的性质、主要功能及其特点，将城市道路分为四类。

一、按城市骨架分类

根据道路在城市总体布局中的位置和作用，我国国家标准对城市道路按城市骨架分为以下 4 类：

1. 快速路

快速路又称城市快速干道，为城市中大量、长距离、快速的交通服务，属城市交通主干道。

在《城市道路交通规划设计规范》(GB 50220—95)中规定："对于人口在 200 万人以上的大城市，或长度超过 30km 的带状城市，应设置快速路。"另外，在大城市外围的卫星城镇与中心市区之间，远距离的卫星城镇之间也宜设置快速路。25 万 ~ 30 万人的居民区间距大于 10km 时，也可设快速路。快速路布置有 4 条以上的行车道，全部采用立体交叉，且全部控制出入，分向分道行驶，一般应布置在城市组团之间的绿化分隔带中，成为城市组团的分界。快速路与城市组团的关系可以比作藤与瓜的关系。

快速路是大城市交通运输的主要动脉,同时也是城市与高速公路的联系通道。在快速路上的机动车道两侧不宜设置非机动车道,不宜设置吸引大量车流和人流的公共建筑出口,对两侧建筑物的出入口应加以控制,且车流和人流的出入应尽量通向与其平行的道路。

快速路两旁的视野要开阔,可以设绿化带,但不可种植高大乔木和灌木以免阻碍视线,影响交通安全。在有必要且条件允许的城市,快速路的部分路段可考虑采用高架的形式,也可以采用路堑的形式,以更好地协调用地与交通的关系。

2. 主干路

主干路又称城市主干道,是城市中主要的常速交通道路,主要为相邻组团之间和与中心区的中距离运输服务,是联系城市各组团及城市对外交通枢纽联系的主要通道。主干路在城市道路网中起骨架作用,它与城市组团的关系可比作串糖葫芦的关系。

主干路上机动车与非机动车应分隔行驶,交叉口之间的分隔带要尽量连续,以防车辆任意穿越,影响主干路上车流的行驶。主干路两侧不宜设置吸引大量车流、人流的公共建筑出入口。

主干路多以交通功能为主,除可分为以客运或货运为主的交通性主干道外,也有少量主干路可以成为城市主要的生活性景观大道。

3. 次干路

次干路是城市各组团内的主要干道,与主干路结合组成城市干道网,起集散交通的作用。

次干路兼有服务功能,两侧可设吸取大量车流、人流的公共建筑住宅,设置机动车和非机动车的停车场,并满足公共交通站点和出租车服务站的设置要求。

次干路又可分为:

①交通性次干道。常为混合性交通干道和客运交通次干道。

②生活性次干道。包括商业服务性街道或步行街等。

4. 支路

支路又称城市一般道路或地方性道路,应为次干路与相邻道路、与小区的连接线,解决局部地区交通,以服务功能为主。

支路不得与快速路直接相接,只可与平行快速路的道路相接,在快速路两侧的支路需要联系时,需用分离式立体交叉跨越。支路应满足公共交通路线行驶的要求。

除快速路外,各类道路按所在城市的规模,设计交通量,地形等分为Ⅰ、Ⅱ、Ⅲ级。大城市应采用各类道路中的Ⅰ级标准;中等城市应采用Ⅱ级标准;小城市应采用Ⅲ级标准,各类各级城市道路主要技术指标见表1-1。

《城市道路设计规范》(CJJ 37—2012)规定:城市道路交通量达到饱和状态时的设计年限,快速路、主干路为20年;次干路为15年;支路为10~15年。

城市可按照其市区和郊区的非农业人口总数划分为:

大城市。50万以上人口的城市。

中等城市。20万~50万人口的城市。

小城市。不足20万人口的城市。

四类道路的交通功能关系如表1-2所示。

各类各级城市道路主要技术指标 表1-1

项目 / 类别	级别	设计车速 (km/h)	双向机动车道数 (条)	每条机动车道宽度 (m)	分隔带设置	采用的横断面形式
快速路		80,60	≥4	3.75	必须设	双、四幅
主干路	I	60,50	≥4	3.75	应设	单、双、三、四
	II	50,40	3~4	3.75	应设	单、双、三
	III	40,30	2~4	3.75~3.5	可设	单、双、三
次干路	I	50,40	2~4	3.75	可设	单、双、三
	II	40,30	2~4	3.75~3.5	不设	单
	III	30,20	2	3.5	不设	单
支路	I	40,30	2	3.5	不设	单
	II	30,20	2	3.5	不设	单
	III	20	2	3.5	不设	单

各类道路交通功能的关系 表1-2

类别	位置	交通特征						
快速路	组团间	交通性	货运为主	高速	隔离性大	交叉口间距大	机动车流量大	无自行车、步行流量
主干路	组团间							
次干路	组团内	生活性	客运	低速	不需隔离	交叉口间距小	机动车流量小	自行车、步行流量大
支路	组团内							

二、按功能分类

城市道路按功能分类的依据是道路与城市用地的关系,按道路两旁用地所产生交通流的性质来确定道路的功能。可分为以下两大类:

1. 交通性道路

交通性道路是以满足交通运输为主要功能的道路,承担城市主要的交通流量及对外交通的联系。

交通性道路的特点为车速高,车辆多,车行道宽,道路线形要符合快速行驶的要求,道路两旁要求避免布置吸引大量人流的公共建筑。

根据车流的性质,交通性道路又可以分为:

(1)以货运为主的交通干道。主要分布在城市外围和工业区,对外货运交流枢纽附近。

(2)以客运为主的交通干道。主要布置在城市客流主要流向上,又可分为:

①客运机动车交通干道。

②全市性自行车专用路。

③客货混合性交通道路。交通干道间的集散性或联络性的道路,或用于用地性质混杂的地段。

2. 生活性道路

生活性道路是以满足城市生活交通要求为主要功能的道路,主要为城市居民购物、社交、游憩等活动服务的,以步行和自行车交通为主,机动车交通较少,道路两旁布置为生活服务的、人流较多的公共建筑及居民建筑,要求有较好的公共交通服务条件。又可分为:

(1)生活性干道。如商业大街、居住区主要道路。

(2)生活性支路。如居住区内部道路等。

第二节　市政道路养护的方针、政策与管理体系

一、市政道路养护的目的和任务

1. 市政道路养护的目的

市政道路建成投入使用后,由于反复承受载荷的作用和自然因素的侵蚀破坏,以及设计、施工中留下的某些缺陷,致使现有市政道路的使用功能日益退化,难以适应社会发展对市政道路服务质量的要求。因此,加强市政道路保养、维修和改善具有十分重要的意义。

市政道路养护的目的是:经常保持市政道路及其设施的完好状态,及时修复损坏部分,保证行车安全、舒适、畅通,以提高运输经济效益。

2. 市政道路养护的基本任务

市政道路养护的基本任务是:采取正确的技术措施,提高养护工作的质量,延长道路的使用年限,以节省资金;防治结合,治理道路的病害和隐患,逐步提高道路的抗灾能力,并对原有技术标准过低或留有缺陷的路线、构造物、路面结构、沿线设施进行改善或补建;确保道路及其沿线设施的各部分均保持完好、整洁、美观,保障行车安全、舒适、畅通,以提高社会的经济效益。

二、市政道路养护的方针与政策

1. 市政道路养护的方针

根据交通部颁发的《公路科学养护与规范化管理纲要》的要求,从我国当前道路建设、养护管理工作的实际出发,其基本的指导方针是:以深化改革为动力,以技术进步为手段,以提高职工队伍素质为基础,以强化管理为依托,以依法治路为保障,建立现代化的道路养护管理体系。

结合高等级道路的特点,现阶段我国高等级道路养护工作的指导方针是:全面规划、协调发展、加强养护、积极改善、科学管理、提高质量,依法治路、保证畅通,普及与提高相结合,以提高为主。

因此,各级道路管理机构应把养护技术改造作为首要任务。

2. 市政道路养护的技术政策

市政道路养护的技术政策主要有如下内容:

(1)以预防为主,防治结合。根据积累的经济技术资料,进行科学分析,预先防范,增强市政道路及其设施的耐久性和抗灾能力,特别要重视雨季防护,减少水毁损失。

(2)因地制宜,就地取材,尽量选用当地天然材料和工业废渣;充分利用原有工程材料和原有工程设施,以降低养护成本。

(3)推广应用先进的养护技术和科学的管理方法,改善养护生产手段,提高养护技术水平。

(4)重视综合治理,保护生态平衡、路旁景观和文物古迹;防止环境污染;注意少占农地。

(5)全面贯彻执行《公路桥梁养护管理工作制度》,加强桥梁的检查、维修、加固和改善,逐步消灭危桥。

(6)市政道路养护工作设计,应符合现行《公路工程技术标准》(JTG B01—2003)的规定;道路施工时应注意社会效益,保障道路畅通。

(7)加强以路面养护为中心的全面养护。

(8)大力推行和发展道路养护机械化。

3. 市政道路养护工作的基本原则

在制定市政道路养护技术措施时,应遵循以下原则:

(1)认真开展路况调查,分析道路技术状况,针对病害产生的原因和后果,采取有效、先进、经济的技术措施。

(2)加强养护的前期工作以及各种材料试验及施工质量检验,确保工程质量。

(3)推广路面、桥梁管理系统,逐步建立道路数据库,实行病害监控,实现决策科学化,使现有的资金发挥最大的经济效益。

(4)认真做好市政道路交通情况调查工作,积极开发、采用自动化观测和计算机处理技术,为道路规划、设计、养护、管理、科研及社会各方面提供全面、连续、可靠的交通情况信息资料。

(5)改革养护生产组织形式,管好、用好现有的养护机具设备,积极引进、改造、研制养护机械,逐步实现养护机械装备标准化、系列化,以保障养护工程质量,提高养护生产效率,降低劳动强度,改善劳动环境。

(6)加强对交通工程设施(包括标志、标线、通信、监控等)、收费设施、服务管理设施等的维护、更新工作,保障市政道路应有的服务水平。

三、市政道路养护的工作范围

市政道路的养护应包括市政道路设施的检测评定、养护工程和档案资料存管。市政道路设施应包括车行道、人行道、路基、停车场、广场、分隔带及其他附属设施。

四、道路养护的分类与管理体系

1. 市政道路养护的分类

市政道路养护根据其工程性质、技术状况、工程规模、工程量等内容划分为保养小修、中修、大修和改扩建等四个工程类别。

(1)保养小修:为保持道路功能和设施完好所进行的日常保养。对路面轻微损坏的零星修补,其工程数量不宜大于400m^2。

(2)中修工程:对一般性磨损和局部损坏进行定期的维修工程,以恢复道路原有技术状况，其工程数量宜大于$400m^2$，且不宜超过$8\ 000m^2$。

(3)大修工程：对道路较大损坏进行的全面综合维修、加固，以恢复到原设计标准或进行局部改善以提高道路通行能力的工程，其工程数量宜大于$8\ 000m^2$，含基础施工的工程宜大于$5\ 000m^2$。

(4)改扩建工程：对道路及其设施不适应交通量及载重要求而需要提高技术等级和提高通行能力的工程。

2. 市政道路养护分级

根据各类市政道路在城市中的重要性，宜将市政道路分为下列3个养护等级：

I等养护的市政道路。快速路、主干路、次干路和支路中的广场、商业繁华街道、重要生产区、外事活动及游览路线。

II等养护的市政道路。次干路及支路中的商业街道、步行街、区间联络线、重点地区或重点企事业所在地。

III等养护的市政道路。支路、社区及工业区的连接主次干路的支路。

3. 市政道路养护的管理体系

市政道路养护的管理体系大体上设置以下管理机构，进行分层管理。

市建委→城建局→市政工程管理处→管理所→工区。

以上海市市政工程管理局为例。上海市市政工程管理局是上海市建设和管理委员会管理的负责全市市政工程建设和管理的行政机构，其下设有上海市市政工程管理处、上海市公路管理处、上海市燃气管理处、上海市道路管线监察办公室、上海市贷款道路建设车辆通行费征收管理办公室、上海市公路养路费征收管理办公室和上海市市政工程质量监督站。

其中上海市市政工程管理处(上海市城市路政管理大队)是受市政局委托行使部分政府管理职能的行政性事业单位，主要承担对城市道路桥梁的建设规划、建设管理、养护维修、运行管理、路政管理，履行对行业的业务指导、专业管理等职能。

第三节　市政道路的检测、评价和养护对策

对使用中的市政道路必须按规定进行检测和评价，及时掌握道路的技术状况，并应采取相应的养护措施。市政道路的检测根据其内容、周期分为经常性巡查、定期检测和特殊检测，并应根据检测结果进行评价。

市政道路检测和评价的对象应包括沥青混凝土、水泥混凝土和砌块路面等类型的机动车道、非机动车道以及沥青类、水泥类和石材类等铺装类型的人行道。

一、市政道路检测和评价工作的内容

(1)记录道路当前状况；

(2)了解车辆和交通量的改变给设施运行带来的影响；

(3)跟踪结构与材料的使用性能变化；

(4)对道路检测结果进行评价；

(5)将评价结果提供给养护、设计部门。

二、经常性巡查的内容与要求

经常性巡查应由经过培训的专职道路管理人员或养护技术人员负责。巡查应对结构变化、道路施工作业情况、各种标志及其附属设施等状况进行检查;巡查宜以目测为主,并应填写市政道路巡查表;巡查应按道路类别、级别、养护等级分别制定巡查周期。

I等养护的道路宜每日一巡,II等养护的道路宜二日一巡,III等养护的道路宜三日一巡。经常性巡查记录应定期整理归档,并提出处理意见。巡查过程中发现设施明显损坏,影响车辆和行人安全,应及时采取相应养护措施,特殊情况可设专人看护,并填写设施损坏通知单。

(1)经常性巡查包括下列内容:

①路面及附属设施外观完好情况。

a. 沉陷、坑槽、壅包、车辙、松散、搓板、翻浆、错台,井框与路面高差、剥落、啃边、缺失、破损、淤塞等损坏;

b. 检查井盖、雨水井完好情况;

c. 积水情况。

②路基沉陷、变形、破损等情况。

③检查在道路范围内的施工作业对道路设施的影响。

④其他损坏及不正常现象。

(2)在经常性巡查中,当发现道路沉陷、空洞或大于100mm的错台以及井盖、雨水口箅子丢失等影响道路安全运营的情况时,应按应急预案处置,立即上报,设置围挡,并应在现场监视。

三、定期检测

1. 定期检测的评价单元

(1)道路的每2个相邻交叉口之间的路段应作为一个单元,交叉口本身宜作为一个单元;当2个相邻交叉口之间的路段大于500m时,每200~500m作为一个单元,不足200m的按一个单元计。

(2)每条道路应选择若干个单元进行检测和评价,应以所选单元的使用性能的平均状况代表该条道路路面的使用性能。当一条道路中各单元的使用性能状况差异大于两个技术等级时,则应逐个单元进行检测和评价。

(3)历次检测和评价所选取的单元应保持相对固定。定期检测的情况记录、评价及对养护维修措施的建议,应及时整理、归档、上报。

2. 定期检测的内容

定期检测可分为常规检测和结构强度检测。

1)常规检测

常规检测应每年一次。常规检测应由专职道路养护技术人员负责。

(1)常规检测规定要求:对照市政道路资料卡的基本情况,现场校核市政道路的基本数据,检测损坏情况,判断损坏原因,确定养护范围和方案。对难以判断损坏程度和原因的道路,提出进行特殊检测的建议。

(2)常规检测的内容如下:

①车行道、人行道、广场铺装的平整度;

②车行道、人行道、广场设施的病害与缺陷;

③基础损坏状况;

④附属设施损坏状况。

2)结构强度检测

结构强度检测,快速路、主干路宜2~3年一次,次干路、支路宜3~4年一次。

(1)路表回弹弯沉值测定。结构强度检测应以路表回弹弯沉值表示。检测设备宜采用落锤式弯沉仪、贝克曼梁等检测设备。

(2)抗滑性能检测。市政快速路、主干路应进行路面抗滑性能检测,并以粗糙度表示,检测设备可选用摆式仪等。

四、特殊检测

(1)当出现下列情况之一时,应进行特殊检测:

①进行道路大修、改扩建时;

②道路发生不明原因的沉陷、开裂、冒水时;

③在道路下进行管涵顶进、降水作业、隧道开挖等工程施工期间;

④道路超过设计使用年限时。

(2)特殊检测部位和有关的要求与定期检查相同。

(3)特殊检测应包括下列内容:

①收集道路的设计和竣工资料;历年养护、检测评价资料;材料和特殊工艺技术、交通量统计资料等。

②检测道路结构强度。

③调查道路沉陷原因,检测道路空洞等。

④对道路结构整体性能、功能状况进行评价。

复习思考题

1. 市政道路养护的基本任务是什么?
2. 市政道路养护的技术政策有哪些?
3. 如何对市政道路养护工程进行分类?
4. 市政道路检测与评定工作包括哪些内容?

第二章

市政道路养护机械

知识目标

1. 描述养护工程机械的分类和作用；
2. 描述日常养护常用机械的类型；
3. 描述路基养护工程机械的构造和安全使用常识；
4. 描述路面养护工程机械的构造和安全使用常识
5. 描述压实和破碎机械的构造和安全使用常识。

能力目标

进行养护工程机械的分类和安全使用。

•第一节 概 述•

一、道路养护工程机械的作用和分类

道路养护工程机械的使用，可节省大量人力，降低劳动强度，完成靠人力难以承担的高强度工程施工；能大幅度地提高工作效率和经济效益，降低成本；为加快工程建设速度，确保工程质量提供了可靠保证。

根据道路养护工程的作业对象，道路养护工程机械可分为：路基养护工程机械；沥青路面养护工程机械；水泥混凝土路面养护工程机械。

路基养护工程机械主要有推土机、铲运机、平地机、挖掘机、装载机、稳定土拌和机、石料破碎筛分机、石料撒布机、洒水车、压路机等。

沥青路面养护工程机械详见表2-1。

水泥混凝土路面养护工程机械详见表2-2。

二、道路养护工程机械安全使用一般规定

(1)操作人员应体检合格，无妨碍作业的疾病和生理缺陷，并经过专业培训、考核合格，取得建设行政主管部门颁发的操作证或公安部门颁发的机动车驾驶执照后，方可持证上岗。

沥青路面养护维修机械

表 2-1

项　目	机械设备名称	规　格	备　注
日常养护机械	割清除草机	30cm^2/s、1.84kW	背携式
	路面划线机	线宽 80 ~ 300mm	手推式或自行式
	车载升降机	高度 6 ~ 8m	构造物、沿线设施、行道树用
	除雪机	除雪宽度 2 ~ 2.6m	根据地区需要配备
	路面清扫车	清扫宽度 2 ~ 3m	或真空吸扫车
	洒水车	5 000L	可带喷药装置
	多功能养护车		可换装挖掘、挖护坑、挖沟等养护作业常用的十多种装置
	推土机（或装载机）	> 56kW	
	水泵	扬程 25m，吸程 6m	清塌方、堆雪用
	摩托车	三轮	
	巡路车	3 ~ 6 座	
	路面破碎机械	宽度 0.5 ~ 2m	液压或气压破碎装置
	路面铣刨机	宽度 0.5 ~ 2m	
	沥青路面加热机	汽车底盘	用于热铣或铲油包
	沥青路面综合养护车	汽车底盘	具有破碎、洒布、拌和功能
	沥青路面热养护修补车		用于沥青路面坑槽、裂缝、壅包等修补
	沥青洒布机	500 ~ 2 000L	
	沥青洒布车	3 500 ~ 8 000L	
	稀浆封层机	厚度 3 ~ 12mm	拖式或自行式
	沥青混合料摊铺机	宽度 2.5 ~ 12m	
	路缘石成形机	25cm × 25cm	
	回砂机	宽度 1.8 ~ 3m	
	石屑撒布机	宽度 1 ~ 3m	
	砂浆拌和机	7 ~ 12m^3/h	包括钻孔机械、压浆泵等
	装载机		
	稳定土拌和机	宽度 2m	
	夯实机械		平板振动夯或冲击夯
	静作用压路机		
	振动压路机		

水泥混凝土路面养护维修机械 表2-2

项目	机械设备名称	规格	备注
面板修补机械	路面破碎机械		液压或气压破碎装置
	混凝土拌和机		
	混凝土搅拌楼(站)		
	混凝土搅拌运输车		
	机动翻斗车	容积0.4~1.2m^3	
	自卸汽车		
	手推车	容积0.16~0.18m^3	
	平板振动器	功率1.1~2.2kW	
	插入式振动器	功率1.1~2.2kW	高频振捣器
	振动梁	功率1.1kw	
	表面抹光机	抹盘直径800cm	
	压纹器		手扶式
	切缝机	功率4~5.5kW 刀片直径60~80mm	
板下封堵机具	砂浆搅拌机	最小转速800r/min 最大转速2 000r/min	
	喷射压力泵	压力1.75MPa 泵送能力5.7L/min	也可选购由喷射泵、胶体搅拌机及砂浆回流系统组成的多功能板下封堵机
	水箱		按需配备
	钻孔设备	孔径3~5cm	旋转钻、风钻
旧混凝土再生机械	路面破碎机械		落锤式
	轧石机		可选用反击式轧碎机
	振动压路机		

(2)操作人员在作业过程中,必须按照出厂使用说明书规定的技术性能、承载能力和使用条件,集中精力,正确操作、合理使用,严禁超载作业或任意扩大使用范围,随时注意机械工作情况,不得擅自离开工作岗位或将机械交给其他无证人员操作。严禁无关人员进入作业区域或操作室内。

(3)操作人员应遵守机械有关保养规定,认真及时做好各级保养工作,经常保持机械的完好状态。机械不得带病运转,运转中发现异常现象时,应先停机检查,排除故障后方可使用。

(4)实行多班作业的机械,应执行交接班制度,认真填写交接班记录;接班人员经检查确认无误后,方可进行工作。

(5)在工作中操作人员和配合作业人员必须按规定穿戴劳动保护用品,长发应束紧不得外露,高处作业时必须系安全带。

(6)现场施工负责人应为机械作业提供道路、水、电、机棚或停机场地等必备的条件,并消除有碍机械作业的不安全因素，夜间作业应设置充足的照明。

(7)机械进入作业地点后，施工技术人员应向操作人员进行施工任务和安全技术措施交底。操作人员应熟悉作业环境和施工条件，听从指挥，遵守现场安全规则。

(8)机械上的各种安全防护装置及监测、指示、仪表、报警等装置应完好齐全，有缺损时应及时修复。安全防护装置不完整或已失效的机械不得使用。

(9)机械集中停放的场所，应有专人看管，并应设置消防器材及工具；大型内燃机械应配备灭火器；机房、操作室及机械四周不得堆放易燃、易爆物品。

(10)所有从路面上铣刨的或铲除、废弃的沥青混凝土、水泥混凝土、基层残渣以及机械设备的修理残渣和油污等废弃物，均应分类后集中堆放处理。

(11)在机械产生对人体有害的气体、液体、尘埃、渣、放射性射线、振动、噪声等场所，必须配置相应的安全保护设备和三废处理装置。

(12)停用一个月以上或封存的机械，应认真做好停用或封存前的保养工作，并应采取预防风沙、雨淋、水泡、锈蚀等措施。

(13)机械使用的润滑油(脂)，应符合出厂使用说明书所规定的种类和牌号，并应按时、按质更换。

(14)当机械发生重大事故时，企业各级领导必须及时上报和组织抢救，保护现场，查明原因、分清责任、落实及完善安全措施，并按事故性质严肃处理。

(15)汽车及自行轮胎式机械在进入城市交通或公路时，必须遵守国务院颁发的《中华人民共和国道路交通安全法》。

(16)机械设备不得靠近架空输电线路作业，如限于现场条件，应采取安全保护措施；机械运行范围与架空线的安全距离应符合有关规定。

三、道路养护工程机械化施工的意义与要求

1. 道路养护工程机械化施工的意义

现代化施工建设是当今世界的发展主流，而机械化施工是道路养护工程的重要措施与手段，是道路建设发展的必然趋势。道路养护工程的特点是建设周期短、质量要求高、施工难度日趋复杂，在实行招标投标制的今天，企业更加注重施工的质量与经济效益。

机械化施工是通过合理地选用施工机械、科学地组织施工来完成工程作业的全过程。机械化施工的评定是以施工的机械化程度来衡量，即

$$\text{机械化程度} = \frac{\text{机械设备完成的实际工作量(或实物工作量)}}{\text{全部工程量}} \times 100\%$$

机械化程度愈高，工程施工中机械完成的实际工作量占总工程施工量的比例就愈大。机械化施工程度的高低，在一定程度上反映出工程施工周期的快慢、施工质量的高低和施工效益的好坏。

2. 道路养护工程机械化施工的要求

机械化施工是提高工作效率、保证施工质量、加快施工建设速度、减轻施工强度、降低施工成本和提高施工效益的重要手段。机械化施工在技术、组织与管理上都具有更高的要求。

首先，机械化施工要有严密的施工组织与管理，有具有一定业务专长的技术人员与较为熟

练的技术工人，有良好的维修设备、高素质的维修人员、完善的附属设施、充足的燃料能源和零配件供应以及相应的运输条件等。

其次，为了在整个施工过程中均衡协调各个作业和各道工序，需要有足够数量、种类和规格的机械施工设备及管理、操作与维修人员。

机械化施工程度在很大程度上决定了工程施工质量的好坏、施工效率的高低、工期的快慢以及施工成本和效益的多少。但是，机械化施工程度高也不完全能说明机械施工的优越性所在。因为，即使是机械化程度一定时，由于施工技术、管理水平和施工组织的差异，完成相同的工程量，在施工进度、技术经济效果和节约劳动力等方面会出现较大的差别。因此，机械化施工不是仅仅为了代替人的劳动，或完成人工无法完成的施工作业。机械化施工有着自己更为广泛的内涵，它不仅体现在机械化程度上，而且更注重在机械化施工水平上，体现在机械化设备利用程度与利用率上。机械化施工应该是涉及施工机械、施工技术、施工组织和施工管理等学科的现代施工技术，是施工技术与管理技术的结合，是技术经济在工程施工中的体现。

第二节　日常养护常用机械

一、洒　水　车

洒水车是用于道路建设、工程建设、道路养护及环境保护等吸洒水的专用汽车，也可用于生产供水、浇灌、城市绿化等。随着道路建设的发展，道路工程及养护作业等对洒水车不断提出新的要求，如前喷、后喷、自流浇灌、冲洗路面及绿化等多种功能，洒水功能的增加，扩大了洒水车的使用范围。

1. 洒水车的类型

洒水车是带有贮水容器和进行喷洒作业的罐式汽车，按结构类型不同，可分为车载式和半挂式两种；按洒水功能不同，可分为前喷式、后喷式和侧喷式三种；同时还有单洒水和多功能（即有洒水功能、应急消防高压喷水功能、喷洒农药功能及绿化管理）之分。

车载式洒水车的结构是将水罐等各专用装置直接安装在汽车的底盘上，一般都是利用汽车的底盘进行改装。半挂式洒水车是利用汽车作牵引动力，将水罐制成半挂式结构，其载重量在相同的条件下可增大一倍左右，但增加了一根半挂轴，相应增加了整车的长度，其机动性和运行条件略低于车载式洒水车，适合于用水量大及道路条件较好的场合。

2. 洒水车的结构

用汽车底盘改装的洒水车除底盘外，其专用装置主要由水罐总成、传动总成、管路总成和操纵系统组成，其结构见图 2-1。

1）水罐总成

洒水车的水罐总成主要由隔仓装置、人孔、罐支架和罐身等组成。水罐用钢板焊制，罐身断面形状可做成圆形、矩形、椭圆形三种。罐支架可分为分置式底架和整体式底架两种。水罐上必须设置人孔，以便于操作人员进入罐内进行维修。人孔根据罐身容积的不同，可设置 1 ~ 2 个孔，其直径不应小于 450mm。为了防止洒水车在高速行驶时罐内水冲击晃动，罐内必须设有隔仓结构，并加纵向防波板。

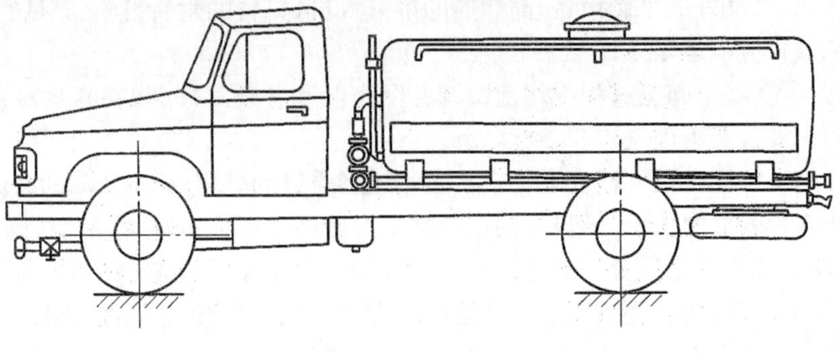

图 2-1　洒水车外形图

2)传动总成

洒水车的传动总成主要由水泵、传动轴、减速器或增速器及动力装置等组成。其主要作用是满足水泵在工作中的转速和旋转方向要求。系统的动力可以采用附加内燃机或电动机。而目前洒水机的动力装置多从汽车的变速器加装取力器引出动力。传动轴一般选用成熟的汽车产品。洒水车上的水泵多采用离心泵或自吸水泵。如果使用离心式水泵,则在每次使用前,需要加引水后方能进行洒水作业。

3)管路总成

洒水车上的管路总成其作用是将水吸入罐内或使罐内的水进行喷洒,养护公路等。吸水管通常由橡胶软管和硬管组成。洒水管由主管、阀门、喷头等组成。主管一般用钢管制成,喷头可以是固定喷头或可调喷头。固定喷头喷出水的流向和洒水密度是一定的;可调喷头喷水的水流向和洒水密度在较大范围内可任意进行控制与调整。

4)操纵系统

洒水车的操纵系统是由吸水、洒水操纵系统和取力箱操纵系统组成。操纵方式有手动和气动两种。手动操纵系统包括:挂挡机构、传动机构、操纵杆等。吸水/洒水操纵系统最常用的是气动操纵,气动操纵系统包括:执行机构、气管路、控制阀等。由控制阀通过气管控制执行机构的动作,以决定水的流向,从而达到吸水与洒水的目的。

3. 洒水车的工作过程

洒水车的工作过程由两大部分构成,即行车洒水、停车吸水。

1)行车洒水

当洒水车装满水行驶到洒水位置后,停车挂上取力箱工作挡和行车挡位,然后操纵离合器等按设定车速行驶,同时打开洒水开关,将水罐中的水洒向所需要的地方。

2)停车吸水

当洒水车停靠在水源处后,迅速连接好吸水软管。如水泵是离心式水泵时,则应加足引水,然后将取力箱挂于工作挡,保证水泵处于正常运转状态,同时,打开吸水开关,将水抽入水罐内,直至灌满为止。

4. 洒水车的使用要点

使用洒水车前应仔细地、全面地阅读使用说明书,严格按使用要求操作,这是确保洒水车正常运行的关键。具体的使用要点如下:

(1)对水源的要求。在城市使用洒水车时,可以从城市的供水管网直接接入洒水车内。如果作为公路养护或建设时,洒水车只能在就近的河沟、池塘找水源,应注意其吸水管端全部进入水中,为避免吸入石块或较多的泥沙、漂杂物,吸水管端部一般设有过滤装置,吸水时严禁将过滤装置拆下。如果水源较浅,需要事先将吸水处挖得深一些,以保证不含有杂物及不吸进空气。不同洒水车的水泵对水源的要求是有区别的,清水泵要求水中不能有杂质,污水泵则要求水中不能有石块和过多的泥沙。

(2)吸水前的操作注意事项。洒水车在吸水前应注意如下事项:

①认真检查吸水管有无破损、漏水现象,一旦发现应及时更换新的吸水管。

②仔细检查各连接处有无漏气,底阀潜入水中深度是否达到。

③离心式水泵每次吸水前,必须向水泵内加入一定数量(30~40L)的引水,加完后必须迅速关闭加水口。如果是自吸式水泵第一次吸水时,需要加引水,以后则不必再加引水。各种洒水车的性能有所不同,使用前注意参阅说明书。

④吸水时进水管系统必须保持一定的真空度,才能将水吸入罐内。进水管路必须密封,否则将产生漏气现象,导致吸不上水。

⑤洒水车无论是在吸水前,还是在洒水之前,都必须将取力装置挂挡在停车时进行。正确的做法是,车先停下来,踩下离合器踏板,待主变速箱轴完全静止后,再挂挡。如果取力挂挡是气动操纵阀时,必须观察气压表,压力必须达到规定的压力值后,才能开始挂挡。

(3)洒水注意事项。如果是准备行车洒水,则应在停车后,先将主变速箱挂好,再挂好取力挡位,然后缓慢抬起离合器踏板,车在行走中,打开洒水开关,就可以开始洒水。

洒水车前喷头位置较低,靠近地面,喷洒压力较大,可用于冲洗路面;后喷头位置较高,洒水车后喷头一般左右各安装一个,其位置较高,故洒水面较宽,用于公路施工洒水。使用后喷水时,应将前喷管关闭。使用可调喷头的洒水时,洒水宽度可根据实际情况调整,洒水宽度越宽,中间重叠量越少,洒水密度越均匀。

(4)喷水枪的使用。当洒水车改为绿化浇水时,必须将洒水各球阀关闭,同时关闭消防开关,打开喷水枪球阀,然后按洒水操作规程来进行工作便可。喷水枪射程的远近,随着发动机的油门开度大小而变化。喷水枪不但可在汽车行驶中进行工作,车辆停靠时亦可进行工作,完全能满足城市道路两旁绿化浇水的需要。

(5)消防工作。当洒水车临时投入消防救火时,将洒水管道的各球阀关闭,同时关闭喷水枪开关,将消防的帆布带上的快速接头接在车辆消防接头上,按洒水的操作规程进行工作便可。在使用消防水枪时,应将帆布管拉直。因水泵压力大,水枪摇摆振动很厉害,所以,操作时必须由两人扶持水枪。

(6)每当冬季洒水车完成作业后,应及时打开水罐、水泵、水管,将其内的水放尽,避免冻裂。特别是我国北方地区,一般在严冬不再施工,故洒水车的施工结束后,应立即将水泵、水管等内的水全部排空,以防隐患,缩短洒水车的使用性能。

(7)洒水车行驶中,非洒水工作时,取力器应保持空挡位置,禁止拨动取力器操纵杆。气动控制阀的手柄置于中间的位置,以防漏气影响制动性能。

(8)水泵无水空转不得超过3min,以免损坏水泵,洒水完毕应把取力器操纵杆复回空挡位置。

(9)如发现水泵、取力器、增速箱有异常响声，应停止工作，检查修理，防止损坏机件，保证洒水系统正常工作。

(10)当自抽失灵时，应检查吸水管两端是否漏气，接头处是否上紧，吸水管是否灌满了水。

二、清 扫 车

1. 清扫车的类型

- 清扫车分类
  - 按行走装置动力来源
    - 自行式清扫车
    - 牵引拖挂式清扫车
  - 按工作原理
    - 纯扫式清扫车
    - 吸扫式清扫车
      - 开放式清扫车
      - 循环式清扫车

2. 清扫车的特点

1)自行式清扫车

该车依靠自身所带的动力装置驱动行走，具有良好的整体性、独立性和机动性，行驶速度快，作业范围大，工作效率高。自行式清扫车通常以货车底盘为基础，为了提高其性能，要对货车底盘作必要的改造，如加装左、右两套行驶转向操纵装置等。清扫车的作业装置与行走装置的动力彼此独立，便于控制和调整。

2)牵引拖挂式清扫车

该车是利用另外的动力机械或人力推动、牵引行走，因此，它的独立性、整体性及机动性都相对较差，行驶速度较慢，工作范围小，效率低。但其结构简单，通常在简单的机架上安装上必需的工作装置即可，制造成本和价格都较低。该车的作业系统所采用的动力源花样较多，有的自带小型汽油机或柴油机，有的从牵引主机上取得动力。这种清扫车只适应一般公路清扫养护以及厂、矿、院校、道路的环境清扫作业。

3)吸扫式清扫车

该车具有伸到基础车体以外的盘刷或柱刷以及吸口。盘刷用于将路缘、边角、护栏下的垃圾输送、集中到吸口前方，利用空气动力通过吸口将垃圾捡拾和输送到垃圾箱中。吸扫式清扫机具有清扫范围宽、适应性好、对微细垃圾尘粒的捡拾和输送效果好等特点。

4)纯扫式清扫车

该车也具有可伸到基础车以外的盘刷、柱刷、输送机构和垃圾箱等。与吸扫式清扫车的盘刷相同，也用于将路岩路缘、边角、护栏下的垃圾输送到柱刷前方，柱刷在滚动过程中，其刷毛将垃圾尘粒抛射到输送带或链板上，使垃圾尘粒随输送带的运动而进入垃圾箱。因此，纯扫式清扫车具有适应性能好、清扫范围宽的特点，但对微细尘粒的除净率较低，适于人口稠密的市区、街道以及大颗粒块状垃圾为主的场合使用。

3. 清扫车的构造

1)开放吸扫式清扫车

目前，绝大多数开放吸扫式清扫车是一种自行式清扫车，其构造示意见图2-2。它主要由自行底盘、副动力装置、风机、排风口、垃圾箱、水箱、吸口、水平柱刷、侧盘刷、侧盘刷等组成。

清扫车上的副动力装置、风机位于底盘驾驶室后方，一般通过液力耦合器或干式摩擦离合器联结。垃圾箱位于底盘中后部，并在后部与车架铰接，前部或下部有一个液压倾翻油缸，铰接在垃圾箱和车架之间。水箱与垃圾箱做成一体，位于垃圾箱的下部，或作为一个独立部位固定在垃圾箱下方。侧盘刷固定在车架中部两侧。水平柱刷位于车架下方，可以向左或向右偏转一定角度，以配合左侧盘刷或右侧盘刷工作。吸口位于侧盘刷与水平柱刷的稍后位置。

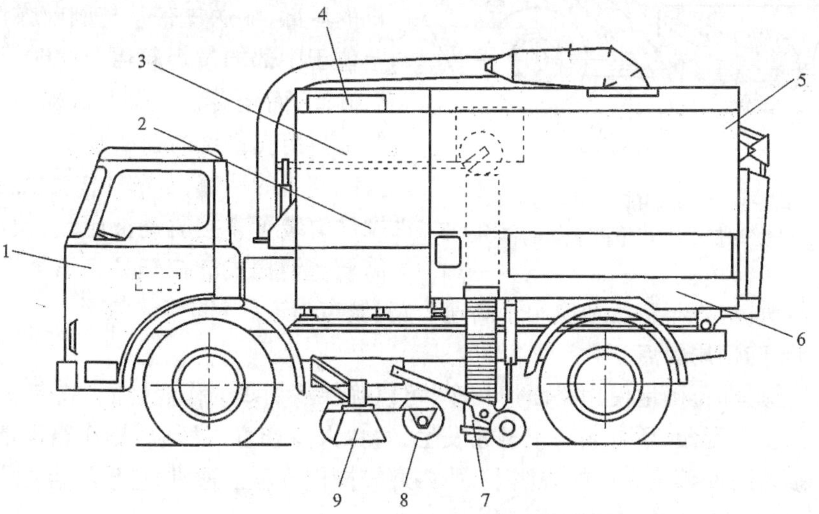

图 2-2　开放吸扫式清扫车示意图

1-自行底盘；2-风机；3-副动力装置；4-排风口；5-垃圾箱；6-水箱；7-吸口；8-水平柱刷；9-侧盘刷

开放吸扫式清扫机的工作过程是：首先选择右侧作业方式或左侧作业方式，将相应的侧盘刷和水平柱按作业方式要求置于工作状态，侧盘刷和水平柱刷在底盘行进的过程中配合作业，将垃圾侧横向抛射至吸口前方，形成一条垃圾带。当吸口经过其前方的垃圾带时，将垃圾尘粒吸入吸管，输送到垃圾箱内。

2）循环吸扫式清扫机

循环吸扫式清扫车与开放吸扫式清扫机的差别是没有平柱刷和向上通入大气的出气口。其结构见图 2-3。该清扫车的正下方不是水平柱刷，而是一个与底盘宽度尺寸基本相等的宽吸口，它取代了开放吸扫式清扫车下部的一个水平柱刷和两个较窄的吸口。宽的吸口中不仅有向上吸取垃圾尘粒的吸管，还有向下吹气的吹管。空气由吸管吸入，经过除尘分离后重新送回吹管吹出，形成空气的循环流动，空气作为载体将路面上的垃圾尘粒送进垃圾箱，再回到下边继续工作。

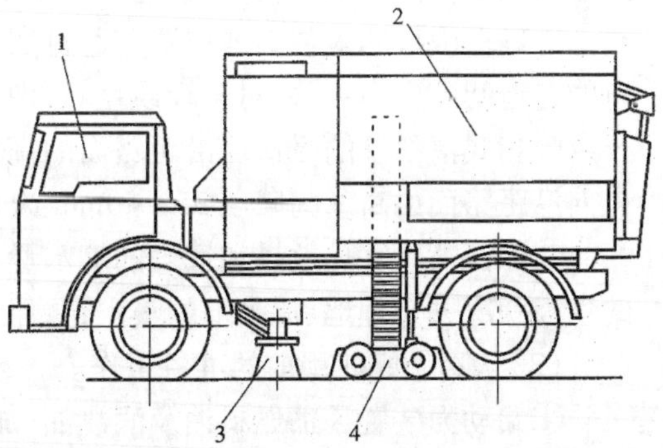

图 2-3　循环吸扫式清扫车示意图

1-自行底盘；2-垃圾箱；3-侧刷盘；4-宽吸口

3）纯扫式清扫车

图 2-4 所示为纯扫式清扫车示意图，它主要由副动力装置、自行式底盘、侧盘刷、水平柱刷、输送皮带、底盘部分、垃圾箱及举升机构等组成。它与吸扫式清扫车相比较，在结构上的主

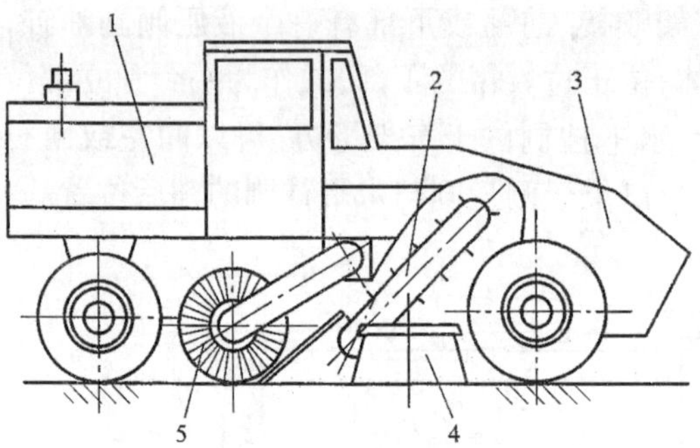

图 2-4　纯扫式清扫车示意图

1-副动力装置;2-输送带;3-垃圾箱;4-侧盘刷;5-水平柱刷

要差别在于没有风机和吸口,而且,一些主要部件的布置也完全不同。如图 2-4 所示,侧盘刷仍然位于车辆中部、车架两侧(有的位于底盘前部两侧),而直径很大的水平柱刷则位于整机的后部,输送皮带从柱刷前方倾斜向上前伸至位于中部的垃圾箱内。此时,垃圾箱不能向后倾卸,而是借助于攀升机构向某一侧或前方倾卸。清扫系统的副动力装置和液压装置都布置在整机的后部,全部动作由液压或气压操作,副动力装置直接驱动液压泵,使动力传递非常简便。纯扫式清扫车具有消耗功率小、工作噪声小等特点,所以,该车广泛地应用于高速公路、城市街道的养护清扫工作。

4. 清扫车的使用要点

合理地选择和正确地使用路面清扫车,可以确保清扫车的作业性能,减少工作中出现的各种故障,延长使用寿命,还可以防止事故发生,避免人身伤亡。所以,操作路面清扫车之前,必须认真、仔细地阅读随车使用的说明书,严格遵守操作规程。通常,应该注意如下要点:

(1)保持清扫车工作装置的最好状态。

路面清扫车的工作装置处于最好的工作状态是确保清扫机的清扫效果、提高作业效率的关键。要仔细阅读清扫机的使用说明书,掌握各种装置的工作原理、结构组成、要求的最佳状态及具体的调整方法。

①保证侧盘刷接地方位正确和水平柱刷两端接地的压力相等。路面清扫车侧盘刷的结构设计能够保证其具有三自由度的可调性,能够调出盘刷的最好方位。水平柱刷两端由两个气缸悬挂,如果两个气缸调压阀的调定压力不相等,柱刷两端的接地压力就会不相等,这会造成两端扫除垃圾的效果不相同,刷毛磨损不平衡等问题。

②确保吸口的最佳离地位置。通过实验及现场的实践证明,对密度比较大的垃圾尘粒,吸口的离地间隙应小一些,对于轻质垃圾,像树叶、纸屑等,数量较大时地间隙应大一些。通常,开放吸扫式清扫车的吸口后沿距路面的高度间隙尤为重要,应始终保持在 6 ~ 10mm 之间,吸口前沿距路面的高度间隙以 35 ~ 40mm 为宜。

③保证喷水雾化效果和适当的喷水量。要按照路面清扫车的使用说明书,根据路面地段的垃圾状况去合理地、适当地的喷水,并保证有良好的雾化效果。

(2)认真做好使用前的准备工作。

①给动力装置添加燃料油及润滑油,加添冷却水;认真检查空气滤清器的堵塞情况及安装是否正确;检查齿轮减速箱中润滑油的液面;冷却风扇驱动皮带的张紧状况;油门控制是否正常,有无漏油、漏水、漏气现象。

②认真查看液压系统的运转情况,响声是否正常,油箱中是否缺油,有无漏油现象。

③仔细检查喷水系统中的吸水过滤器是否堵塞和清洁,水阀通断是否正常;驱动水泵的皮带传动装置张紧状态是否正常,如有松动应及时更换新的皮带。检查水阀是否漏水等。

④检查吸扫系统所有摩擦件(包括扫刷、吸口、耐磨衬板等)的工作状态是否正确,风机工

作是否正常及干净，如发现有不正常现象，则维修后再投入养护工作。

⑤检查举起垃圾箱时，其支撑垃圾箱是否稳固可靠。

三、排　障　车

1. 排障车的发展概况

排障车是城市、公路交通工程的重要装备之一。它的主要功能是将城市道路上发生故障而不能行驶的车辆、发生肇事而损坏的车辆以及违章停放的车辆等拖运移离现场，排除路障，疏畅交通，保证车辆正常运行。

我国第一台排障车诞生于20世纪90年代初期，它是随着国内城市交通、公路建设的发展需要，在努力吸收国外先进技术的基础上，结合我国国情而研制成功的产品，其结构示意图见图2-5。目前，我国已有多家生产排障车企业，满足着日益增长的市场需求。但是，国内生产的排障车均为多功能的小型、中型机种，其底盘均采用双桥型通用底盘，其综合性能与发达国家相比，还存在着不少距离。随着我国的城市市政道路事业和公路运输事业的蓬勃发展，特别是重型车辆的不断增加，大型化以及与之适应的专用底盘将是我国排障车生产的发展方向。

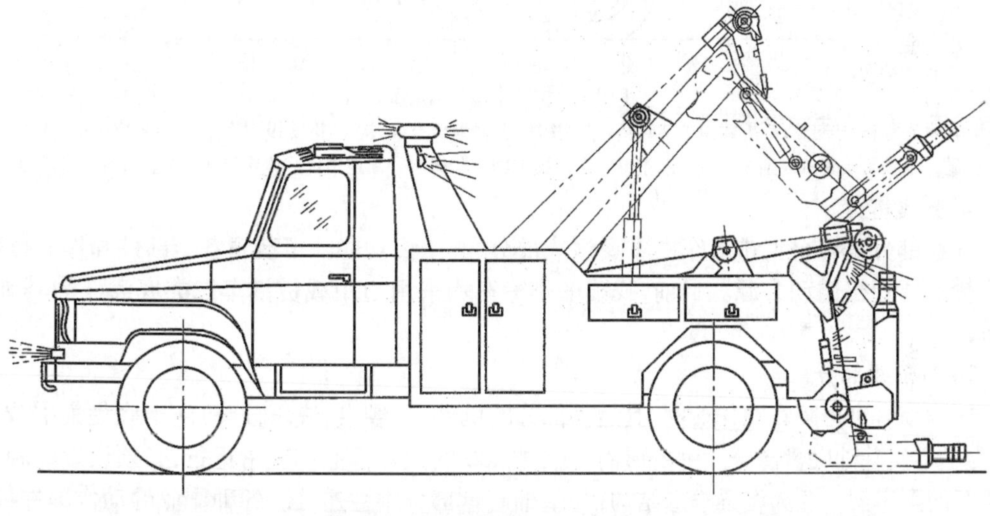

图2-5　排障车示意图

国外发达地区排障车的技术水平较高，主要表现在如下几方面：

(1)功能全齐：排障车都具有起吊、托举和牵引等多种功能，可较好地处理各种状态的肇事车辆及拖移违章停放的车辆。

(2)操作方式先进：排障车的传动和操作装置全部采用液压系统，并能进行远距离电液控制，这样，可确保车辆的安全作业。

(3)专用底盘：排障车的底盘部分，目前均采用适合其工作特点的专用底盘。对于大型的排障车，其专用底盘为三桥型的，能确保它的牵引、起吊和托举等能力。

(4)工作能力大：目前有些排障车静态最大托举能力可达到250kN(托臂伸出1.3m时)，托臂伸至最长的2.8m时，也可以使最大托举能力为160kN；这种车的最大起吊能力为200kN；最大的牵引力可以达到300kN。

目前，发达国家的交通及通讯设备都比较先进，道路路面条件好、并行线路多、平均车速高、货车吨位大，因此，为了提高排障效率，排障车正向着大型化与专业化方向发展。

2. 排障车的构造及工作过程

图 2-6 为综合型排障车的总体构造示意图。主要由底盘部分、副车架、配重、工作装置、附具、传动系统等组成。

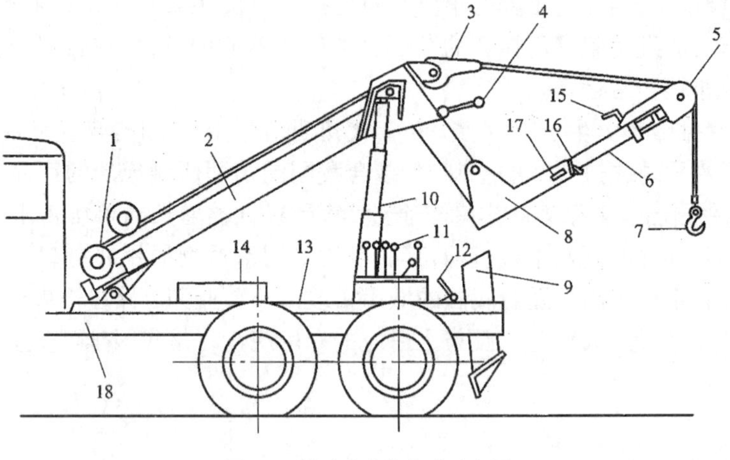

图 2-6　排障车总体构造示意图

1-绞盘；2-举升臂；3-导向轮；4-折臂锁紧装置；5-起吊滑轮；6-伸缩臂；7-吊钩；8-折臂；9-支腿；10-举升液压缸；11-操作手柄；12-举升臂安全锁紧装置；13-副车架；14-油箱；15-横梁锁定销；16-伸缩臂锁定销；17-伸缩臂锁紧装置；18-基础底盘部分

1）底盘部分

底盘部分是综合型排障车的重要组成部分，其主要功能除了装置各个部件和作业行走外，还为排障作业提供动力源。目前，我国的排障车均采用通用载货汽车二类底盘作为基础底盘部分。

2）副车架部分

因为综合型排障车在作业时，其运动部分的机件（如绞盘、液压缸等）施于底盘集中载荷，因此，为了不使基础底盘部分发生变形而影响排障车的正常作业和正常运行，必须设置一副车架。排障车的副车架一般为箱梁框形结构，与基础底盘部分刚性连接。各种作业的动作部件都安装于副车架上，使作用在基础底盘部分上的载荷均匀分布，保护和延长了轮胎的使用寿命。

3）配重部分

根据综合型排障车的工作特点，除拖挂牵引外，其他各项作业（例如托举牵引、起吊、拖拽）的负荷都作用于后轴之后，为了使底盘前后轴承载合理分布，以确保排障车良好的运行性能，应该在前轴的前面设置适当质量的配重。

4）附具部分

附具部分主要用于排障车对肇事车辆或违章车辆的稳固停放，一般包括支承和托举肇事车或违章停放车的前、后桥的支承钢叉，支承和固定肇事车或违章停放车辆的轮胎托架以及锁紧用棘轮尼龙锁紧带。

5）工作装置

综合型排障车的工作装置主要由托举系统、卷扬系统和着地系统等组成，见图 2-6。

(1)托举作业

实施托举作业的托举系统由举升臂、折臂、伸缩臂和举升液压缸等组成。

(2)卷扬系统

卷扬系统由液压绞盘以及固定在举升臂上的导向轮和安装在伸缩臂上的起吊滑轮组成,如图2-6所示。该系统主要用于综合型排障车的拖拽和起吊作业。

(3)着地系统

综合排障车的着地系统见图2-6,它由安装在底盘后部的两个支腿组成。两支腿可通过液压缸的伸缩实现着地和离地。支腿主要用于排障车起吊作业时的着地,保持整车稳定性,拖拽作业时着地,提高了整车与地面的附着力。

6)传动及控制系统

排障车均采用液压传动,一般由基础底盘部分驱动液压泵提供液压油,从而使绞盘和各液压缸实施有关动作,以完成各种相应的作业。

排障车的控制系统多采用换向阀手柄操作,也可以通过电液元件实行远距离控制,确保车辆安全作业。

7)排障车的工作过程

高速公路上或城市道路上一旦出现交通事故,其现场的情况是比较复杂的,但是最为常见的是肇事车辆前桥损坏或后桥损坏。因此,排障车在现场处理的工作过程是:利用附具将肇事车辆损坏的前桥或后桥稳固在伸缩臂上,然后托举牵引移离肇事现场。这里需要说明的是,伸缩臂的伸缩长度可根据车型确定。

如若肇事车辆翻倒,则需要利用卷扬系统起吊并将其扶正后再托举牵引;如若肇事车辆掉入边沟,则需利用卷扬系统拖拽、起吊将肇事车辆拖到路上并扶正后再托举牵引拖走。

3.排障车的使用要点

1)排障车的操作注意事项

(1)对排障车的排障能力要清楚,对于超过设备极限排障能力的肇事车辆,应该更换大型的排障车去处理此事,否则,会损害排障车,甚至会发生新的安全事故。

(2)在用排障车,必须了解其托臂在不同伸长位置时的安全排障能力。

(3)经常对设备的钢丝绳、链条、牵引设备等进行仔细检查,对已发现的损坏设备应及时更换或修理。

(4)不应使设备在工作时超载,如遇上特殊情况时需要超载,则必须减慢行车速度。

(5)当排障车在拖拽作业时,其余人员应远离钢丝绳,以防钢丝绳折断后弹抛伤人。

(6)当排障车起吊作业时,严禁站在吊起的损坏车辆上工作。

(7)对装有可燃汽油或易爆化学品的已损坏的车辆,首先不要靠近,应先对这类物品进行处理后,并确认不会发生爆炸、不会发生燃烧的情况下再进行排障作业。

2)对于载货汽车和大型客车的排障操作

由于载货汽车和大型客车的前轴荷(后轴荷)很大,为了缩短托举的力臂,对于上述车辆可采用钢叉支承法,其具体的操作步骤如下:

(1)首先将排障车靠近载货汽车或大型客车,然后将托臂翻转下来,并将托臂接近路面。

(2)伸长托臂,取下叉头紧固销,将横梁插入叉头,装上横梁紧固锁。

(3)迅速取下止动销,装上钢叉插头,并将支承钢叉插入钢叉插头,安装好止动销。

(4)将支承钢叉对中车架的纵梁,同时将叉头紧固销插入销孔。

(5)操纵控制阀,将举升臂升高,使被托车辆前桥(或后桥)离开路面一定高度,最后启动基础底盘部分,将损坏车辆托起拖移现场。

3)对于小客车和轻型越野车的排障操作

对于小型客车和轻型的越野车排障的处理方法是采用固定车轮法,其操作步骤如下:

(1)首先将排障车靠近小型客车(或轻型的越野车),然后将托臂翻转下来,并将托臂接近路面。

(2)取下叉头紧固销,将加长梁一端插入横梁,用紧固销固定,另一端插入车轮托架插头,同样用紧固销固定下来。

(3)将托臂伸长,使车轮托架插头接触到轮胎前部。

(4)然后,将车轮托架插入托架插头,用弹簧销紧固,并用锁紧带将车轮缚系好。

(5)将叉头紧固销插入销孔,同时操纵控制阀,将升臂升高,使被托车辆轮胎离开地面一定高度,最后起动基础底盘部分,将损坏的车辆拖移现场。

四、除　雪　机

1. 除雪机的发展概况

除雪机是清除道路积雪和结冰的专用设备,是寒冷积雪地区公路、城市道路、机场、广场等养护部门必备的冬季养护机械。

我国对除雪机的开发和生产是20世纪80年代中期才开始的,经过10多年的努力,现在不仅有拖挂顶推螺旋转子式除雪机,而且研究并生产了适合我国除雪生产急需的犁式和转子式除雪机、拖式撒盐机等。但与世界发达国家相比,除雪机的数量、品种及性能差距较大,且远远不能适应我国目前公路、城市道路的除雪要求。

国外发达国家除雪机的品种规格较为齐全。在发达国家各类除雪机的保有量迅速增长,在性能方面朝着自动化和一机多能方向发展,一些800~1000马力(600~750kW)的超大型旋转除雪机已在发达国家使用,这些除雪机的作业安全性和操作舒适性在不断提高。主要发展趋势表现在:

(1)开发多功能的大型除雪机。如在除雪机上搭载滑雪装置、高雪堤除理装置、药剂撒布装置等多种作业装置,以提高作业效率和减少更换除雪装置的时间。

(2)开发高性能的专用底盘,普遍采用液力变矩器、动力换挡装置和全自动电液控制系统。可在除雪作业时实现自动变速换挡的功能,使作业速度自动适应除雪作业的负荷变化,这样可大大提高除雪的作业效率。

2. 除雪机的类型与特点

(1)按工作装置的特性分为:

①螺旋式除雪机。其特点是由螺旋和刮刀为主要除雪方式,侧向推移雪或冰碴。

②转子式除雪机。其特点是以高速风扇转子的抛雪为主要除雪方式,适应范围广。

③犁板式除雪机。该机以雪犁或刀板为主要除雪方式,可推雪、刮雪。同时该车可装在卡车、推土机、平地机、拖拉机、装载机等基础底盘上,适应各种条件下的除雪作业。

④清扫式除雪机:该机是以旋转扫路刷为主要除雪方式,广泛适用于高等级道公路、机场进行无残雪式的除雪。

⑤吹风式除雪机:该机以鼓风机高速气流为主要除雪方式,将新降下来的雪吹出路面。

⑥化学消融剂式撒布机:该机主要以化学融剂消化雪,以防雪落地后结冰。一般情况下是降雪前撒于路面,降雪后还可以将灰渣撒布在雪面上,加速雪的融化。

(2)按主机特性分类。

①融雪车:其特点是在货车上装有螺旋集雪装置、燃烧加热装置、融雪槽等,主要应用城市的道路除雪。

②消融剂撒布车:其主要特点是在卡车底盘上装有料仓、输送器、撒布圆盘等装置。该车应用在降雪前撒布防冻剂和降雪后撒布融雪的药剂或防滑作用的沙子。

③旋转除雪机:该机的工作装置由集雪螺旋和风扇转子等转动件组成,一般采用装载机底盘。该机与犁板式除雪机配合作业,能铲除厚雪。

④除雪推土机:其特点是在推土机前装有各种除雪犁板,行走装置有履带式和轮胎式,能清除公路或城市道路上较厚的积雪。

⑤路面除冰机:该机的工作装置有螺旋刃切削式和转子冲击式,底盘部分一般用装载机,专用于城市道路铲除、破碎冰块等。

3. 除雪机的使用要点

使用除雪机进行作业时,除严格执行操作说明外,还应注意以下几点:

(1)作业前的准备:

①内燃机部分,严格按通用操作规程的有关规定执行。

②基础车的行驶,按照卡车出车前的各项准备工作执行。

③检查限位滑块、铲刀是否磨损超限。

④检查并旋转螺旋切削装置内各部件是否牢固,有无破损和松动的现象。

⑤除雪机启动前,先将变速杆处于"空挡"位置,各操纵杆置于"停车"位置。

⑥检查液压管路及连接部位是否有松动、渗漏现象,液压油温是否过低,若不符合要求,则要及时进行热处理后才可作业。

⑦调整工作装置雪橇及支撑轮,使工作装置底部于路面之间的间隙满足路面不平的需求,这个间隙一般为 10 ~ 20mm 较为适宜。

⑧对顶推拖挂式除雪机,要考虑牵引车的抗滑性能及雪雾对驾驶视野的影响,必要时安装防滑链,对犁式除雪车尽量选用平头牵引车。

⑨如果发动机启动后 15min 内机油压力不见升高,则应停止启动,并进行必要的检修。

⑩在水温未达到 66℃ 以前,发动机应低速、小负荷运转。发动机预热期间检查所有仪表。

(2)作业与行驶的要求:

①除驾驶室外,除雪机的其他地方严禁载人。

②行驶中,在不妨碍通过性能的情况下,旋切装置应尽可能降低高度。

③除雪机在上坡、下坡和通过弯道时,不可高速行驶,避免紧急制动。

④除雪机在进行除雪作业中,要定时清除除雪装置内的积雪,以防止堵塞。

⑤除雪机在整个工作过程中,应注意观察操作盘上的各种仪表是否正常。如果发现有异

常情况，则应及时停机检查维修。

⑥除雪机的除雪角度要随着工作环境的变化随时调整。

⑦除雪机在清雪作业时，要随时注意观察前后左右车辆，在确保安全的情况下进行操作。

(3)作业后的要求：

①除雪机停用后，要将整机清洗干净，尤其是轴承转子叶片与壳体接触面更应及时清理，以避免结冰损坏风扇叶片。

②加注满除雪机的燃油，以防燃油中聚积水汽。

③将除雪机水箱内的水全部放干净，以免停车后结冰。

④注意检查整机各部位，应无渗漏现象；进行局部调整，拧紧松动的螺栓等。

⑤除雪机在闲置不用时，为避免液压油在低温时黏度增高及各部件锈蚀，需将机器晾干停放在机库内。

⑥除雪机在车库停放时，使液压油温保持在一定范围内，从而保证液压系统随时可以进行工作。

⑦选择液压油时，要考虑其黏度等级，一般黏度指数高的工作油所适应的温度范围大。

⑧按规定进行例行保养。

五、路面画线机

1. 路面画线机的作用

路面画线机是在城市街道、公路等路面上画出各种交通标线的机械，还可在厂矿道路、机场、公园、广场、体育场等画停车线、分区线等其他标线。

道路标线是交通设施的重要组成部分，鲜明完整的道路标线给驾车人和行人以良好的信号提示，可以有效地减少事故和提高行车效率。道路标线也是调节和处理交通纠纷及交通事故的法律依据。道路标线性能的好坏，在整个交通管理行业和运输业中占有重要的地位。

2. 路面画线机的分类

目前，道路标线涂料的分类情况如图 2-7 所示，道路标线涂料不同，在施工时所使用的画线机也不相同，具体分类如图 2-8 所示。

- 道路标线涂料
  - 加热溶剂型（液态）
  - 加热型涂料
    - 刮板用型
    - 喷涂用型
  - 常温溶剂型油漆（液态）
    - 酯胶型
    - 环氧型
    - 丙烯酸型
    - 氯化橡胶型

图 2-7 道路标线涂料的分类

- 路面画线机
  - 常温漆画线机
    - 按作业方式分
      - 手推式画线机(图 2-9)
      - 车载式画线机
    - 按喷涂方法分
      - 低压空气画线机
      - 高压空气喷涂画线机
  - 加热溶剂型画线机
  - 热熔型涂料画线机
    - 涂料预热釜
    - 手动涂料敷车
    - 大型机动涂敷车
    - 配套施工机械

图 2-8 路面画线机分类

3. 路面画线机的发展概况

1）常温漆画线机的国内外发展概况

我国早期常温漆的施工多采用低压有气喷涂，靠压缩空气（一般低于 1MPa）将漆雾化，然后通过喷枪嘴喷涂于地面。低压有气喷涂设备是早期工业用喷漆设备，使用较广。有关部门对原有喷漆设备进行改造后，开始在城市道路上画线，但画出的标线不规范，且施工时需要加入较多的稀释剂才能达到流动性要求，溶量的浪费量也较大。

1985 年我国喷漆行业逐渐发展和普及了高压无气喷涂方式，路用画线机也借用了该技术，并获得了良好的效果。高压无气喷涂是利用高压泵对涂料增压至 10 ~ 15MPa，然后通过喷枪喷涂于地面。这种方法所喷画出的标线标准美观，前后连续整齐，容易得到较厚和均一的涂层。

国外画线机品种规格多，性能优良，全自动的画线机一般组装在汽车底盘上，喷涂设备自成系统，独立配套动力，即行走和喷涂互不干扰，在标线的施工时对标线厚薄等调节提供了有利条件。路面标线自动画线机具有多种功能，可画常温漆，加热溶剂型涂料、热溶涂料，能加玻璃珠，可画单线、双线、间断线，并有电脑控制、自动跟踪、自动定向功能。

图 2-9 手推式画线车外貌图

我国开发和应用高压无气喷涂画线机的时间不长，但发展很快，既有自行式，又有手推式（图 2-9）。随着道路建设的发展，高压无气喷涂画线机将在我国有广泛的市场。

2）热熔型涂料施工机械的发展概况

热熔型道路标线涂料是 20 世纪 50 年中期在欧洲开始出现，以后很快受到全世界许多国家的生产厂家重视，并在使用中不断提高。国际上发达国家生产的热熔型涂料施工机械已成系列产品，性能优良，其机械化和自动化程度越来越高。

我国的热熔型涂料施工机械的开发是从 20 世纪 80 年代后期开始的。目前我国已能生产系列热熔釜和各种机械。在热熔型涂料的施工中，现在以手动涂敷车为主，而大型热熔涂敷车我国还正在开发，是我国热熔型涂料施工机械的发展方向。

第三节 路基养护工程机械

一、推 土 机

1. 用途

推土机是路基施工中的主要机械之一，由于推土机具有构造简单、操纵灵活、移动方便、行驶速度快、所需作业面小、既可挖土又可用作短距离运土等优点，所以广泛用于土方工程的施工中。

在道路路基养护工程中，推土机主要用于路基修筑、基坑开挖、填筑堤坝、平整场地、清除树根、填平壕堑、堆集石碴及其他辅助作业，并可为铲运机与挖装机械送土和助铲及牵引各种拖式工作装置作业。

2. 构造

图2-10为TL-180型轮胎式推土机构造简图。它主要由发动机、离合器、液力变矩器、变速器、前后桥、轮边减速器、转向机构、行走机构、制动系统及推土装置等组成。

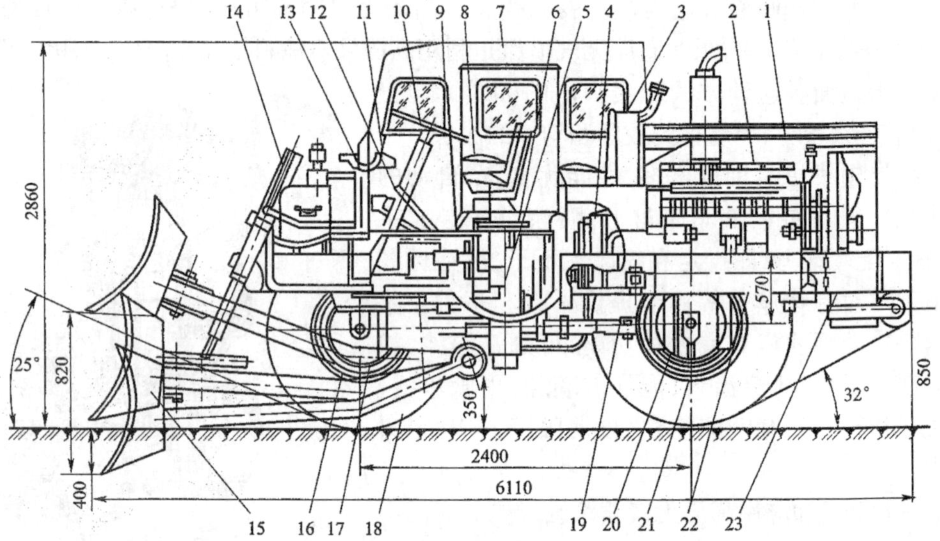

图2-10 TL-180型轮胎式推土机

1-发动机罩；2-柴油机；3-柴油箱；4-液力变矩器；5-变速器；6-变矩器变速器液压系统；7-驾驶室；8-座椅；9-中央盖板；10-转向系统；11-工具箱；12-操纵机构；13-仪表盘；14-工作装置液压缸；15-推土板；16-轮边减速器；17-前驱动桥；18-轮胎；19-传动轴；20-后驱动桥；21-后轮边减速器；22-制动系统；23-车架

3. 安全使用常识

(1)陡坡上(地面坡度在25°以上)不能横向行驶，在陡坡上纵向行驶也不能原地转向，否则会引起履带脱轨，甚至可能造成侧向翻车。

(2)下陡坡时应将推土板着地并倒车下行，使推土板协助制动。

(3)推土机在超过30°的坡上横向推土时，应先设法挖填，使推土机能保持平稳后方可进行作业。

(4)在坡地上发生故障或发动机熄火时，应先将推土板放置在地面上，踏下并锁住制动踏板，然后进行检修工作。必要时在履带(或轮胎)的前后方垫三角木，以防止机械下滑。

(5)在下陡坡转向时，可以利用推土机自重惯性加速的作用实现转向，并使用反方向的转向离合器操纵杆。如右转弯时，拉起左面的转向操纵杆，但不能使用制动踏板。

(6)下坡时，不准切断主离合器滑行，否则将造成机件损坏或发生翻车事故。

(7)在高低不平或坚硬的路面上以及障碍物较多的区域行驶时，必须采用低速，以免发生机件损坏和事故。

(8)在高速行驶时，切勿急转弯，尤其在石子路上和黏土路上，更不能高速急转弯，否则将严重损坏行走装置，甚至引起履带脱轨事故。

(9)向深沟悬崖的地缘推土时，事先应了解崖下有无人、物；推土板不得推出边缘，并在换好倒挡后，先起步后提刀，以免压垮边缘的土壤产生翻车事故。

(10)推土机纵向成队行驶时，应始终保持适当的机间距离，在狭窄的道路上行驶，未得前车同意，不得超越。

(11)推土机开动时，驾驶室内不准堆放任何物体，以免影响操作或因无意碰撞操纵杆而造成事故。

二、平　地　机

1. 用途

平地机是铲土、移土和卸土同时进行的连续作业式机械。刮刀是它的主要工作装置。通过对刮刀的水平回转、左右升降、左右侧伸和机外倾斜四种基本动作的调整，采用合理的施工方法，可以完成开挖沟槽、平整场地、回填沟渠、清除积雪、铺散或路拌路面材料及修筑路基路堑的边坡作业。放下平地机的齿耙，还可以进行松土作业。

2. 构造

国产 PY160 型自行式液压平地机的结构简图见图 2-11，它主要由发动机、液力变矩器、离合器、变速器、平衡器、车轮、刮土刀、松土器及操纵系统等组成。

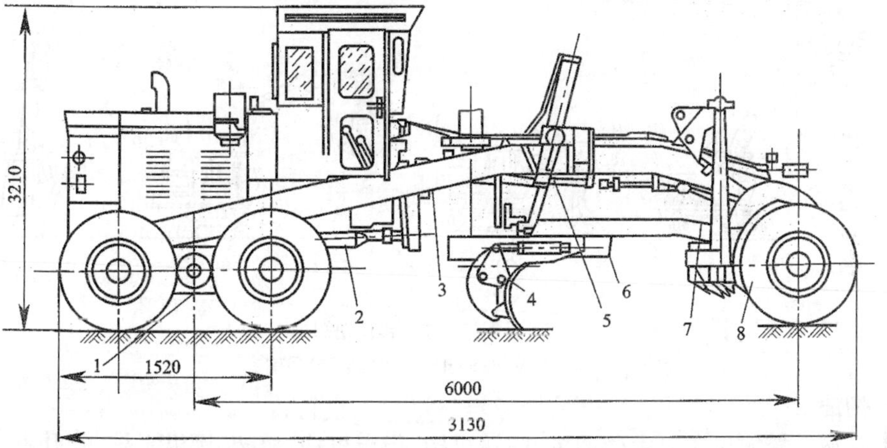

图 2-11　PY160 型自行式液压平地机

1-平衡箱；2-传动轴；3-车架；4-刮土刀；5-刮土刀升降油缸；6-刮土刀回转盘；7-松土器；8-前轮

3. 安全使用常识

(1)作业前必须清除施工现场有损轮胎的污物和钢钉等坚硬锋利的杂物，作业中操作人员要严格按操作规程进行作业。

(2)平地机在平整凹凸较大的地面或自卸车倾倒的土堆时，应先用推土机推平或刮刀粗平，方可进行平整，以免因超过前后桥结构允许的摆动角度而失稳，发生倾翻、陷落或损坏机件。

(3)遇到坚硬的土质，需要松土器翻松时，应用 I 挡行驶，并缓慢下齿，以免折断齿尖，不准用松土器来翻松碎石路面和高级路面，以免损坏机件。

(4)平地机刮刀大角度回转，向机侧倾斜及铲土角大范围调整都必须停机进行。起步前，应先将刮刀下降到接近地面，起步后方可逐渐切土。禁止刮刀先切土后起步。作业中，随铲土阻力的大小变化调整刮刀的切土深度，不得一次调整过多而影响平整度。

(5)禁止使用平地机拖拉其他机械。

(6)驾驶室只准按规定乘员坐人。行驶时，必须将刮刀、松土器升到最高位置，并将刮刀斜放，刮刀两端不得超出后轮胎外侧宽度。下坡时，严禁发动机熄火和超速滑行。

三、挖　掘　机

1. 用途

挖掘机是用铲斗挖掘土，并把土卸到运输车上，由运输车运到卸料处，或将挖出的土直接卸在附近弃土场的土方工程机械。

挖掘机有单斗式和多斗式之分，前者为循环作业式，后者为连续作业式。在道路养护工程中，一般使用单斗液压挖掘机，每一个工作循环包括：挖掘、回转、卸载、返回4个过程。

单斗液压挖掘机具有多种工作装置，可根据作业的对象安装相应的工作装置，如图2-12所示。

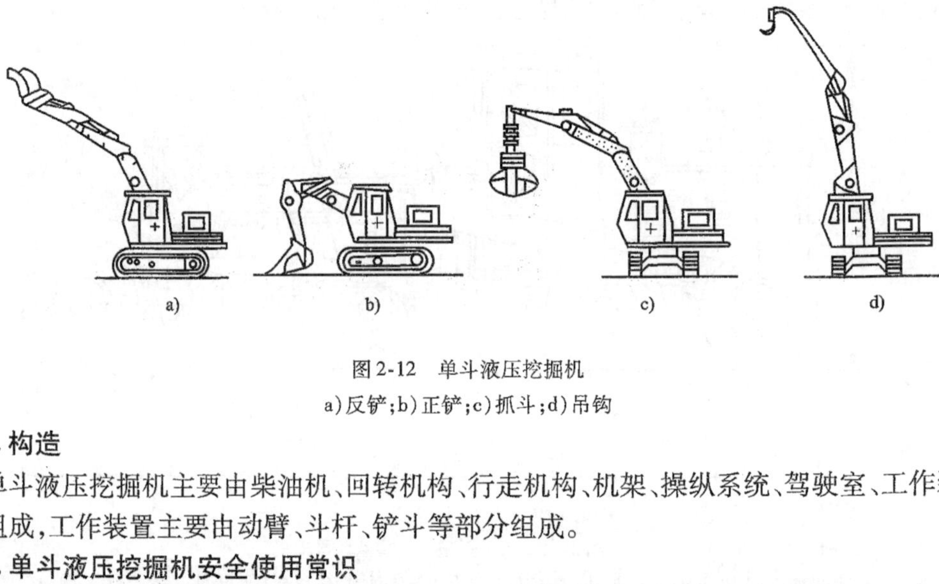

图2-12　单斗液压挖掘机

a)反铲；b)正铲；c)抓斗；d)吊钩

2. 构造

单斗液压挖掘机主要由柴油机、回转机构、行走机构、机架、操纵系统、驾驶室、工作装置和配重组成，工作装置主要由动臂、斗杆、铲斗等部分组成。

3. 单斗液压挖掘机安全使用常识

(1)开工前，挖掘机操作人员和现场施工人员要查看地形，了解工程情况，确定工作面与开挖顺序。

(2)初开工作面时，可自行或用其他机械整理出至少可容纳一台挖掘机作全回转的场地，特别要选择平整、坚实的场地作为停机面，如系挖装作业，还应考虑运土车辆的调头和停车位置。

(3)配合反铲挖掘机清理沟底、平整修刮边坡时，必须在最大挖掘半径以外作业，否则需待挖掘机停机熄火、铲斗落地后方可进行作业。挖掘机继续挖掘作业时，需待沟槽内工作人员撤离完毕，并在指挥人员发出指令后开始。

(4)当挖掘机挖掘基坑或沟槽,深度在5m以内,两边不加支撑时,应根据土质情况确定安全的边坡度。

(5)挖掘悬崖时要采取防护措施,作业面不得有摆动的大石块,如发现有塌方的危险,应立即处理或将挖掘机撤离到安全地带。

(6)挖掘机不得靠近架空输电线路作业或行走。如限于现场条件,必须在线路近旁作业时,应采取安全保护措施。

(7)履带式挖掘机只能在现场转移工作面时作短距离行驶,通过铁道、跨越电缆和管道时应采取一定的安全措施。用车、船等运输工具作长途转运时,应充分考虑挖掘机的长度、高度和重量,选择合适的车、船,如有不符合装运条件的部件,应在装运前拆卸。挖掘机上下车船前,应检查制动器和其他操纵机构是否灵活可靠,并有专人指挥上下车船,以保证人身和机械的安全。

四、装　载　机

1. 用途

装载机是用来对运输车辆装卸松散的物料或自行完成短途转运作业的一种机械。

装载机按行走装置形式,可分为轮胎式和履带式两类;按工作装置可分为单斗式、挖掘装载式和斗轮式三种;按本身结构可分为刚接式和铰接式两种。

装载机的作业过程为:铲、装、运、卸。由于装载机具有结构紧凑、操纵轻便灵活、工作平稳、使用安全可靠、生产效率高等优点,换装如图2-13所示的不同工作装置后,还具有木料装卸、重物起吊、集装箱搬运和作为牵引动力等功能。

2. 构造

装载机的外形见图2-13,它主要由发动机、驾驶室、车架、行走装置(前桥总成和后桥总成)、工作装置等组成。

3. 安全使用常识

(1)装载机进入施工现场前,操作人员和施工人员要对现场进行观察分析,了解施工要求和施工条件,制定最佳的安全施工方案和作业路线。对影响装载的障碍物,或用装载机自行清除,或用推土机协助清除。对地下管道、电缆、基础桩等隐蔽的障碍物要事先探测清楚,妥善处理,以防装载机正常作业时发生事故。

(2)在拆迁和清理废墟的工作中,推倒半墙要选择有利地形,选择有裂缝的地方,提高铲斗后推动。必须推半墙的上部,或从一端沿纵向与墙成一定倾斜角斜推,以免发生砸坏机械事故。

(3)装载机通过乱石和不平整道路时,必须慢速行驶,下坡时禁止空挡滑行;在坡道上横向行驶要倍加小心,防止发生翻车事故;在水中作业时,水深应低于轮胎直径的一半。作业后应进行清洗及防腐蚀保养。

(4)装载机配合自卸汽车装载时,应与汽车保持一定安全距离,防止发生撞车事故。铲土作业时,铲斗不能斜插,要求对准物料正面接近,避免急剧冲装,以免轮胎超载打滑。向汽车卸装物料时,应将铲斗提升到一定高度,使铲斗前翻不致碰到车箱。对准车箱倾翻时,动作要缓和,以减轻物料对汽车的冲击。

(5)装载机作业时,严禁人员在铲斗及斗臂下走动,以免物料落下、斗臂及铲斗突然下落而伤人。严禁铲斗内站人进行举升作业,以防铲斗突然下降而伤人。

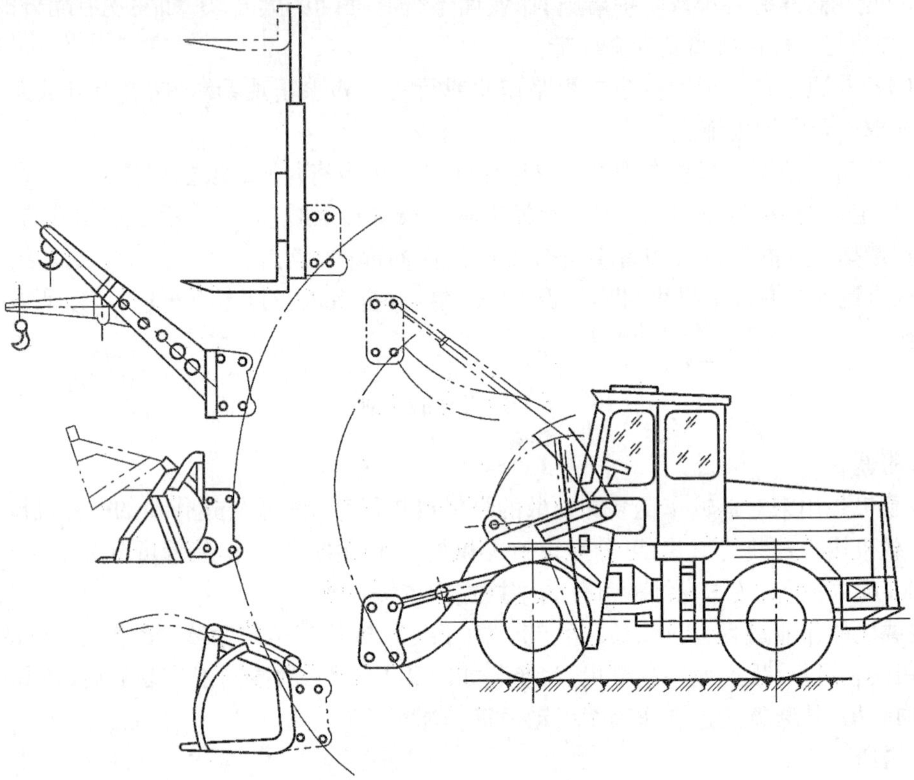

图2-13　装载机及其可换工作装置

(6)履带式装载机装车转移前,应先检查行车机构和制动器等操纵机构是否灵敏可靠,并用方木或跳板搭成10°～15°的坡道,各种准备工作就绪后,方可装车。装车时,要由经验丰富的人员现场指挥,机械不得超载、超高和超宽。

五、稳定土拌和机

1. 用途

稳定土拌和机是改良软地基或道路基层的一种机械,它的工作过程分为:粉碎、拌和和摊铺。移动式稳定土拌和机施工时,先将素土按一定的厚度均铺在路床上,接着将添加剂(白灰或水泥)按一定的比例均铺在素土层上,然后稳定土拌和机在行进中将其进行粉碎、拌和、摊铺,经压实后,可得到灰土层路基。如果再按一定比例均铺石料,则经过稳定土拌和机搅拌摊铺后又可得到灰土石层路基。由于使用稳定土拌和机施工能获得质量优良的路基,所以它是修筑道路和机场路基不可缺少的机械,也是道路养护工程中较大面积路基养护维修不可缺少的机械。

2. 构造

如图2-14所示,稳定土拌和机主要由主机、工作装置和稳定剂喷洒控制系统等组成。主机包括发动机、动力传动系统、行走系统、转向系、制动系、驾驶室和电气系统等。工作装置由转子及转子架、转子升降液压缸、罩壳及其后斗门开启液压缸组成。喷洒控制系统的作用是计量、喷洒稳定剂所需要的黏结液和水。

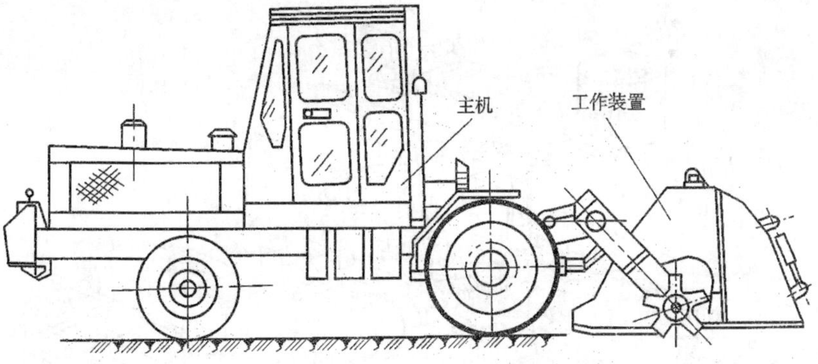

图 2-14　稳定土拌和机

3. 安全使用常识

(1)稳定土拌和机在行驶时,必须将拌和装置提升到行驶状态,各种操纵机构和装置要齐全完好,驾驶室按规定乘坐人员,下坡时严禁发动机熄火滑行,并随时注意仪表及周围的动向,避免发生交通安全事故。

(2)稳定土拌和机在施工作业中,垫铺的土层和外加剂厚度不能超过规定的最大拌和深度,材料中不能有超过规定粒径的石块、矿渣等坚硬的块状物或钢筋等条状物,以免损坏搅拌刀具或卡住拌和转子或刺破轮胎。

(3)严禁使用倒挡进行拌和作业。

(4)稳定土拌和机在新填的土堤上作业时,要离坡沿一定的安全距离,以免发生滑坡倾翻事故。

(5)当清理搅拌转子上的黏土、嵌石或置换刀具时,必须停机熄火,并将工作装置置于一定高度,支垫结实,或使用保险装置销紧,以防下落伤人。若要转动转子,人员及工具材料等要预先撤离,机上机下呼应,并由专人指挥方可操纵转子转动,否则禁止操纵起落和转动,以免发生恶性事故。

第四节　沥青路面养护工程机械

一、乳化沥青生产设备

1. 用途及组成

乳化沥青生产设备的作用是在乳化剂的作用下将沥青破碎成为小的颗粒,并均匀分散在水中形成稳定的乳液,即乳化沥青。

固定式乳化沥青生产设备总体布置示意图见图 2-15。它主要由沥青加热及供给系统、水加热及供给系统、乳化剂水溶液掺配系统、计量控制系统、乳化机、乳化沥青储存及外运系统组成。其中乳化机是完成沥青破碎分散的装置,其性能的好坏对乳液的质量有着重要的影响,是乳化沥青生产设备的心脏。

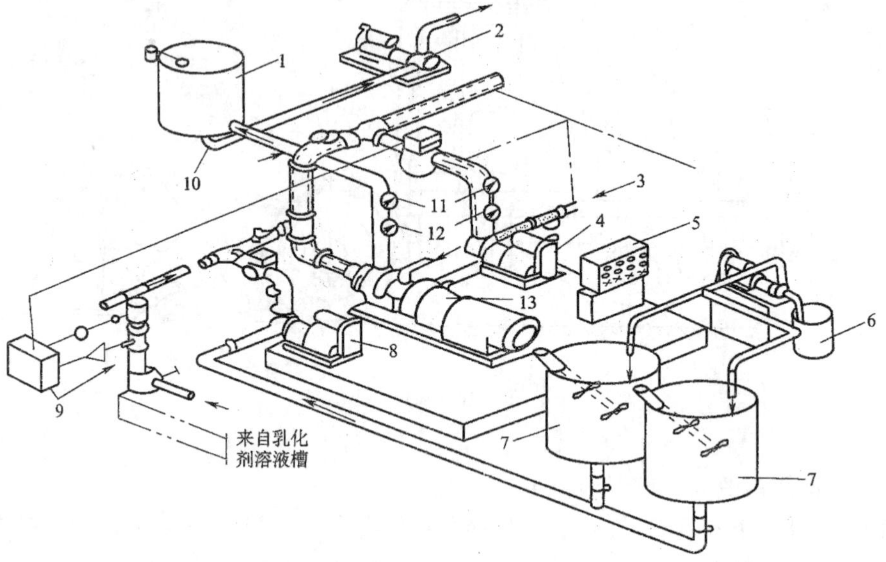

图 2-15 固定式乳化沥青生产设备总体布置

1-乳液成品调压罐;2-乳液成品输送泵;3-沥青进料管;4-沥青进料泵;5-控制柜;6-沥青乳化剂;7-乳化剂水溶液掺配罐;8-乳化剂水溶液输送泵;9-交替搅拌控制系统;10-乳液成品输送管;11-压力表;12-密度表;13-乳化机

2. 安全使用常识

(1)严格控制沥青和乳化剂水溶液的温度:石油沥青的温度控制为 120 ~ 140℃;软煤沥青的温度不超过 100℃;乳化剂水溶液的温度为 50 ~ 80℃;沥青和乳化剂水溶液混合后温度不应超过 100℃,以免乳化时产生过多泡沫,影响乳化沥青的质量,导致外溢而污染环境和烫伤人员。

(2)根据沥青的规格和性质,选用相应的乳化剂,确定合适的浓度,以保证乳化沥青的质量,避免配比不当发生外溢而发生污染和烫伤事故。

(3)操作人员应戴好安全帽和手套,穿好工作衣和工作鞋,以防热沥青飞溅伤人。

(4)应用电热管加热装置,接线柱部分应有安全防护罩,罐体要接地,操作人员要具备安全用电知识,防止发生触电事故。

(5)生产结束后,应及时关闭阀门,清洗管道,以防堵塞,损坏设备。

二、沥青稀浆封层机

1. 用途

乳化沥青稀浆封层是用适当级配的集料、填料、乳化沥青和水等 4 种材料,按一定比例掺配、拌和,制成均匀的稀浆混合料,并按要求厚度摊铺在路面上,形成密实、坚固、耐磨的表面处治薄层。乳化沥青稀浆封层机是完成稀浆封层施工的专用设备,它适用于公路和城市道路部门对路面进行周期性预防保养,以保持路面的技术性能和延长使用寿命。

按行走装置形式,稀浆封层机可分为拖式和自行式两种。

2. 构造

自行式稀浆封层机结构简图见图2-16。它主要由汽车底盘、离合器、沥青乳液供给系统、供水系统、骨料输送装置、矿粉供给机构、搅拌装置和摊铺系统组成。

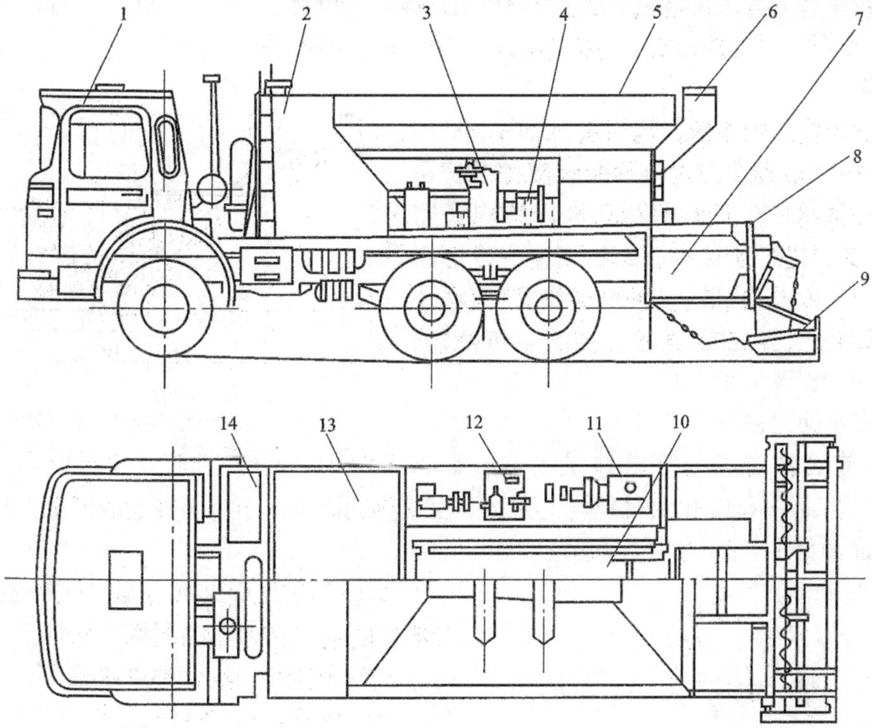

图2-16　自行式稀浆封层机结构简图

1-行驶系统;2-水箱;3 作业柴油机;4-机械传动系;5-集料仓;6-填料仓;7-搅拌箱;8-操作台;9-摊铺器;10-皮带输送机;11-添加剂箱;12-流控系统;13-乳液箱;14-柴油清洗装置

3. 安全使用常识

(1)施工前,应对全路面进行全面摸底,并进行技术处理,对所施工的路段设置安全标志,全面封闭交通,禁止行人、车辆进入,以免发生事故和影响施工质量。

(2)施工时,要有专人指挥,操作人员不准站在摊铺槽上,以免发生意外事故;作业速度一般以10~20m/min为宜。作业速度选定后,应保持相对稳定,以免影响封层质量。

(3)用装载机上料时,应停机进行,并掌握好上料距离和铲斗倾翻的角度,防止矿料撒落。

(4)每班作业结束后,应对设备的乳化沥青供给系统、拌和筒、摊铺槽进行彻底清洗,以防沥青稀浆凝结。

三、路面铣刨机

1. 用途

路面铣刨机是一种用装满小块铣刀的滚筒(简称铣刨鼓)旋转对路面进行铣刨的高效率

路面修复机械。它适用于沥青路面和水泥路面,铣刨后形成整齐、平坦的铣刨面和齐直的铣刨边界,为重新铺设沥青混合料或混凝土创造条件。修复后新老铺层衔接良好,接缝平齐。路面铣削机械主要有热铣刨和冷铣刨两种。

热铣刨机是在铣刨前先用液化气或丙烷气或红外线燃烧器将路面加热,然后进行铣刨。这种铣刨方式切削阻力小,但消耗能量较大。热铣刨机多用于沥青路面养护及再生作业中。

冷铣刨机是直接在旧路上或需要养护的路段上进行铣刨的。该机切削的料粒较均匀,适应性广,但切削刀齿磨损较快。冷铣刨机多用于铣削沥青路面隆起的油包及车辙等。

2. 构造

目前国内使用较多的铣刨机有 SF-13000C 铣刨机、美国英格索兰公司及德国维特根公司生产的各类铣刨机。下面仅介绍 SF-13000C 路面铣刨机,该机是一种全液压轮式中型冷铣刨机。它主要由发动机、底盘、铣刨装置、洒水装置、料输送装置等组成,其外形见图 2-17,铣刨装置中的铣刨鼓见图 2-18。

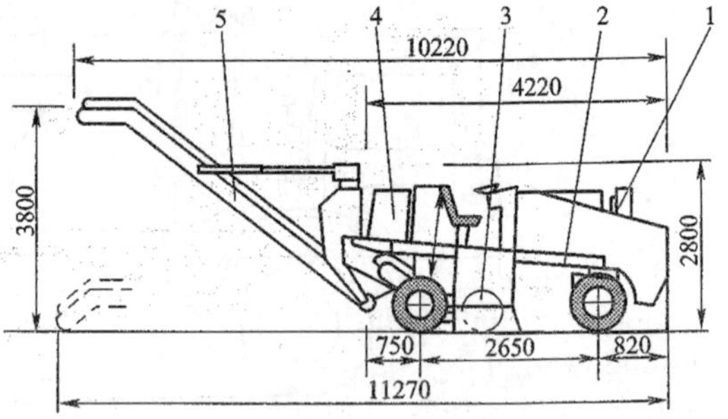

图 2-17　SF-13000C 路面铣刨机

1-发动机;2-底盘;3-铣刨装置;4-洒水装置;5-料输送装置

3. 安全使用常识

(1)施工前,操作人员和施工人员应了解现场情况和施工要求,确定最佳施工方案。由于铣刨机是在不封闭交通的情况下作业的,所以必须设置安全标志,并有专人指挥。

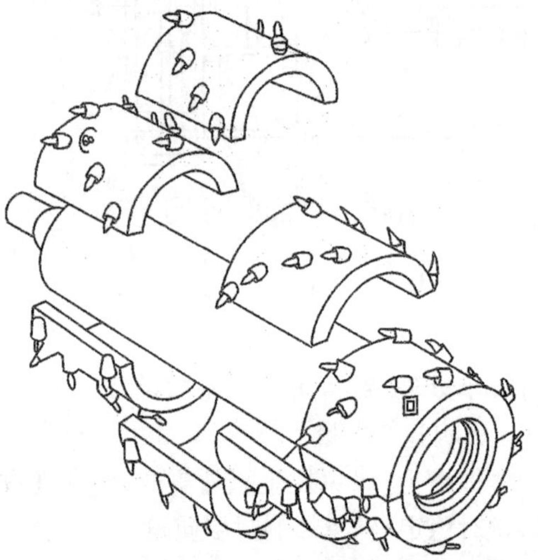

图 2-18　铣刨鼓

(2)根据路面结构及破坏的情况,合理选择铣刨鼓的转速、刀具的材料和形状。

(3)铣刨机作业时,要掌握好切削深度。开始下切时,速度不要过快,而且要均匀。

(4)铣刨路面时,应开启洒水装置洒水,以减少灰尘飞扬和冷却刀具。但洒水量不宜过多,以免导致道路泥泞。

(5)有输送带的铣刨机都要与自卸汽车联合作业,此时应有专人指挥,操作人员要密切配合,防止撞车和撒料。

(6)铣刨机夜间作业,其上方应有警示灯,施工现场要有足够的亮度。

(7)履带式铣刨机转移工地上下拖车时,要事先检查操纵机构和制动装置是否灵敏可靠,并有专人指挥。还要考虑不得超长、超宽和超高,否则应采取措施。

四、沥青混合料搅拌设备

1. 用途

沥青混合料搅拌设备是一种将不同粒径的集料和填料按规定的比例掺配在一起,用沥青作结合料，在规定的温度下拌和成均匀混合料的专用机械。沥青混合料搅拌设备是沥青路面施工的关键设备之一，其性能直接影响沥青路面的质量。

沥青混合料搅拌设备可按生产能力、搬运方式、工艺流程等方法进行分类。按生产能力可分为小型（生产率为 40t/h 以下）、中型（生产率为 40～400t/h）和大型（生产率为 400t/h 以上）；按搬运方式可分为移动式、半固定式和固定式，城市道路施工一般使用固定式沥青混合料搅拌设备；按工艺流程可分为间歇强制式和连续滚筒式，高等级公路建设应使用间歇强制式，而连续滚筒式多用于普通公路和场地建设。

2. 组成

间歇强制式沥青混合料搅拌设备总体结构见图 2-19。该搅拌设备由冷集料储存及配料机、带式输送机、烘干筒、热集料提升机、热骨料筛分及计量装置、石粉供给及计量装置、沥青供给系统、搅拌器、除尘装置、成品料储仓和控制室组成。

间歇强制式沥青混合料搅拌设备工艺流程如图 2-20 所示。

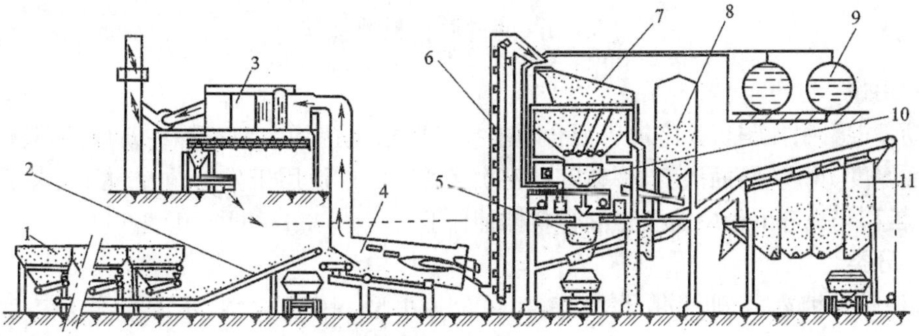

图 2-19　间歇强制式沥青混合料搅拌设备总体结构

1-冷集料储仓及给料器；2-带式输送机；3-除尘装置；4-冷集料烘干筒；5-搅拌器；6-热集料提升机；7-热集料筛分及储存；8-石粉供给及计量装置；9-沥青供给系统；10-热集料计量装置；11-成品料储仓

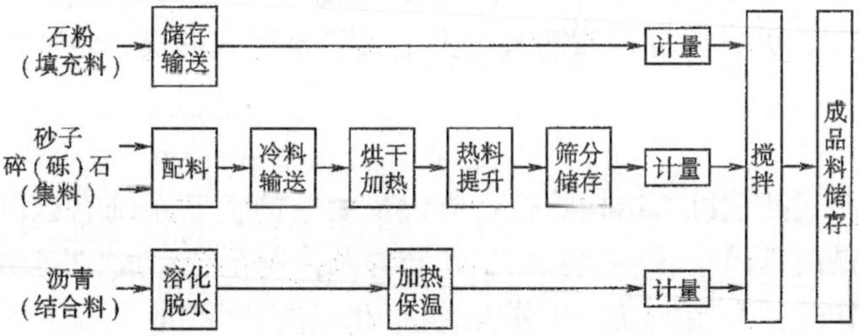

图 2-20　间歇强制式沥青混合料搅拌设备工艺流程

3. 安全使用常识

（1）现场管理人员和操作员应戴安全帽、穿工作衣和工作鞋；转动件附近严禁穿肥大的衣服，以免卷人发生意外事故。

（2）严禁在运转的设备上堆放工具及物件，以防发生事故。

（3）调整和检修设备工作应在停机后进行，严禁设备运转时进行调整和检修。

（4）严禁在溢流管道周围逗留、通过，以免伤人。

（5）当冷料斗下料不畅，需要人工辅助作业时，必须两人以上作业，不准一人单独作业，也不准跳入料坑作业，以免发生人被埋入料中的恶性事故。

(6)在冷配料周围工作的人员必须带上安全头盔，以防石料飞出砸伤头部或头部碰到机件。

(7)接料时要注意安全，放料口与车厢(或接料口)对好以后才能放料。放料的数量要控制好，不要溢出。

(8)根据沥青罐容量，严格控制沥青的加入量，防止发生沥青因含水受热外溢、烫伤人员、污染环境的事故。

(9)导热油加热系统初次使用或更换导热油之后，必须按规定进行"汽化"处理，以免系统内空气、水和蒸汽因受热急剧膨胀而发生爆炸。

(10)成品料仓提升小车的制动器间隙调整要合适，制动要灵敏可靠；牵引钢丝绳应定期检查，发现严重磨损或钢丝有折断情况要及时停机更换。提升小车轨道下方严禁人员穿行，以防料漏出或小车冲出伤人。

五、沥青混合料摊铺机

1. 用途

沥青混合料摊铺机是将沥青混合料按技术要求迅速均匀地摊铺在筑成的路基上，并保证摊铺层厚度、宽度、路面拱度、平整度和密实度等。它广泛用于公路、城市道路、大型货场、停车场、机场和码头等工程中的沥青混合料摊铺作业。

2. 分类

(1)按摊铺宽度，沥青混合料摊铺机可分为小型、中型、大型、超大型等4类，摊铺宽度一般为3 600～9 000mm。小型摊铺机主要用于低等级公路的路面养护和城市狭窄道路的修筑工程。中型摊铺机主要用于一般公路路面的修筑工程，也可用于路面的养护作业。大型摊铺机主要用于高等级公路路面施工。超大型摊铺机常用的摊铺宽度为1 2000mm，主要用于高速公路、机场、码头、广场等大面积沥青混合料路面施工。

(2)按行走方式，沥青混合料摊铺机分为拖式和自行式两类，其中自行式又分为履带式和轮胎式两种。

3. 构造

履带式和轮胎式摊铺机的结构除行走装置及相应的控制系统有区别外，其余组成部分基本相似。它们都是由基础车、供料装置、工作装置及控制系统组成，外形结构见图2-21。

摊铺机的工作过程为接料、送料、分料、熨平和振捣。

4. 安全使用常识

(1)摊铺机作业前，应在施工现场设置安全标志，行人和车辆不得进入施工区，以免影响施工作业和发生安全事故。

(2)摊铺机的离地间隙比较小，所以起步前一定要及时清理周围障碍物。

(3)运输沥青混合料的自卸汽车倒车驶向摊铺机时要对准，并有专人指挥。汽车和摊铺机要密切配合，避免发生冲撞和撒料等现象。

(4)工作过程中，摊铺机不得倒退，如需倒退，必须提起熨平板停止工作后进行，否则容易损坏机件和影响摊铺层的质量。

(5)工作或运输过程中,人员不准在料斗内坐立或作业,熨平板上不准随意站人,非操作人员不得攀登摊铺机,以免发生人身安全事故。

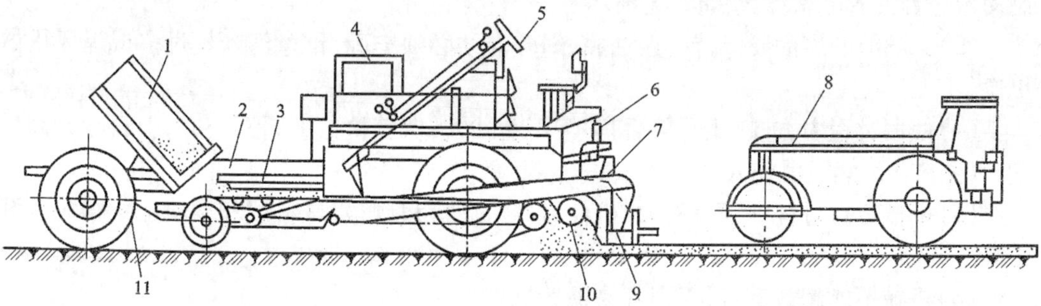

图 2-21 摊铺机外形结构图

1-自卸车;2-接料斗;3-刮板输送器;4-发动机;5-转向盘;6-熨平板升降装置;7-调整杆;8-压路机;9-熨平器;10-螺旋摊铺器;11-顶推滚轮

(6)运输摊铺机时,应提起熨平板,并用锁紧装置锁住。履带式摊铺机转移工地时,自行上拖车或起重机吊装上拖车,都要有专人指挥,注意安全。

(7)摊铺机停机后,要认真做好保养工作,及时清洗料斗、刮板、螺旋输送器和熨平板等部件。清洗时必须将发动机熄火后进行,一次清洗不完,可再次发动机械,转过一定距离或一个角度后再停机熄火清洗。

第五节 水泥混凝土路面养护工程机械

一、混凝土搅拌机

1. 用途

混凝土搅拌机是将水泥、砂、石和水按一定的配合比例,进行均匀拌和的机械。其种类很多,按搅拌原理分为自落式和强制式两类;按作业方式分为周期式和连续式;按搅拌筒的结构分为鼓筒形、双锥形、梨形、圆盘立轴式及圆槽卧轴式;按出料方式分为倾翻式和不倾翻式;按搅拌容量分为大型(出料容量 1 ~ $3m^3$)、中型(出料容量 0.3 ~ $0.5m^3$)、小型(出料容量 0.05 ~ $0.25m^3$)。各种搅拌机的分类见表 2-3。

混凝土搅拌机分类 表 2-3

自落式				强制式		
倾翻出料		不倾翻出料		立轴式		卧轴式
单口	双口	斜槽出料	反转出料	涡浆式	行星式	双槽式
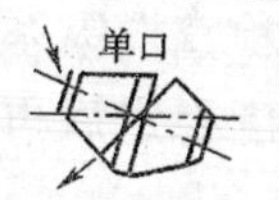	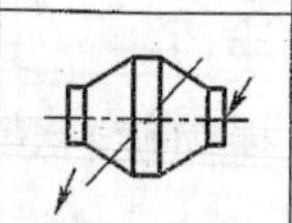	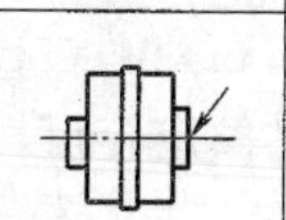	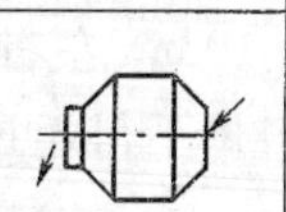	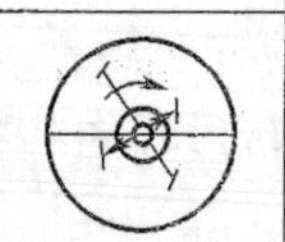	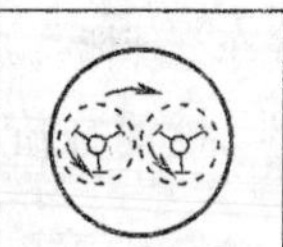	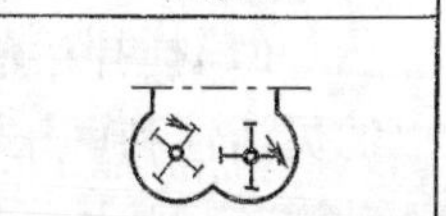

2. 安全使用常识

(1)混凝土搅拌机应安装在坚实平整的地面上,撑脚应调整到轮胎不受力,支撑受力均匀，以防止机架在长期负载的情况下变形。

(2)使用前应做好清洁、润滑、紧固、调整、防腐等工作。检查结合件是否松动，离合器和制动器是否灵活可靠，钢丝绳有无损坏等。

(3)钢丝绳的表面要保持一层油膜，绳头卡结必须牢固，钢丝绳断丝过多或绳股松散时应更换。

(4)使用过程中，进料斗升起后，斗下不能站人；保养检修上料系统时，上料斗升高后应锁紧，以免料斗突然下滑伤人。

(5)机械运行过程中，不得拆卸机件、检修、润滑和调整，进料坑和导轨上不得站人和摆放工具。

(6)机械不能超载运行，否则容易损坏机件。

(7)停机后要及时做好机械和环境的清洁工作，防止水泥凝固损坏机件。

二、混凝土搅拌运输车

1. 用途

混凝土搅拌运输车是把搅拌站生产的混凝土运送到距离较远的施工工地的专用车辆。它是在汽车的底盘上安装一个可以自行转动的搅拌筒，车辆在行使过程中可继续缓慢地旋转搅拌筒进行搅拌，以防止混凝土产生离析现象，从而保证混凝土的质量。

2. 构造

混凝土搅拌运输车一般由运载底盘、搅拌筒、驱动装置、给水装置和操纵系统组成，如图2-22所示。

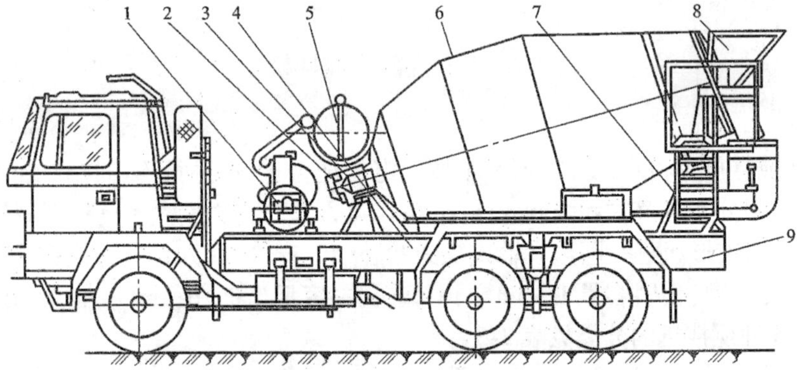

图2-22 混凝土搅拌运输车

1-泵连接组件；2-减速机总成；3-液压系统；4-机架；5-供水系统；6-搅拌筒；7-操纵系统；8-进出料装置；9-底盘车

3. 安全使用常识

(1)搅拌运输车装料时，应先空转拌筒10min左右，在空转过程中应进一步检查操纵系统的灵活性和可靠性，拌筒在旋转过程中装料量不得超过额定容量。拌筒旋转速度稳定后再开动汽车行驶。

(2)搅拌筒在满载时不可停止转动，否则再次启动拌筒时易使传动系统因扭矩过大而损坏。

(3)混凝土从装入拌筒到卸出,时间不宜过长,否则会影响混凝土的质量。

(4)行驶中,应将卸料槽卸下,安置在工具箱下面并扣牢,以免行驶途中发生摆动,造成其他事故。

三、小型混凝土路面施工机械

1. 振动设备

混凝土振动设备是对浇灌以后的混凝土进行振实和捣固的机械。常用的振动设备有:插入式振捣器、平板振动器和振动梁。

1)插入式振捣器

插入式振捣器的振动部分插入浇灌后的混凝土内部,直接把振动传给混凝土,所以生产效率较高,是混凝土路面翻修不可缺少的设备,如图2-23所示。

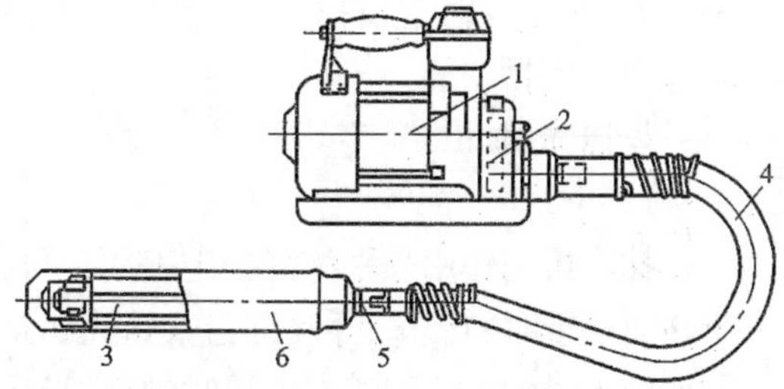

图2-23　偏心式插入式振捣器

1-电动机;2-增速器;3-激辍子;4-传动软轴;5-连接套;6-激振体

安全使用常识:

(1)操作人员应穿绝缘鞋、戴绝缘手套,以免发生触电事故。

(2)使用前应检查电动机的绝缘是否良好,振动棒、软轴和导线的外表及连接部分有无损坏痕迹,棒壳和电动机上的螺栓是否紧固,动力导线的外皮有无破损和潮湿等。

(3)振捣时,要使振动棒垂直并自然地沉入混凝土中,不能用力硬插或斜插,避免振动棒碰撞钢筋或模板,更不能用棒体撬拨钢筋。振动器的振动频率很高,如果在操作中和钢筋等硬物发生碰撞,则容易振坏棒壳。

(4)振动器在使用时要注意棒壳、软管和接头的密封性,避免水浸入。冬期施工,如因润滑脂凝结而不易启动时,可用炭火烘烤振动棒,但不得用烈火猛烤或沸水冲烫。

(5)振动器在使用中如果温度过高,须停机降温,一般连续工作30min左右,应停歇一段时间,使其冷却后再使用。

(6)工作中,最好将动力软线悬吊空中,以免受潮或拖伤表皮,发生触电事故。如果手提动力软线,则须穿绝缘鞋和戴绝缘手套。

2)平板振动器

平板振动器是在混凝土的表面施加振动而使混凝土被捣实的机械。它的作用深度一般约为18~25cm,工作部分是一钢质或木质平板。

安全使用常识:

(1)操作人员和手提电缆的辅助人员必须穿绝缘鞋、戴绝缘手套,以免发生触电事故。

(2)平板振动器在试振时,不可在干硬的地面上作长时间的空运转,以免损坏振动器。

(3)操作中进行移动时,电机的导线要保持有足够的长度,勿使其张拉过紧,以防拉断线头。

(4)工作完后及时清洗底板,注意做好维护和保养工作。定期测试电机的绝缘电阻,并拆检电机和激振子,绝缘电阻不得低于规定值。

3)振动梁

振动梁是在平板振捣器全面的覆盖性振捣之后进一步对振捣密实的混凝土整平、抹光的机械,主要由振动器和横梁组成。

安全使用常识:

(1)操作人员应穿绝缘鞋,戴绝缘手套,以免发生触电事故。

(2)振动梁应(行夯)作全幅拖拉振实2~3遍,使表面泛浆并赶出气泡。

(3)振动梁移动速度要缓慢均匀,前进速度以1.2~1.5m/min为宜。振实过程中发现不平之处,人工及时挖填找平,补料时宜使用较细混合料,禁止使用砂浆找补。振动梁行走时不允许中途停留。

2. 抹光机

1)用途

抹光机的作用是平整混凝土表面。可分为叶片式和浮动圆盘式两种。叶片式抹光机较适用于路面较干时的粗抹;浮动圆盘式抹光机适用于路面较干时的光抹和道面较湿时的粗、光抹。

2)结构

结构如图2-24所示。

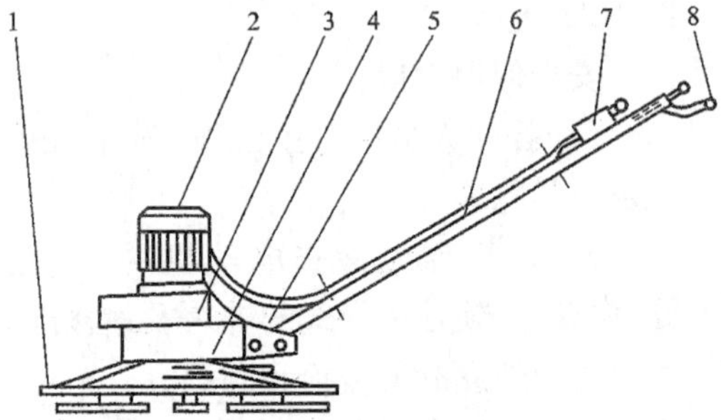

图2-24 抹光机结构图

1-护罩;2-电动机;3-减速器;4-抹盘;5-螺栓;6-扶手架;7-开关;8-手柄

3)安全使用常识

(1)操作人员和手提电缆的辅助人员必须穿绝缘鞋、戴绝缘手套,以免发生触电事故。

(2)使用前,应检查电机、电器开关、电缆线和接线是否符合规定,检查和清理抹盘上的杂物。

(3)接通电源后要进行试运转,叶片必须按顺时针方向旋转,不准反转。

(4)抹光机发生故障,必须停机切断电源后才能检修。

(5)使用完毕,应及时清洗干净,存放在干燥、清洁和没有腐蚀性气体的环境中,手柄应放在规定的位置。转移时不得野蛮装卸。

3. 切割机

1)用途

切割机是切割混凝土伸缩缝的机械。混凝土经过真空吸水、抹光等工序,并经一定时间的凝结,便可使用切割机切缝。由于切割机能连续进行施工,所以能加快施工进度,提高伸缩缝的质量,保证接缝的平整度。

2)安全使用常识

(1)操作电动式切割机的人员应穿绝缘鞋和戴绝缘手套,以防触电事故发生。

(2)使用前应检查电机、电器、开关、电缆线及接线是否正常,是否符合规定。检查刀盘的转向,新刀盘的转向应与箭头所示方向一致,旧刀盘的转向可由金刚石颗粒的磨削痕迹确定。严禁刀盘正向、反向轮流作用,注意每次启动切割机前,都应检查刀盘转向和紧度,并放下防护罩。

(3)切割过程中,进刀、退刀要缓慢,切割推进要均匀,不能用刀盘单边切割,以防刀盘变形和损坏，同时应注意水箱水位，当水位降至水箱高度一半以下时，要及时补充水。严禁无冷却水切割。冷却水应对准刀口和切缝，喷射要均匀。

第六节　路面压实和破碎机械

一、概　　述

为了使筑路材料（沥青混凝土、水泥混凝土、稳定土等）颗粒处于较紧的状态和增加它们之间的内聚力，可以采用静力和动力作用的方法使其变得更为密实。这种密实过程对提高各种筑路材料和整体构筑物的使用强度有着实质性的影响。对于塑性水泥混凝土，材料的密实过程主要是依靠振动液化作用使材料颗粒之间的内摩擦力和内聚力降低，从而在自重的作用下下沉而变得更加密实。对于包括碾压混凝土在内的大多数筑路材料来说，它们都可以通过压实作用来完成这种密实过程。

压实机械按工作机构的作用原理分为以下几种主要类型：

（1）静作用碾压机械：碾压滚轮沿被压材料表面反复滚动，靠自重产生的静力作用，使被压层产生永久变形达到压实目的，如图 2-25a）所示。这类压实机械包括各种型号的光轮压路机、轮胎压路机、羊脚压路机及各种拖式压路滚等。

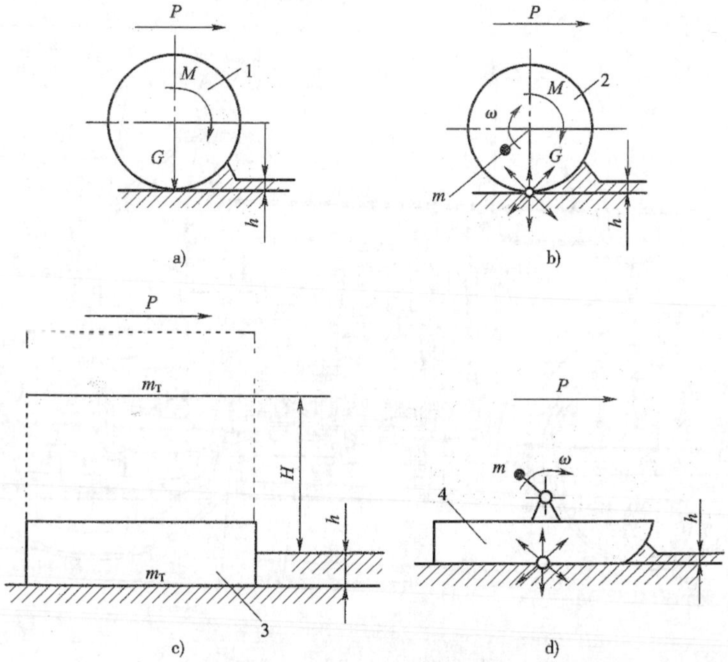

图 2-25　压实机械工作机构的作用原理图

a）静压实；b）振动压实；c）夯实；d）振动夯实

（2）振动碾压机械：碾轮沿被压实表面既作往复滚动，又利用偏心质量 m 旋转产生的激振力，以一定的频率、振幅振动，使被压层同时受到碾轮的静压力和振动力的综合作用，给材料短时间的连续脉动冲击，如图 2 25b）所示。这类机械包括各种拖式和自行式振动压路机。

(3)夯实机械:夯实机械又分为夯实和振动夯实两类,前者是利用重物的重力 m_T 自一定高度落下,冲击被压层,使之被压实,如图2-25c)所示。这类机械包括各种内燃式和电动式夯土机等。振动夯实机械,除具有冲击夯实力外,还有一个附加的振动力同时作用于被压实层,如图2-25d)所示,这类机械包括振动平板夯和快速冲击夯等。

二、静力式压路机

1. 用途

静力式压路机与振动压路机相比,压实功能有一定的局限性,压实厚度也受到一定限制,一般不超过20~50cm,且光面静力式压路机在压实作业中容易产生"虚"压实现象。静力式压路机因其结构简单,使用与维护简便,而且国产静力式压路机的系列化程度较高,可供选择的机型较多,能适应某些特定条件下的压实工作,因而国内在机械化施工程度不高的施工条件下仍普遍使用静力式压路机。静力式压路机可用来压实公路路基和路面、铁路路基、建筑物基础及土石坝、河堤、广场和其他各类工程的地基。其工作过程就是沿工作面前进与后退反复地滚动。

2. 构造

各种静力式压路机的基本结构大致相同,一般包括动力装置、传动装置、制动系统、碾压轮、转向系统、电气系统、附属装置等组成部分。这里主要介绍国产三轮二轴式3Y12/15光面静力式压路机的结构,见图2-26。

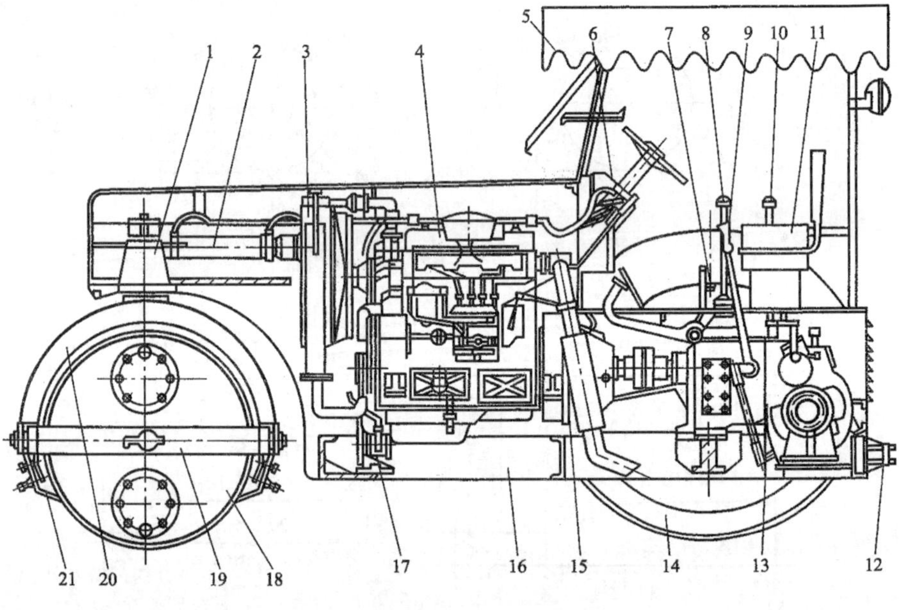

图2-26 3Y12/15压路机结构

1-转向立轴轴承;2-转向油缸;3-散热水箱;4-柴油机;5-遮阳棚;6-液压转向器;7-制动锁定手柄;8-变速操纵杆;9-差速锁手柄;10-换向操纵手柄;11-座椅;12-后牵引座;13-变速器;14-驱动轮;15-主离合器;16-机架和机身;17-液压油泵;18-转向轮;19-框架;20-"Ⅱ"形架;21-刮泥板

3. 安全使用常识

(1)压路机碾压时,应距路基边缘有一个安全距离,以防止倾翻;碾压的厚度应按规定进行,不得超厚,否则不能得到足够的密实度,并容易损坏机件。夜间工作,应装置照明设备,并开灯进行。

(2)两台以上压路机同时碾压时,间距应在3m以上。禁止在坡道上纵横行驶。

(3)碾压沥青路面时,应启用压路机的自动洒水装置。严禁人工倒退拖刷润湿压路滚,以免发生人身伤亡事故。

(4)压路机增加配重时,应加干砂和水;冬季不得加水,以免因热胀冷缩而损坏压路滚。

(5)禁止用牵引法强行发动内燃机,不准用压路机拖拉机械和物件。

(6)压路机高速行驶时不得急转弯,在坡道上行驶,应事先改换低速挡,禁止在坡道上踩下离合器,如必须在坡道上变速,应使压路机制动后才能进行。上、下坡时禁止滑行。

(7)压路机在运行中发生故障,应及时停机熄火进行检修。在坡道上停机时,应用楔块对称楔紧滚轮。压路机应停放在平坦的地方,并用制动器制动,不准停放在土路边缘及斜坡上。

(8)压路机转移工地,如果距离较近,路况良好,坡度不大,则可自行驶往,否则,必须用平板拖车装运,装运时要有专人指挥,注意安全。

三、振动压路机

1. 用途

各种振动压路机的质量一般为静力式压路机的1~4倍,平均2.5倍,振动压路机最适宜压实各种非黏性土、碎石、碎石混合料及各种沥青混凝土等,是公路、机场、海港、堤坝、铁路等建筑和筑路工程中不可缺少的压实设备。

2. 安全使用常识

振动压路机除参照静力式压路机的安全使用常识外,还应做到:

(1)注意察看施工环境,调查地上地下的建筑物,防止振动压路机的振动引起边坡倒塌、管道碎裂和建筑物毁坏等事故。

(2)不得在坚硬的路面上开启振动压路机的振动装置,以免损坏机械。

(3)经常检查避振装置,发现损坏应及时更换,以免影响操作人员的健康。

四、液压破碎机

1. 用途

液压破碎机是一种利用液压推动活塞在缸内往复运动,冲击钎子,进行破碎作业的机械。液压破碎机有手提式和机械夹持式两种。手提式液压破碎机属小型机械,配有液压动力机,具有耗能少、效率高、噪声小、不污染环境和使用方便等优点。机械夹持式液压破碎机一般采用工程机械底盘,如图2-27所示,工作装置设计比较灵活,可用来进行装载、挖掘、破碎等工作。

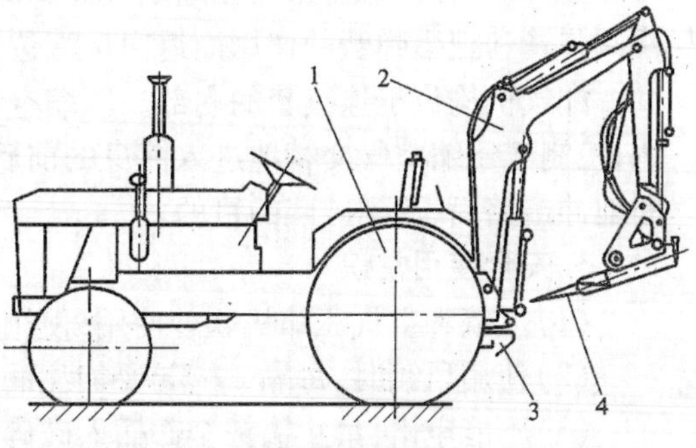

图2-27 液压破碎机

1-底盘;2-工作臂;3-支腿;4-工作装置

2. 安全使用常识

(1)液压破碎机与液压动力机的连接要可靠,拆装接头时,应避免灰尘、泥浆等物进入管路和机件内,连接后应检查油压是否在允许范围内,如超出允许范围,应重新调定工作压力,调定后应关闭压力表开关。

(2)当破碎效率降低时,应先检查液压动力机,如没有问题再检查蓄能器的隔膜和充气压力。检查蓄能器压力和添加气体,要使用专用的充气阀和氮气瓶,并按压力容器有关安全技术操作规程进行。

(3)更换钎子时,应先关闭通入破碎机的液压油路。

五、风　　镐

1. 用途

风镐是利用压缩空气作动力进行开凿和破碎的一种风动机械。它主要用于施工现场破碎坚固的或冻结的地层、水泥混凝土结构物和板块、沥青混凝土的路基和面层,是道路养护工程中常用的破碎机械。

2. 结构

风镐的结构如图 2-28 所示,它主要由启动机构、配气机构和冲击机构组成。

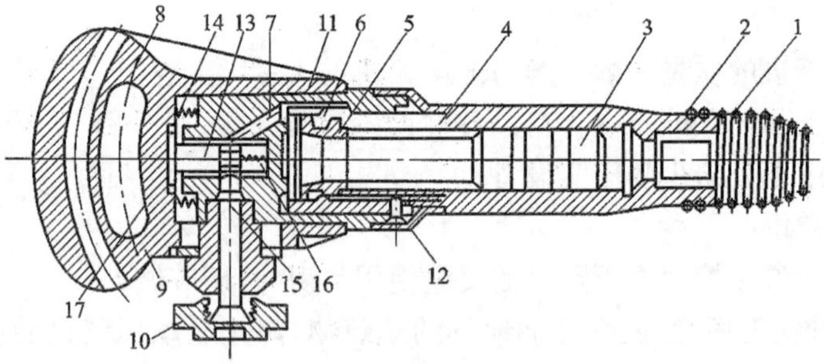

图 2-28　风镐结构

1-弹簧;2-轴套;3-活塞;4-筒身;5-管形气阀;6-气阀箱;7-中间环节;8-把手;9-气门管;10-连接螺帽;11-平板;12-螺钉;13-阻塞阀;14、15-弹簧;16-过滤阀;17-钢片

启动机构的作用是控制风镐的起动和停止。压缩空气经风管接头进入风镐,当压下手把时,阻塞阀下移,风道打开,压缩空气经斜管进入配气机构,使风镐开动;松开手把,阻塞阀受阻塞阀弹簧和把手弹簧的作用而返回顶端位置,关闭气路,风镐停止工作。

配气机构位于连续套的内部。压缩空气进入配气机构,通过阀在前、后不同位置的分配作用,控制着压缩空气交替地进入筒身的前后腔,驱动活塞作往复运动,冲击钎尾,使钎子连续不断地冲击路面,达到破碎的目的。

3. 安全使用常识

(1)风镐和空气压缩机联合使用,使用压缩机要遵守安全技术操作规程。

(2)使用风镐时,每隔 2 ~ 3h 要加注润滑油一次。

(3)不能空击,禁止镐钎全部插入破碎层。

(4)检修或更换钢钎时,必须先关闭风镐的气源,防止伤人。

(5)禁止行人进入现场,防止飞溅的碎石伤人。

复习思考题

1. 沥青路面面层修复机械有哪些？
2. 混凝土路面修补机械有哪些？
3. 道路养护工程机械安全使用有哪些规定？
4. 稀浆封层机的用途有哪些？

第三章 市政道路路基的养护

知识目标

1. 描述路基病害的分类；
2. 识别路基病害的破坏现象；
3. 描述路基病害破坏的原因和影响因素；
4. 描述路肩病害的预防措施和治理方法；
5. 描述路基边坡的加固措施；
6. 描述路基排水设施的养护要求；
7. 描述挡土墙的养护措施；
8. 描述路基翻浆的预防和处理措施。

能力目标

1. 进行挡土墙的维修加固；
2. 进行路基翻浆的处治。

第一节 概　　述

路基是道路的重要组成部分，是路面的基础。它与路面共同承担车辆荷载，并把车辆荷载通过其本身传递到地基。路基的强度和稳定性直接影响路面的平整度，是保证路面稳定的基本条件。为了保证路基的坚实和稳定，排水性能良好，使各部分尺寸和坡度符合规定，应加强路基养护，并采取有效措施进行修复和加固。

一、市政道路路基组成

市政道路路基养护应包括路基结构、路肩、边坡、挡土墙、边沟、排水明沟、截水沟等。

二、路基养护的工作内容与基本要求

1. 路基养护的工作内容

路基养护应通过对公路各部分的日常巡视和定期检查，发现病害及时查明原因，采取有效措施进行修复或加固，消除病害根源，其作业范围应包括下列内容：

(1)维修、加固路肩和边坡。

(2)疏通、改善排水设施。

(3)维护、修理各种防护构造物。

(4)清除坍方、积雪,处理塌陷,检查险情,防治水毁。

(5)观察和预防、处理翻浆、滑坡、泥石流等病害。

(6)有计划、有针对性地对局部路基进行加宽、加高,改善急弯、陡坡等视距不良地段,使之逐步达到所要求的技术标准。

(7)为适应运输发展的需要,应对养护的路线逐步进行改善和加固,如改善路线的急弯和陡坡,加添挡土墙、护坡等结构物。

2. 路基养护的基本要求

为保证路基各部分完整,满足上述对路基的各基本要求,使路基发挥正常有效的作用,路基养护工作必须符合下列基本要求:

(1)路肩应无坑槽、沉陷、积水、堆积物,边缘应直顺平整。

(2)土质边坡应平整、坚实、稳定,坡度应符合设计规定。

(3)挡土墙及护坡应完好,泄水孔应畅通。

(4)边沟、明沟、截水沟等排水设施坡度应顺适,无杂草,排水应畅通。

(5)对翻浆路段应及时养护处理。

三、市政道路路基的常见病害

由于自重、行车荷载和水、温度等各种自然因素的作用,路基的各部分会产生可恢复的变形和不可恢复的变形,那些不可恢复的变形,将引起路基标高和边坡坡度、形状的改变,甚至造成土体位移和路基横断面几何形状的改变,危及路基及其各部分的完整和稳定,形成路基的病害。

路基常见的病害主要有以下几种:

1. 路基的沉陷

路基沉陷是指路基在垂直方向产生较大的沉落,路基的不均匀下陷,将造成局部路段破坏,影响交通,如图3-1a)所示。

路基的沉陷有以下两种情况:

1)路基的沉落

因填料选择不当,填筑方法不合理,压实不足,在荷载和水温综合作用下,堤身可能向下沉陷,如图3-1b)所示。

2)地基的沉陷

原地面为软弱土层,例如泥沼、流沙或垃圾堆积等,填筑前未经换土或压实,造成承载力不足,发生侧面剪裂凸起,地基发生下沉,引起路堤堤身下陷,如图3-1c)所示。

路基沉陷的防治方法:

(1)注意选用良好的填料,严禁用腐殖土或有草根的土块,应分层填筑、分层夯实,并及时排除流向路基的地面水或处理好地下水。

(2)填石路堤从上而下,应用由大到小的石块认真填筑,并用石渣或石屑填空隙。

(3)原地面为软弱土层时,路堤高度较低的,且可中断行车时,应挖除换上良好的填料,然后按原高度填平夯实；路堤高度较高的，且又不能中断行车时，可采用打砂桩、混凝土桩或松木桩。

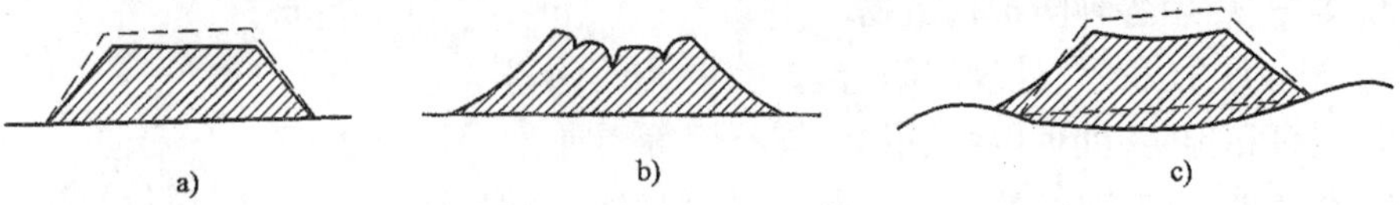

图 3-1 路堤沉陷

a）路基沉陷；b）路基沉落；c）地基沉陷

2. 路基边坡的坍方

路基边坡的坍方是最常见的路基病害，亦是水毁的普遍现象。按其破坏规模与原因的不同，路基边坡坍方可分为剥落、碎落、滑坍、崩坍等，如图 3-2 所示。

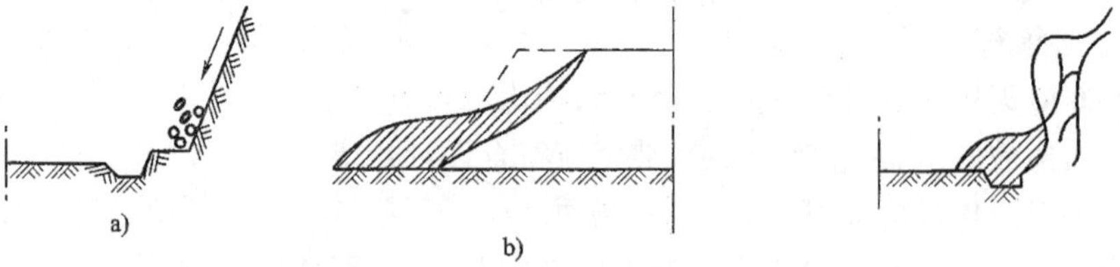

图 3-2 路基边坡坍方

a）剥（碎）落；b）滑坍；c）崩坍

剥落是指边坡表土层或风化岩层表面，在大气的干湿或冷热的循环作用下，表面发生胀缩现象，使表层土成片状从坡面上剥落下来，而且老的脱落后，新的又不断产生。在土体不均匀和易溶盐含量大的土层（如黄土）及泥灰岩、泥质岩、绿泥岩等松软岩层较易发生此种破坏现象。路堑边坡剥落的碎屑堆积在坡脚，堵塞边沟，妨碍交通并影响路基的稳定。

碎落是岩石碎块的一种剥落现象，其规模与危害程度比剥落严重。产生的主要原因是路堑边坡较陡（大于 45°），岩石破碎和风化严重，在胀缩、振动及水的侵蚀与冲刷作用下，块状碎屑沿坡面向下滚落。如果落下的岩块较大（直径在 40cm 以上），以单个或多块落下，此种碎落现象可称为落石或坠落。落石的石块较大，降落速度极快，所产生的冲击力可使路基结构物遭到破坏，威胁行车和行人的安全，有时还会引起其他病害。

滑坍是指路基边坡土体或岩石，沿着一定的滑动面整体向下滑动，其规模与危害程度，较碎落更为严重，有时，滑体可达数百方以上，造成严重阻车。产生滑坍的主要原因是边坡较高（大于 10～20m；坡度较陡，陡于 50°），填方不密实，缺少应有的支撑与加固。此外，挖方的岩层倾向公路路基，岩层倾角为 25°～70°之间，夹有较弱和透水的薄层或岩石严重风化等，在水的侵蚀和冲刷作用下，形成滑动面致使土石失去平衡产生滑坍。

崩坍的规模与产生原因，同滑坍有相同之处，亦是比较常见而且危害较大的路基病害之一。它同滑坍的主要区别，就在于崩坍无固定滑动面，亦无下挫现象，即坡脚线以下地基无移动。崩坍体的各部分相对位置，在移动过程中完全打乱，其中较大石块翻滚较远，边坡下部形成乱石堆或岩堆。崩坍所产生的冲击力，常使建筑物受到严重破坏，经常阻断交通，并给行车安全带来很大威胁。

坍塌（亦称堆塌）主要是由于土体（或土石混杂的堆积物）遇水软化，在 45°～60°的较陡边坡无支撑情况下，自身重力所产生的剪切力，超过了黏结力和摩擦力所构成的抗剪力，因而土体沿松动面坠落散开，其运动速度比崩坍慢，很少有翻滚现象。

3. 路基沿山坡滑动

在较陡的山坡填筑路基，如果原地面较光滑，未经凿毛或人工挖筑台阶，或丛草未清除，坡脚又未进行必要的支撑，特别是在受到水的浸润后，填方路基与原地面之间摩阻力减小，在荷载及自重作用下，有可能使路基整体或局部沿地面向下移动，使路基失去整体稳定性。

4. 不良地质水文条件造成的路基破坏

公路通过不良地质水文地区，或遭遇较大的自然灾害作用，如巨型滑坡、坍落、泥石流、雪崩、溶洞陷落、地震及特大暴雨等，均能导致路基的大规模毁坏。为此，要求在路线勘测设计过程中，力求避开这些地区或采取相应的技术措施，以保证公路的正常使用。

路基破坏的原因是多方面的，各种病害既有各自特点，又往往具有共同的原因，可归纳为以下几个方面：

（1）不良的工程地质与水文条件，如地质构造复杂、岩层走向及倾角不利、岩性松散、风化严重、土质较差、地下水位较高以及其他特殊不良地质灾害等。

（2）不利的水文与气候因素，如降雨量大、洪水、干旱、冰冻、积雪或温差过大等。

（3）设计不合理，如断面尺寸不合要求，其中包括边坡值不当、边坡过高、挖填布置不符合要求、路基处于潮湿或过湿状态、排水不良、防护与加固不妥等。

（4）施工不符合有关规定，如填筑顺序不当、土基压实不足、盲目采用大型爆破，以及不按设计要求和操作规程进行施工，工程质量没有达到应有的标准。

上述原因中，地质条件是影响路基工程质量和产生病害的基本前提，水是造成路基病害的主要原因。

四、市政道路路基养护维修注意事项

在路基养护维修的过程中，应注意以下事项：

（1）在修复路基过程中，不论是何种损坏现象，均应及时查明原因，采取相应的措施，及时排除，防患于未然。

（2）要尽早找出道路的缺陷及损坏部分，根据需要采用应急处理，同时还需要及时地采取修复措施。

（3）养护及维修作业时，要注意不要对交通造成障碍及沿线生活环境造成影响。

第二节　路肩的养护

路肩是保证路基、路面有整体稳定性和排除路面水的重要结构，也是为保持临时停车所需两侧余宽的重要组成部分。路肩的养护情况直接关系到路基路面的强度、稳定性和行车的畅通，因此必须重视路肩的养护、维修和加固。此外，路肩和边坡应与环境协调，并尽可能使之美观。

一、路肩养护的基本要求

路肩应平整、坚实；路肩出现车辙、坑槽、路肩边缘积土，应及时处理；路肩应有横坡，硬路肩横坡应大于路面横坡，土路肩横坡应大于路面横坡1% ~2%。

二、路肩车辙、坑槽的养护与维修

1. 现象

路肩低洼不平，低洼处易积水。

2. 原因分析

(1)行驶车辆车轮碾压。

(2)土路肩表面不密实或土质黏性不足，经暴雨冲刷形成纵横沟槽。

(3)路面排水不畅，在路缘石外侧渗水形成沟槽。

(4)路肩培土不均匀，压实度不够，经自然沉降后形成坑槽。

3. 预防措施

(1)路肩土宜用黏性土培筑，土路肩宜种植草皮，并经常修剪。

(2)设置截水明槽，自纵坡坡顶起，每隔20m左右两边交错设置宽30 ~50cm的斜向截水明槽，并用砾(碎)石填平；同时在路肩边缘处设置高8 ~12cm、顶宽8 ~12cm、下宽20cm的拦水土埂。在每条截水明槽处，留一跌水缺口，其下面的边坡用草皮或砌石加固，使雨水集中在截水明槽内排除。

三、路肩与路面错台的养护与维修

1. 现象

路肩低于或高于路面，造成路面侧向外露或排水不畅、路面积水等。

2. 原因分析

(1)由于路肩培土压实度没有达到标准，边坡外向倾斜，路肩下沉使路肩低于路面，造成错台。

(2)施工过程中，路肩培土没有到位或过于偏高。

3. 预防措施

(1)施工时严格控制路肩培土压实度，大型压实机具不能用时，应用小型压实机具压实，且辅以人工修平。

(2)路肩培土到位，横坡修整到位。

4. 治理方法

(1)路肩低于路面时，用同类型的土填平压实，保持适当横坡。

(2)路肩高于路面时，产出多余的土，并整平拍实。

四、土质松散路肩稳定措施

(1)采用石灰土或砾料石灰土稳定、硬化路肩；

(2)撒铺石屑或其他粒料进行养护；

(3)在路肩外侧,用块石或水泥混凝土预制块安砌护肩带,其最小宽度宜大于350mm;

(4)沿路面边缘安砌路缘石,其顶高与路边相同。

(5)城镇道路的路肩宜改建成硬路肩。

第三节 边坡的养护

边坡养护的好坏直接影响到路基稳定性,在各种自然和人为因素的作用和影响下,边坡会出现缺口、冲沟、沉陷、塌落、岩石风化、崩落等病害,因此,必须加强养护管理,保持原有的稳定状态。

一、边坡养护的要求

(1)边坡出现冲沟、缺口、沉陷及塌落时应进行整修;

(2)路堑边坡出现冲沟、裂缝时,应及时填塞捣实;如出现潜流涌水,应隔断水源,或采取其他措施将水引向路基以外。

二、边坡防护加固措施

边坡防护应根据路基土质条件选用不同治理方法,可分为植被防护和坡面治理两类,亦可混合使用。对于设置了防护与加固设施的边坡,应经常检查这些防护加固设施,针对不同状况,采用不同养护维修措施。

(1)边坡因雨水冲刷易形成冲沟和缺口等病害,应及时整修。对较大的冲沟和缺口,修理时应将原坡挖成台阶形,然后分层填筑压实,并注意与原坡面衔接平顺。

(2)植被护坡。植被护坡有种草及铺草皮。应经常检查植被的发育状态,地下水及地表水流出状况,草皮护坡有无局部的根部冲空现象;坡面及坡顶有无裂缝、隆起等异常现象;坡面及坡顶的尘埃、土砂等堆积状况,针对不同情况,采取措施。

(3)砌石护坡。养护时应检查护坡有无松动现象;有无局部脱落及陷没现象;护坡工程有无滑动、下沉、隆起、裂缝等现象;检查是否有涌水及渗水状况,泄水孔是否起作用,基础是否受到冲刷。针对上述现象找出原因,应及时填补,进行维修,保证边坡稳定,如图3-3、图3-4所示。

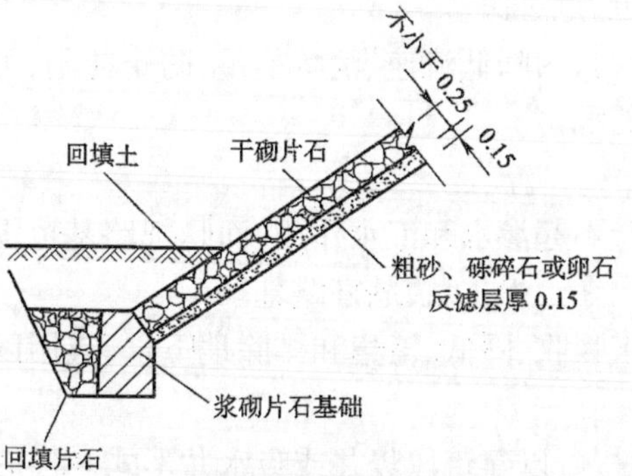

图3-3 干砌片石护坡(尺寸单位:m)

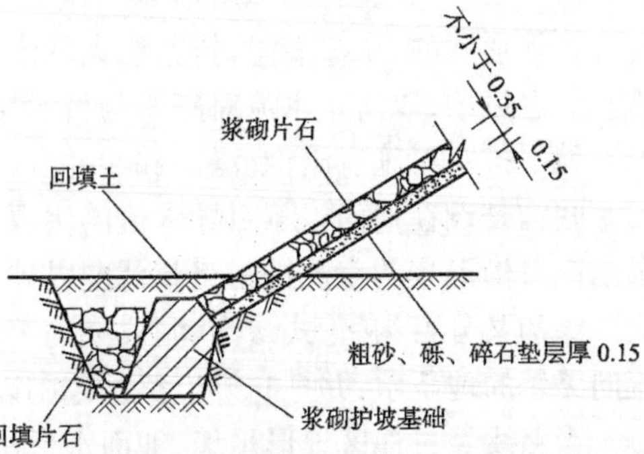

图3-4 浆砌片石护坡(尺寸单位:m)

(4)对陡边坡和风化严重的岩石边坡可采用抹面、喷浆、勾缝、灌浆、石砌边坡等坡面处理方法。

(5)采用片(块)石、卵石及混凝土预制块等材料铺砌护坡,在坡面径流流速小于1.5m/s地段可采用干砌,其厚度宜大于250mm;坡面径流流速大于1.5m/s或有风浪地段应采用浆砌,其厚度宜大于350mm。

(6)对岩石开裂并有坍塌危险的边坡,应采用混凝土或钢筋混凝土修筑;对岩石挖方受雨水侵蚀出现剥落或崩塌不稳定的地方,可采用锚喷法加固。在加固范围应设置泄水孔,涌水地段应挖水平泄水沟。

(7)对路堑或路堤边坡高差大,且受条件限制,坡度达不到土壤稳定要求的边坡,应修筑挡土墙。

(8)边坡岩土因被浸湿或下部支撑力量受到削弱,在重力作用下沿一定的软弱面整体向下滑动的现象,叫做滑坡。对滑坡地段应加强观测,作好观测记录,分析可能出现的异常情况,并应及时采取下列措施:

①在滑坡体上方设置截水沟,滑塌范围内修建竖向(主沟)及斜向(支沟)排水沟;

②当滑坡体位于地下水位充沛的地段时,应设置盲沟或截断水源;

③修建抗衡坡体滑塌的挡土墙等构筑物。

第四节　路基排水设施的养护

一、路基排水设施的分类

路基排水设施分为地面排水设施和地下排水设施。

地面排水设施一般应包括边沟、截水沟、排水沟、跌水、急流槽、倒虹吸管、渡槽等。

边沟是设在路基边缘的水沟,主要用以汇集和排除路基范围内和流向路基的少量地面水,它是矮路堤和路堑不可缺少的排水设施。

截水沟又称天沟,当路基上侧山坡汇水面积较大时,应在挖方坡顶以外或填方路基上侧适当距离设置截水沟,用于拦截山坡流向路基的水流。

排水沟的作用是将边沟、截水沟、取土坑或路基附近的积水通过排水沟排至桥涵处或路基以外的洼地或天然河沟,以防水流停积于路基附近,危害路基。

当地形险峻、水流湍急,排水沟渠的纵坡较陡时,为降低流速、消减能量、防止冲刷,可设置跌水和急流槽,以防止水流对路基与桥涵结构物的危害。

地下排水设施有暗沟、渗沟和渗井。

暗沟是设在地面以下引导水流的沟渠,它本身不起渗水和汇水作用,而是把路基范围内的泉水或渗沟汇集的水流排到路基范围以外,使不致在土中扩散,危害路基。

渗沟又分盲沟、管式渗沟、洞式渗沟三种,用来吸收、降低、汇集和排除地下水,或用以拦截流向路基的地下水,并把它排出路基范围以外。

当路线经过地区地形平坦,地面水无法排除时,可以建筑像竖井或吸水井形式一样的渗水井,将地面水通过渗井渗入地下予以排除。

路基排水系统具有拦截、汇集、排除地面和地下水，降低地下水位的功能，能使路基免受水的侵害，保证路基的强度和稳定性。路基排水系统能否正常工作，直接影响到路基的稳定性。因此，加强对各排水设施的日常养护与维修、加固，是确保路基稳定的关键环节。

二、路基排水设施养护的要求

（1）边沟、排水沟和截水沟的淤积物应及时清除，沟内流水应畅通，断面完好。对沟断面破损应及时整修恢复。

（2）土质边沟的纵坡坡度应大于0.5%，平原地区排水困难地段不宜小于0.2%。当土质为细砂质土及粉砂土且纵坡在1%～2%时，或粉砂质黏土且纵坡为3%～4%，或流量大时，必须加固边沟。

（3）对有可能被冲刷的土质边沟、排水沟、截水沟，其加固类型应结合地形、地质、纵坡等实际情况，可按表3-1和表3-2选用。

排水沟渠加固类型　　表3-1

形式	加固类型	加固厚度(mm)
简易	夯实沟底沟壁 黏土碎(砾)石加固 石灰三合土碎(砾)石加固	 100～150 100～150
干砌	干砌片石 干砌片石水泥砂浆抹平	150～250 150～250
浆砌	浆砌片石 浆砌混凝土预制块 砖砌	150～250 100～150 60～120

边沟加固类型与纵坡的关系　　表3-2

纵坡(%)	<1	1～3	3～5	5～7	>7
加固类型	不加固	1　土质好不加固 2　土质不好简易加固	干砌	干砌或浆砌	浆砌

第五节　路基挡土墙的养护

一、挡土墙养护的基本要求

（1）土墙应经常性的检查，发现问题及时处理是挡土墙养护工作的主要内容。此外，每年的春秋两季应进行一次定期检查。冰冻严重地区主要检查在冰冻融化后挡土墙的墙身及基础的变化情况，以及冰冻前采取防护措施的效果。另外，若遇反常的气候、地震或重型车辆通过等异常情况，应随时进行检查。

（2）挡土墙应坚固、耐用、整齐和美观。

(3)墙体及坡面出现裂缝或断缝,应先做稳定处理,再进行补缝。

(4)挡土墙出现风化剥落时,应处置。

(5)挡土墙的泄水孔应保持畅通。挡土墙出现严重渗水,应增设泄水孔或墙后排水设施。

(6)挡土墙发生倾斜、凹凸、滑动及下沉时,应先消除侧压因素,再选择锚固法、套墙加固法或增建支撑墙等加固措施。

(7)严重损坏的挡土墙,应将损坏部分拆除重建。

二、挡土墙的养护措施

(1)当出现挡土墙病害时,应查明原因,并观察其发展情况,然后根据结构种类,针对损坏情况,采取合理的修理加固措施。对检查和维修加固情况,应作好记录,归入技术档案备查。

(2)挡土墙的泄水孔如无法疏通,应另行选择适当位置增设泄水孔,或在墙背后沿挡墙增做墙后排水设施,一般可增设盲沟将水引出路基以外,以防止墙后积水,引起土压力增加或冻胀。

(3)挡土墙若发生失稳或显示失稳征兆时,应调查其地形、地质和水文条件,结合现状确定合理的加固方案。

锚固法:采用高强钢筋作锚杆,穿入预先钻好的孔内,用水泥砂浆灌满锚杆插入岩体部位,固定锚杆,待砂浆达到一定强度后,对锚杆进行张拉,然后用锚头固紧(见图3-5)。

套墙加固法:在原墙外侧加宽基础,加厚墙身(见图3-6)。施工时应先挖除一部分墙

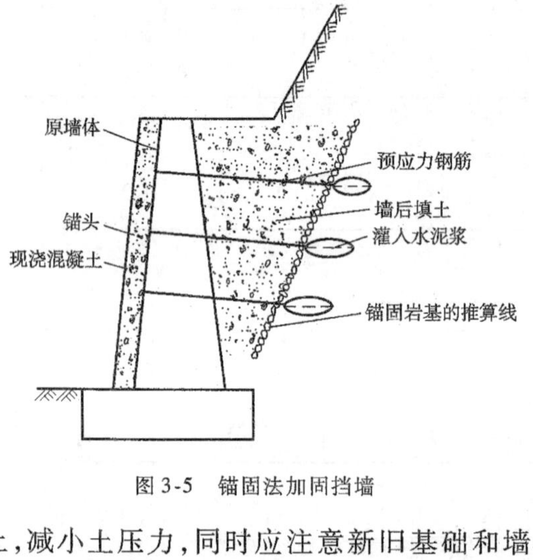

图3-5 锚固法加固挡墙

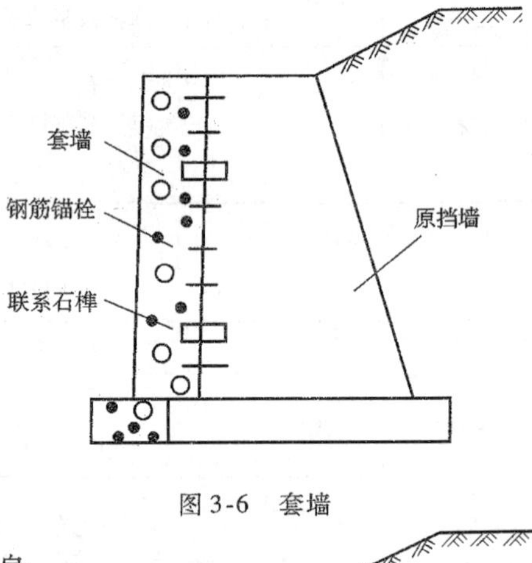

图3-6 套墙

后填土,减小土压力,同时应注意新旧基础和墙身的结合。方法是凿毛旧基础和旧墙身,必要时设置钢筋锚栓或石榫,以增强连接。墙后填土必须分层填筑并夯实。原挡土墙损坏严重,需拆除损坏部分重建时,为防止不均匀沉降,新旧墙之间应设置沉降缝。

增建支撑墙加固法:在挡墙外侧,每隔一定的间距,增建支撑墙。支撑墙的基础埋置深度、尺寸和间距应通过计算确定(图3-7)。

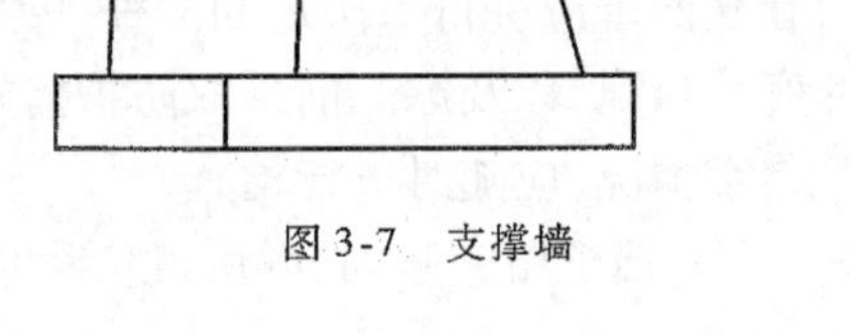

图3-7 支撑墙

第六节　路基翻浆的治理

潮湿地段的路基在冰冻过程中，土中的水分不断地向上移动聚集，引起路基冰胀。春融时，路基湿软，强度急剧降低，加上行车的作用，路面发生弹簧、鼓包、冒浆、车辙等现象，称为翻浆。

路基翻浆主要发生在季节性冰冻地区的春融季节，以及盐渍、沼泽、水网等地区。因地下水位高、排水不畅、路基土质不良、含水过多，经行车反复作用，路基会出现弹簧（弹软）、裂缝、冒泥浆等翻浆现象。

一、造成土基冻胀与翻浆的条件

(1)土质。采用粉性土制作路基，便构成了冻胀与翻浆的内因，粉性土毛细上升速度快，作用强，为水分向上聚集创造了条件。

(2)水文。地面排水困难，路基填土高度不足，边沟积水或利用边沟作农田灌溉，路基靠近坑塘或地下水位较高的路段，为水分积聚提供了充足的水源。

(3)气候。多雨的秋天，暖和的冬天，骤热的晚春，春融期降雨等都是加剧湿度积聚和翻浆现象的不利气候。

(4)行车。通行过大的交通量或过重的汽车，能加速翻浆发生。

(5)养护。不及时排除积水，弥补裂缝，会促成或加剧翻浆的出现。

二、路基翻浆的预防

对易发生翻浆的路段应加强预防性养护工作。雨季前，应检查整修路肩、边沟，补修路面碎裂和坑槽；雨季后应疏掏排水设施，修理边沟水毁；冬季应及时清除路面积雪，填灌修补裂缝。

在日常养护中，应经常使路基表面平整坚实，无坑槽、辙、沟，路拱及路肩横坡度符合规定标准，路肩上无坑洼，无堆积物及边沟通畅不存水。及时扫除积雪，使路基顶面不存雪，防止雪水渗入路基。

路面出现潮湿斑点，发生龟裂、鼓包、车辙等现象，表明路基已发软，翻浆已开始，此时应对其长度、起讫时间及气温变化、表面特征等进行详细的调查分析，进行记录，确定其治理方案。常采用以下养护措施防止翻浆加重：

(1)在路肩上开挖横沟，及时排除表面积水。横沟间距一般为3～5m，沟宽30～40cm，沟深至路面基层以下，高于边沟沟底。横沟底面要作向外倾斜的坡，坡度4%～5%。两边路肩的横沟要错开挖。

当开始出现翻浆的路段不太长时，也可在路面的边缘挖出两道纵沟，宽25cm，深度随路面厚度而定。然后再每隔300～400m挖一道横沟。

(2)及时修补路面坑槽和路肩坑洼，保持路面和路肩平整，以利尽快排除表面积水。

(3)如条件许可，应控制重型车辆通过或令车辆绕道行驶。

(4)在交通量较小、重车通过不多的公路上,可用木料、树枝等做成柴排,铺于翻浆路段,再铺上碎石、砂土,维持通车。当翻浆停止,路基渐趋稳定时,应及时拆除临时设施,恢复路基原状。

(5)砂桩防治。当路基出现翻浆迹象时,可在行车带部位开挖渗水井,随时将渗水井内的水掏出,边掏水、边加深,直至冰冻层以下;当渗水基本停止,即可填入粗砂或碎(砾)石,形成砂桩。砂桩可做成圆形或矩形,其大小以施工方便和施工时维持行车为度。一般其直径(或边长)为30~50cm,桩距和根数可根据翻浆的严重程度而定,一般一个砂桩的影响面积为5~10m^2。

三、路基翻浆的处治

翻浆路段必须查明原因,对病害的范围、一般发生时间、气候变化、病害表面特征、路面结构、平时的养护情况等进行详细调查分析,作出记录。对路基翻浆的处理,应根据导致翻浆的水类来源和翻浆高峰时期路面变形破坏程度,确定处理措施。主要可采取下列措施:

(1)交通量小的路段或支路,可采取换土回填的措施。

(2)钻孔灌注生石灰桩,或干拌碎石等。石灰桩即将生石灰块填充到路基中,产生吸水膨胀、发热及离子交换作用,使桩体硬化,从而形成复合路基,达到加固路基的效果。

(3)设置砂桩,桩距和根数可根据翻浆的严重程度确定。当路基出现翻浆迹象时,可在行车部位开挖渗水井,随时将渗入井内的水掏出,边掏水,边加深,直至冰冻层以下;当渗水基本停止,即可填入粗砂或碎(砾)石,形成砂桩。砂桩可做成圆形或矩形,一般直径(或边长)为300~500mm。

(4)有翻浆迹象的路段,应采取以下措施:

①在路肩上开挖横沟,及时排除表面积水,横沟间距宜为3~5m,沟宽宜为300~400mm,沟深应至路面基层以下,且应高于边沟沟底。

②路面坑洼严重路段,应设横、纵向相连的盲沟并与边沟相通,当受边沟高程等条件所限,不能利用边沟排水时,可设置渗水井。

③挖补翻浆土基,可换填水稳定性良好的材料,压实后重铺路面。

●第七节　特殊地区路基的养护●

一、盐渍土路基的养护

当地表1m内含有容易溶解的盐类,如NaCl、$MgCl_2$、$CaCl_2$、Na_2SO_4、$MgSO_4$、$NaCO_3$、$NaHCO_3$(重碳酸钠)等,超过0~3%时即属盐渍土。在我国西北、东北的干旱气候地区及沿海平原地区分布有大面积的盐渍土。其含盐量通常是5%~20%,有的甚至高达60%~70%。由于土中含有易溶盐,土的物理、力学性质和筑路性质发生变化,引起许多路基病害。盐渍土在干旱季节和干旱地区,因盐类的胶结和汲湿、保湿作用,有利于路基稳定,但一旦受到雨水、冰雪融化的淋湿,含水量急增,出现湿化坍堤、沉陷、路基发软,致使强度降低,丧失稳定,甚至失去承载力,导致路基容易出现病害,如道路泥泞,路基翻浆及冻胀病害加重;受水浸时,强度显著下降，发生沉陷；硫酸盐发生盐胀作用，使土体表面层结构破坏和疏松，以致产生路面被拱裂及路肩、边坡被剥蚀等。针对这些情况，主要采用下述措施加以防治：

(1)加密排水沟，沟底应保持0.5%～1%纵坡；对路基填土低、排水困难地段，应加宽加深边沟或在边沟外增设横向排水沟，其间距不宜大于500m，沟底应有向外倾斜2%～3%的横坡，如图3-8所示。

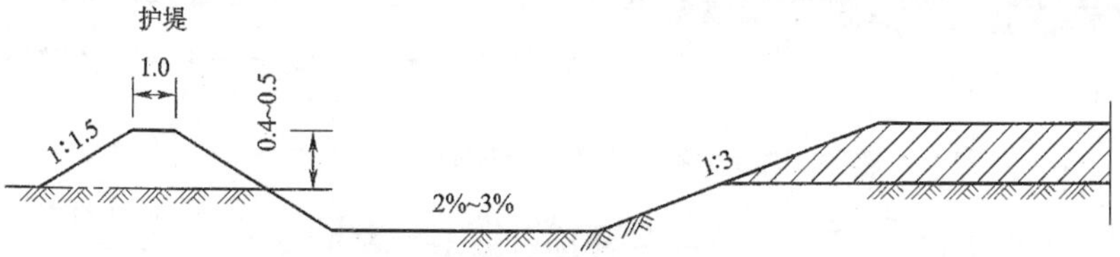

图3-8　加大排水沟及护堤(尺寸单位:m)

(2)换填风积沙或矿料，其厚度不宜小于300mm，对加深加宽边沟的弃土，可堆筑在边沟外缘，形成护堤，以保护路基不被水淹。

(3)在盐湖地区用盐晶块修筑的路基表面，原来没有覆盖层或覆盖层已失散了的，宜用砂土混合料进行覆盖和恢复。路肩出现车辙、坑凹、泥泞，应清除浮土，泼洒盐水湿粒，再填补碎盐晶块整平夯实，仍用砂、土混合料覆盖压实。

(4)秋冬季节或春融季节，路肩容易出现盐胀隆起，甚至翻浆，对隆起的应予铲平，使地面水及时排除。

(5)边坡经受雨水或化学冲融后出现的沟槽、溶洞、松散等，可采用盐壳平铺或黏土掺沙铺土压密，防止疏松。

(6)在过盐地区对较高等级的道路，为防止路肩风蚀、泥泞以及防止水分从路肩部分下渗，而造成路面沉陷，其路肩可考虑采用下列措施：

①用粗粒渗水材料掺在当地土内封闭路肩表层；

②用沥青材料封闭路肩；

③就地取材，用15cm厚的盐壳加固。

(7)打石灰桩或砂桩，深度应达冰冻线以下且呈梅花状排列，并应符合设计要求。

二、湿陷性黄土路基的养护

湿陷性黄土主要分布在秦岭、山东半岛、昆仑山等干旱和半干旱地区，其中以黄土高原的沉积最为典型。黄土具有疏松、湿陷、遇水崩解、膨胀等特性，所以黄土地区的路基容易出现裂缝、剥落、沟槽、坍方、陷穴等多种病害。应根据不同情况，采取下列加固措施治理：

(1)减缓坡面，采取植被防护加固措施治理。

(2)冲刷不严重的路段，可采用黏土掺拌铡草进行抹面，并应每隔300～400mm打入木楔。

(3)雨雪量较大的地区，应对坡面进行加固防护，形成护坡。

(4)路基出现坑穴，可采用灌砂、灌浆或挖开填塞孔道后夯实，且应事先导水或排水。

(5)路肩出现坑凹，可采用砂、土混合料改善表层，或采取硬化措施；路肩未硬化地段，应每隔 20 ~ 30m 设盲沟一处，为防止地表水渗入路面底层中，盲沟口与边坡急流槽相接，盲沟与盲沟之间铺设塑料薄膜防水层，如图 3-9 所示。

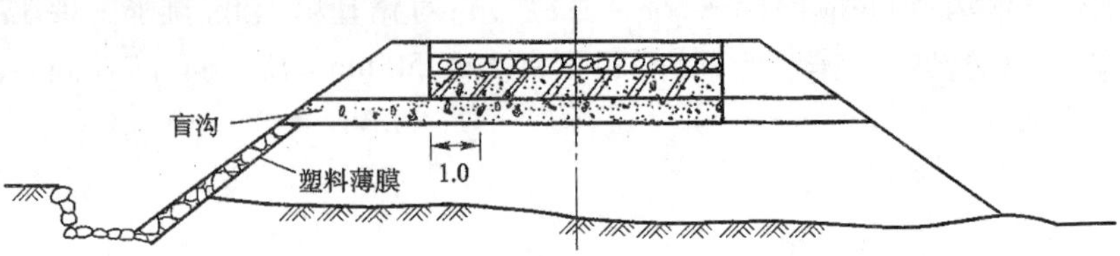

图 3-9　路肩未硬化，设置盲沟与铺塑料薄膜（尺寸单位：m）

三、沙漠地区路基的养护

我国沙漠地区主要分布在北方干旱、半干旱地区。沙漠地区筑路的基本方针是："固、阻、疏导"等综合治理。由于气候比较干燥、雨量稀少、风沙大，地表植被均较稀疏、低矮，容易发生边坡或路肩被风蚀、整个路基被风沙掩埋等情况。沙漠地区路基的养护往往需要大量的防护材料，因此，在养护中要把备料工作做好。"固、阻、输、导，综合治理"是沙漠地区筑路的基本方针，公路养护也应遵循此方针。

1. 沙漠路基病害的养护措施

（1）路基两侧原有的沙障、石笼、风力加速堤、用黏土覆盖的植被、防沙栅栏及防沙设置等，如有被掩埋、倾倒、损坏和失效的，应拔高、扶正或修理补充。

（2）对路基的砌石护坡或草格防沙设施，如有塌方破坏，应及时修理，保持完好状态。

（3）必须维护路基两侧现有植物的正常生长，并有计划地补植防沙树木和防护林。

（4）路基边坡上，出现的风蚀、空洞、坍缺应予填实并加做护坡。

（5）路肩上严禁堆放任何材料或杂物，以免造成沙丘。对公路上的积沙，应及时清除运到路基下风侧 20m 以外的地形开阔处摊撒平顺。

2. 砂质路基的防护措施

1）柴草类防护

（1）层铺防护：采用麦草、稻草、芦苇、沙蒿、野麻或其他草类，将其基杆砍成 30 ~ 50cm 短节，从坡脚开始向上每层按 5 ~ 10cm 厚度层铺捣实。如采用沙蒿等带有根系的野生植物时，可将其根茎劈开，并使根篆向外，按上述方法进行层铺。沙蒿可用 10 年以上，其他多为 3 ~ 5 年，材料用量大。

（2）平铺植物束成块，采用各种枝条、芦苇、芨芨草等，扎成直径 5 ~ 10cm 的束把，或编织成块，沿路基坡脚向上平铺，以桩钉固定，可用 5 ~ 10 年，材料用量大。

（3）平铺或叠铺草皮，以 40 ~ 50cm 为一块挖取草皮，其厚度约 10 ~ 15cm，沿路基坡脚向上错缝平铺或叠铺，一般可用 3 ~ 5 年，如能成活，可起永久稳固边坡作用。

2）土类防护

（1）黏土防护：采用塑性指数大于 7 的黏土，用于边坡时，厚为 5 ~ 10cm；用于路肩时，厚为 10 ~ 15cm。为增加抗冲蚀强度和避免干裂，可掺 10% ~ 15% 的沙或 20% ~ 30% 的砾石（为体积比）。

（2）盐盖防护：可将盐盖打碎为 5cm 的碎块，予以平铺（松软的盐盖可直接平铺而形成硬壳)。

3)砾、卵石防护

(1)平铺卵石防护:用于边坡时,厚5~10cm;用于路肩时,厚为10~15cm,分平铺、整平、夯实几步进行。

(2)格状砾卵石防护:用于边坡时,厚5~7cm;用于路肩时,厚为10~15cm。先用10cm以上的卵石在边坡上做成1m×1m或2m×2m,并与路肩边缘成45°角的方格,格内平铺粒径较小的砾石;路肩平铺砾石,应进行整平并夯(或拍)实。

4)沥青防护

(1)平铺沥青砂,采用10%~20%热沥青与80%~90%的风积沙混合,直接平铺、拍实。

(2)直接喷洒沥青或渣油:采用低标号沥青、渣油,熬热后洒在边坡上,然后撒一薄层风积沙。

四、多年冻土地带路基的养护

在年平均气温在零摄氏度的条件下,地下形成一层能长期保持冻结状态的土,这种土叫多年冻土。在我国的东北、西北及青藏高原的高寒地区,分布有成片的多年冻土。低温地带的多年冻土往往含有大量水分,或夹有冰层,并有一些不良的物理地质现象,易引起的路基病害主要有:路堑边坡坍塌,路基底发生不均匀沉陷;或由于水分向路基上部积聚而引起冻胀、翻浆;路基底的冰丘、冰堆往往使路基鼓胀,引起路基、路面的开裂与变形,而溶解后又发生不均匀沉陷等。针对其病害的不同情况,可以采取以下措施:

(1)多年冻土地区的路基养护,应采取"保护冻土"的原则,做到"宜填不挖"。除满足不同地区、气候、水文、土壤等路基填筑的最小高度外,另加50cm保护层。路基填方高度不宜小于1m。

(2)养护材料尽量选用砂砾等非冻胀性材料,不适用黏土、重黏土之类毛细作用强、冻胀性大的养护材料。

(3)加强排水,防止地表积水,保持路基干燥,减少水融,做到最大限度地保护冻土。应完善路基侧向保护和纵、横向排水系统,一切地表径流应分段截流,通过桥涵排出路基下方坡脚20m以外。路基坡脚20m以内不得破坏地貌,不得挖除原有草皮;取土坑应设在路基坡脚20m以外;路基上侧20m处应开挖截水沟,防止雨雪水沿路基坡脚长流或向低处汇积,造成地表水下渗,路基下冻土层上限下降。疏浚边沟、排水沟时,应防止破坏冻层,导致冻土融化,产生边坡坍塌。

(4)受地形限制,路基填筑高度不够时,应铺筑保温隔离层,隔温材料可采用泥炭、炉渣、碎砖等,防止热融对冻土的破坏。

(5)防护构造物应选用耐融性材料。选用防水、干硬性砂浆和混凝土时,在冰冻深度范围,其标号应提高一级。

(6)流冰的治理宜采用下列方法:将路基上侧的泉水,夹层和透水层的渗水,从保温暗沟(或导管)导流出路基外,如含水层下尚有不冻结的下层含水层,则可将上层引入下层含水层中排出。具体做法是将泉水源头至路基挖成1m深沟,上面覆盖柴草保温材料,再修一小坝积水井(观察眼),路基下放导管(直径30cm),管的周围用保温材料包裹,防止结冰,避免冰丘的形成。

(7)提高溪旁路基的高度,使其高于流冰面60cm以上。因受地形或纵坡限制不能提高路基时,可在临水一侧路外筑堤埂或从中部凿开一道水沟,用树枝杂草覆盖加铺土保温,使水流沿水沟流动,避免溢流上路。如地形许可,可将溪流改至远离公路处通过。

在多年冻土区,可在路上侧10~15m以外开挖与路线平行的深沟,以截断活动层泉流,在冬季使涎流冰聚集在公路较远处,保证公路不受涎流冰的影响。根据涎流冰的数量,在公路外侧修筑储冰池,使涎流冰不上公路。

五、泥沼及软土地带路基的养护

我国东北的大小兴安岭、长白山、三江平原、松辽平原等地及青黄高原和西北地区的湖盆洼地和高寒山地均分布有泥沼;在湖塘、盆地、江河湖海沿岸和山河洼地,则分布有近代沉积的软土。泥沼、软土地带的路基,多因地面低洼、降水充足、地下水位高、含水饱和、透水性小、压缩性大、抗剪强度低,在填土荷载和行车荷载下,容易出现沉降、冰冻膨胀、弹簧、沉陷、滑动、基底向两侧挤出等病害。

软土地区的路基,多因地面坑洼、降水充足、地下水位高,所以含水饱和、透水性小、压缩性大、抗剪强度低,在填土荷载和行车荷载下,容易出现沉降、冰冻膨胀、弹软、滑动、基底向两侧挤出等病害。软土路基的沉降、冻胀、弹软、沉陷、滑动等病害,应根据不同情况,采取下列防治措施:

(1)降低水位。当在路基两侧开挖沟渠的工程量不大时,可加深路堤两侧边沟;

(2)反压护道。当路堤下沉,两侧或一侧隆起时,可采取在路堤两侧或一侧填筑适当高度与宽度的护道,如图3-10所示。

(3)换土。将路堤病害处软土全部挖除,换填强度较高、透水性较好的砂砾石或碎石,如图3-11所示。

图3-10 用反压护道加固软土路堤

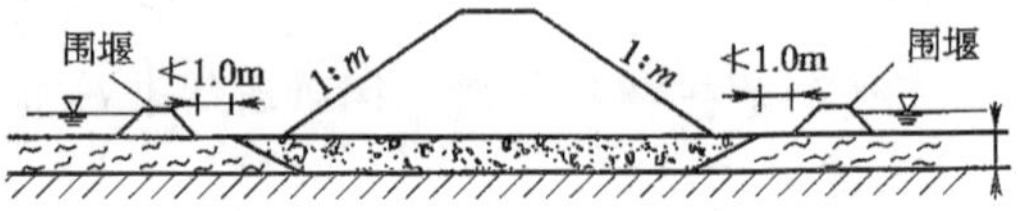

图3-11 换填砂砾石(碎石)

(4)抛石挤淤。当软土液性指数大,层厚较薄,石料能沉至硬层处时,选用片(块)石,块径不宜小于300mm。抛石自路堤中部开始,逐步向两侧展开,挤出的淤泥应予以清除。抛石至一定高度经碾压后,在其上铺设反滤层,再填土至路基原有高度,如图3-12所示。

(5)侧向压缩。在路堤坡脚砌筑纵向结构,限制软土侧向挤出,可采用板桩、木排桩、钢筋混凝土桩等。图3-13所示为两种侧向压缩方法。

(6)除以上治理方法外,还可采用砂石垫层、石灰桩、砂桩、袋状砂井,塑料排水板以及土工织物滤垫等方法。

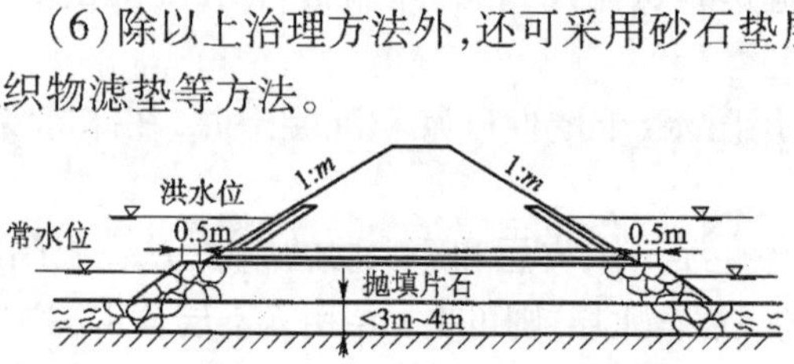

图3-12 抛片石挤淤

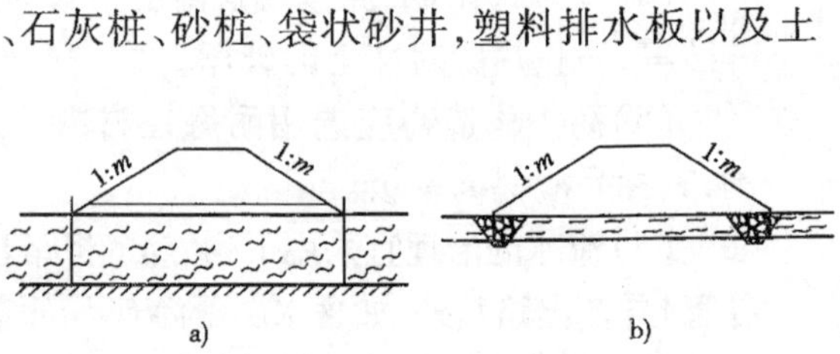

图3-13 两种侧向压缩方法

复习思考题

1. 路基养护的基本要求有哪些？
2. 路肩与路面错台的原因是什么？如何治理？
3. 路基边坡加固的措施有哪几种？
4. 挡土墙若发生失稳或有失稳征兆时应如何应对？
5. 引起路基翻浆的因素有哪些？如何采取措施预防路基翻浆？
6. 路基翻浆是如何形成的？有哪些病害特征？
7. 软土地基处理的措施有哪些？

第四章

市政道路路面的养护

知识目标

1. 描述市政道路路面养护的目的和要求；
2. 识别沥青路面的破坏现象；
3. 识别水泥路面的破坏现象；
4. 描述沥青路面常见病害原因及处理措施；
5. 描述水泥路面常见病害原因及处理措施；
6. 描述路面基层的改善方法；
7. 描述路面下施工后埋置物的恢复方法；
8. 解释稀浆封层的作用机理。

能力目标

1. 进行路面状况的调查与评定计算；
2. 计算城镇道路综合完好率。

第一节　概　　述

一、路面养护的目的

路面养护是道路养护工作的中心环节，是养护质量考核的首要对象。路面是在路基上用各种筑路材料铺筑，供汽车行驶，直接承受行车作用和自然因素作用的结构层，其作用是满足行车的安全、迅速、经济、舒适的要求。因此，必须采取预防性养护和经常性的养护、修理措施，以保证道路的正常使用。

汽车在路面上行驶，除了克服各种阻力外，还会通过车轮把垂直力和水平力传给路面，在水平力中又分为纵向力和横向力两种。另外，路面还会受到车辆的震动力和冲击力作用；在车身后面还会产生真空吸力作用。在上述各种外力的综合作用下，路面结构层内会产生大小不同的压应力、拉应力和剪应力。如果这些应力超过了路面结构整体或某一组成部分的强度，路面就会出现断裂、沉陷、波浪、松散和磨损等破坏。因此路面结构整体及其各部分必须通过养护，保持足够的强度，以抵抗在行车作用下所产生的各种应力。同时，路面还应有一定抵抗变形的能力，即所谓路面的刚度。如果路面结构整体或某一部分刚度不够，即使强度足够，在车轮荷载作用下也会产生过量的变形，而造成车辙、沉陷或者波浪等破坏。因此，必须采取预防性养护和经常性养护、修理措施，使路面保持有一定的强度、刚度及稳定性，使路面结构具有足够的抗疲劳强度以及抗老化形变累积的能力，确保其耐久性，并使路面平整、完好，路拱适度，排水畅通，行车顺适、安全。同时，还要对原有路面有计划地进行改善，提高其技术状况，以适应运输发展的需要。

二、沥青路面养护的要求

（1）沥青路面必须进行经常性和预防性养护。当路面出现裂缝、松散、坑槽、拥包、啃边等病害时，应及时进行保养小修。

（2）沥青混合料出厂时应有出厂合格证明。混合料外观应拌和均匀、色泽一致，无明显油团、花白或烧焦。

（3）铺筑沥青混合料时，大气温度宜在10℃以上。低温施工时应有保证质量的相应技术措施；雨天时不得施工。

（4）沥青路面铣刨、挖除的旧料宜再生利用。

（5）沥青路面面层不得采用水泥混凝土进行修补。

（6）当沥青路面摊铺面积大于500m^2时，宜采用摊铺机铺筑。

（7）沥青路面维修边线、纵横缝接茬宜使用机械切割。

（8）采用铣刨机铣刨的路面，在修补前应将残料和粉尘清除干净。黏层油宜选择乳化沥青。

三、水泥路面养护的要求

水泥混凝土路面的特点是在养护良好的条件下，使用年限比其他路面长。但如疏于养护，一旦开始破坏，会引起破损迅速发展，且修复困难。因此，必须认真巡查，发现问题，查明原因，采取针对性治理对策，进行及时有效地养护，才能发挥水泥混凝土路面使用寿命长的优点。

水泥混凝土路面检查的最佳时间是从初冬到初春的寒冷季节，因为，路面的损坏处冬季最明显，这时接缝和裂缝都最宽。同时，还可以在气温较好的温暖季节里安排必要的养护和维修工作。

（1）水泥混凝土路面养护应加强日常巡查、小修、养护，对路面发生的病害及时进行处理以及周期性的灌缝处理。

（2）按周期有计划地安排中修、大修、改扩建项目，提高道路的技术状况。

（3）水泥混凝土路面的大修、改扩建工程项目应进行专项工程设计。

（4）对Ⅰ、Ⅱ等养护的道路宜采用专用机械及相应的快速维修方法施工。

（5）水泥混凝土路面养护维修的常规和专用材料，应具有足够的强度、耐久性和稳定性。养护维修的主要材料应进行试验，并应符合规范的要求。

第二节　路面状况的调查与评定

一、病害与缺陷的界定

1. 沥青路面病害与缺陷的界定

(1)坑槽:路面破坏成坑洼深度大于 20mm,面积在 0.04m^2 以上。如小面积坑槽较多又相距 0.2m 以内,应合在一起丈量。此项包括井框高差。

(2)松散:路面结合料失去黏结力、集料松动,面积 0.1m^2 以上。

(3)壅包:路面局部隆起,坡峰坡谷高差在 15mm 以上。

(4)翻浆:路面、路基湿软出现弹簧、破裂、冒泥浆现象。

(5)沉陷:路面、路基有竖向变形,路面下凹,深度 30mm 以上。

(6)脱皮:路面面层层状脱落,面积 0.1m^2 以上。

(7)啃边:路面边缘破碎脱落,宽度 0.1m 以上,数量按单侧长度累加乘以平均宽度。

(8)泛油:高温季节沥青被挤出,表面形成薄油层,行车出现轮迹。

(9)车辙:路面上沿行车轮迹产生的纵向带状凹槽,深度 15mm 以上,面积按实有长度乘以 0.4m 计。

(10)龟裂:缝宽 3mm 以上,且多数缝距 100mm 以内,面积在 1m^2 以上的块状不规则裂缝。

(11)网裂:缝宽 1mm 以上或缝距 0.4m 以下,面积在 1m^2 以上的网状裂缝。

路面上出现的长度 1m 以上、缝宽 1mm 以上的单条裂缝或深度在 5mm 以上的划痕也应纳入网裂病害中,其数量按单缝累计长度乘以 0.2m 计。

(12)波浪(搓板):路面纵向产生连续起伏,其峰谷高差大于 15mm 的变形。

(13)横坡不适:路面横坡小于 1% 或大于 3%,或中线偏移,以及应设超高而无超高或出现反超高的。

(14)平整度差:用 3m 直尺沿路面纵向每 100m 至少量 3 尺。尺底间隙:沥青表面处治路面 12mm 以上,沥青贯入式路面 10mm 以上,沥青混凝土及沥青碎石路面 8mm 以上的,按整尺(3m)长度计算病害。也可采用连续式平整度仪检测的均方差值与规定标准值比较,大于标准值按病害计。同一横断面内只计最严重的一处。

2. 水泥混凝土路面病害与缺陷的界定

(1)沉陷:路面连续数块板下沉,低于相邻路面板平面(或设计高程)、深度在 30mm 以上的,按全部下沉板块数量计算面积。

(2)严重破碎板:裂缝将整块面板分割开,并有严重剥落或沉陷。碎裂面积小于半块按半块计面积,大于半块按一块计面积。

(3)坑洞:路面板粗集料脱落形成局部凹坑,面积在 0.01m^2 以上。

(4)板角断裂:裂缝与纵横缝相交将板角切断,当其 2 个交点距角隅均大于 150mm,而边长一半并伴有沉陷或碎裂时,按板角断裂部分计算面积。

(5)露骨:路面板表面细集料散失、粗集料暴露,面积在 1m^2 以上的。

(6)拱胀:纵向相邻两块板或多块板相对其邻近板向上突起在 30mm 以上的,按突出的全部板块计病害面积。

(7)平整度差:用3m直尺沿路面纵向每100m至少量3尺,尺底空隙在8mm以上的,按整尺(3m)长度计算病害。也可采用连续式平整度仪检测的均方差值与规定标准值比较,大于标准值按病害计。同一横断面内只计最严重一处。

(8)错台:接缝处相邻两块板垂直高度差在8mm以上,按其中不正常板块的全部长度计算病害。

(9)唧泥:基层材料形成泥浆从接缝处或板边缘挤出,板底出现脱空,按挤出泥浆的接缝或板边长度计。

(10)裂缝:面板内长度1m以上的各种开裂。按其对行车的影响程度分为轻微、中等、严重裂缝三种。轻微裂缝缝宽度小于2mm,无剥落;中等裂缝缝宽度2～5mm,并有轻度剥落;严重裂缝缝宽度大于5mm,并有严重剥落和沉陷。接缝边有长0.5m、宽度50mm以上剥落时,也作为严重裂缝计算。

(11)接缝养护差:接缝内无填缝料,或出现填缝料与板边脱离、凹陷(凸出)在10mm以上的。

3. 人行道及其他构造物病害与缺陷的界定

(1)当人行道及广场、停车场等构造物道面铺装为沥青类或水泥混凝土类时,参照沥青或水泥混凝土路面病害界定内容。

(2)坑洞:人行道及其他构造物道面(含路缘石)的破损深度大于20mm。

(3)错台:道面铺装接缝处相邻板垂直高差大于6mm。

(4)拱起:多块板相对周围板向上突起,最大突起量在30mm以上。

(5)沉陷:道面铺装连续数块下沉低于相邻块(或设计高程)深度大于20mm,面积在$1m^2$内。

(6)缺失:道面铺装的预制块或路缘石缺损。

二、路面状况调查方法

(1)城镇道路养护状况调查内容应包括车行道、人行道(含路缘石)、路基、排水设施、其他设施的破损状况,调查可采用全面或抽样调查方式,大城市较大规模调查工作宜采用先进仪器设备快速检查,其他可采用人工调查方法。

(2)城镇道路养护状况调查数据采集应由城镇道路养护管理机构组织进行,也可委托专门检测机构进行。参与数据采集人员应熟悉路面病害类型区分,界定各类病害,准确丈量损坏面积。不规则形状的损坏面积应按当量面积计算。

三、路面技术状况评价

1. 评价内容和指标

城镇道路养护状况评定指标应由车行道完好率、人行道(含路缘石)完好率、路基与排水设施完好程度评分和其他设施完好程度评分构成。评价指标体系如图4-1所示。

其中城镇道路养护状况评定指标包括道路各设施合格率和综合完好率,计算方法如下:

(1)城镇道路各设施合格率(λ_{bi})按下式计算:

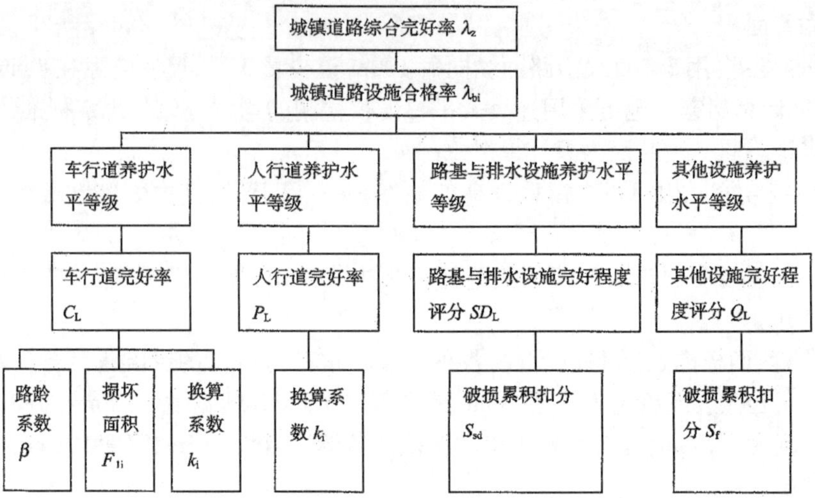

图 4-1　评价指标体系图

$$\lambda_{bi}=\frac{m_i}{n_i}\times 100\% \tag{4-1}$$

式中：λ_{bi}——道路各设施合格率，%，其中 i 取值为 1～4，分别表示车行道、人行道、路基与排水、其他设施；

m_i——各类设施的优、良、合格单元数；

n_i——各类设施总检查单元数。

（2）城镇道路综合完好率（λ_z）按下式计算：

$$\lambda_z=\sum_{i=1}^{4}\lambda_{bi}\cdot\mu_i \tag{4-2}$$

式中：λ_z——城镇道路综合完好率，%；

μ_i——各类设施综合比例系数，i 取值为 1～4，宜按表 4-1 确定。

各类设施综合比例系数　　表 4-1

设施种类	综合比例系数	设施种类	综合比例系数
车行道设施	$\mu_1=0.35$	路基与排水设施	$\mu_3=0.25$
人行道设施	$\mu_2=0.25$	其他设施	$\mu_4=0.15$

（3）车行道完好率按下式计算：

$$C_L=\frac{F_1-\beta\sum F_{li}k_i}{F_1}\times 100\% \tag{4-3}$$

式中：C_L——车行道完好率，%；

F_1——检查单元车行道总面积，m^2；

F_{li}——各类破损的实际面积，m^2，同一地点有两种以上病害时只记一次严重者（k_i 取大者）；

k_i——路面各类破损换算系数，应符合表 4-2 的规定；

β——路龄系数，应符合表 4-3 的规定。

车行道各类破损换算系数 k_1 值　　表 4-2

破损类型	沥青路面	水泥混凝土路面
裂缝	0.5	3
碎裂(网、龟裂)	1	3
断裂	—	10
松散	1	—
脱皮、泛油、露骨	1	1
坑槽、啃边	3	3
井框高差	3	3
车辙	0.5	—
沉陷	3	3
壅包	2	—
搓板或波浪	2	—
翻浆	6	—
唧泥	6	6
缝料散失	—	2
错台	—	6

路龄系数 β 值　　表 4-3

路　龄		路龄系数 β
设计年限内		1.0
超设计年限(年)	1～5	0.9
	6～10	0.8
	11～15	0.7

注:路龄为该路建成年与检查年之差值。

(4)人行道完好率按下式计算:

$$P_L = \frac{F_2 - \sum F_{2i}}{F_2} \times 100\% \quad (4-4)$$

式中:P_L——人行道完好率,%;

F_2——检查单元人行道总面积,m^2;

F_{2i}——各类破损的实际面积,m^2。

(5)路基与排水设施完好程度得分值按下式计算:

$$SD_L = 100 - S_{sd} \quad (4-5)$$

式中:SD_L——路基与排水设施完好程度,分;

S_{sd}——路基与排水设施破损累积扣分。

(6)其他设施完好程度得分值按下式计算:

$$Q_L = 100 - S_f \quad (4-6)$$

式中：Q_L——其他设施完好程度，分；

S_f——其他设施破损累积扣分。

2. 养护状况评定

城镇道路养护状况评定等级按车行道、人行道、路基与排水、其他设施 4 类设施单元分别确定优、良、合格、不合格 4 级，以优、良、合格单元数占总检查单元数的百分比为该类设施的合格率（λ_{bi}），对每条城镇道路的 4 类设施合格率的加权平均值为该路养护状况综合完好率（λ_z）。车行道、人行道、路基与排水设施、其他设施养护状况及道路综合完好率的评定等级应符合表 4-4 至表 4-8 的规定。当出现结构强度不足时，设施养护状况评定等级不得为优、良。

车行道养护状况评定等级标准 表 4-4

养护状况等级	完好率（%）			
	快速路	主干路	次干路	支路及其他
优	≥99	≥98.5	≥98	≥95
良	$98 \leq C_L < 99$	$97 \leq C_L < 98.5$	$96 \leq C_L < 98$	$90 \leq C_L < 95$
合格	$95 \leq C_L < 98$	$93 \leq C_L < 97$	$91 \leq C_L < 96$	$85 \leq C_L < 90$
不合格	<95	<93	<91	<85

人行道养护状况评定等级标准 表 4-5

养护状况等级	完好率 P_L（%）	养护状况等级	完好率 P_L（%）
优	≥98	合格	$91 \leq P_L < 96$
良	$96 \leq P_L < 98$	不合格	<91

路基与排水设施养护状况评定等级标准 表 4-6

养护状况等级	完好程度 SD_L（分）	养护状况等级	完好程度 SD_L（分）
优	≥90	合格	$60 \leq SD_L < 75$
良	$75 \leq SD_L < 90$	不合格	<60

其他设施养护状况评定等级标准 表 4-7

养护状况等级	完好程度 Q_L（分）	养护状况等级	完好程度 Q_L（分）
优	≥90	合格	$60 \leq Q_L < 75$
良	$75 \leq Q_L < 90$	不合格	<60

城镇道路养护状况综合评定等级标准 表 4-8

养护状况等级	完好率 λ_z（%）			
	快速路	主干路	次干路	支路及其他
优	≥95.5	≥95	≥94.5	≥94
良	$88.5 \leq \lambda_z < 95.5$	$88 \leq \lambda_z < 95$	$87.5 \leq \lambda_z < 94.5$	$85.5 \leq \lambda_z < 94$
合格	$80 \leq \lambda_z < 88.5$	$79 \leq \lambda_z < 88$	$78.5 \leq \lambda_z < 87.5$	$76.5 \leq \lambda_z < 85.5$
不合格	<80	<79	<78.5	<76.5

第三节　沥青路面的养护

沥青路面是以道路石油沥青、煤沥青、液体石油沥青、乳化石油沥青、各种改性沥青等为结合料，黏结各种矿料修筑的路面结构。由于其面层使用沥青结合料，因而增加了矿料间的黏结力，提高了混合料的强度和稳定性，使路面的使用质量和耐久性都得到提高。与水泥混凝土路面相比，沥青路面具有表面平整、无接缝、行车舒适、耐磨、振动小、噪音低、施工期短、养护维修简便等优点，因而在目前高等级公路中占据相当大的比重。

由于沥青路面的强度和稳定性受气温、水分、路面材料性质等客观因素影响比较大，因此在养护工作中必须随时掌握路面的使用状况，加强日常保养及时修补各种破损，保持路面经常处于清洁、完好状态。

一、沥青路面的保养小修

沥青路面的保养小修是指为保持道路功能和设施完好所进行的日常保养。对路面轻微损坏的零星修补，其工程数量不宜大于400m^2。

沥青路面应加强经常性、预防性小修保养，对局部、轻微的初始破损必须及时进行修理。通常把清扫保洁，处理泛油、壅包、裂缝、松散等作为保养作业；修补坑槽、沉陷，处理波浪、啃边等病害作为小修作业。保养、小修是保持路面使用质量，延长路面使用周期的重要技术措施，分初期养护和日常养护。

1. 沥青路面初期养护要点

1）热拌沥青混合料路面的初期养护

（1）摊铺、压实后的热拌沥青混合料路面，待摊铺层自然冷却，混合料表面温度低于50℃后方可开放交通。

（2）纵横向的施工接缝是沥青路面的薄弱环节，应加强初期养护，随时用三米直尺查找暴露出来的轻微不平，铲高补低，经拉毛后，用混合料垫平、压实。

2）沥青贯入式路面的初期养护

（1）路面竣工后，开放交通时，行驶车辆限速在15km/h以下，根据表面成型情况，逐步提高到20km/h。

（2）设专人指挥交通或设置临时路标，按先两边后中间控制车辆易辙行驶，达到全面压实。

（3）应随时将行车驱散的嵌缝料回扫、扫匀、压实，以形成平整密实的上封层。当路面泛油后，要及时补撒与施工最后一层矿料相同的嵌缝料，同时控制行车碾压。

3）乳化沥青路面的初期养护

乳化沥青路面的初期稳定性差，压实后的路面应做好初期养护，设专人管理，按实际破乳情况，封闭交通2～6h。在未破乳的路段上，严禁一切车辆、人、畜通过。开放交通初期，应控制车速不超过20km/h，并不得制动和调头。当有损坏时应及时修补。

2. 沥青路面日常养护要求

（1）保持路面平整、横坡适度、线形顺直、路容整洁、排水良好。

(2)加强巡路检查,掌握路面情况,随时排除有损路面的各种因素,及时发现路面初期病害,研究分析病害产生的原因,并有针对性地及时对病害进行维修处理。

(3)禁止各种履带车和其他铁轮车直接在路上行驶。

(4)掌握技术资料,建立养护档案。

(5)根据各地不同季节的气候特点、水和温度变化规律,按照"预防为主、防治结合"的原则,结合本地区成功经验,针对不同季节病害根源,因地制宜,采取有效的技术措施,做好预防性季节性养护工作。

二、沥青路面常见病害产生原因及维修措施

1. 横向裂缝

1)现象

裂缝与路中心线基本垂直,缝宽不一,缝长有贯穿整个路幅的,也有穿过部分路幅的。

2)原因分析

(1)施工缝未处理好,接缝不紧密,结合不良。

(2)沥青未达到适合于本地区气候条件和使用要求的质量标准,致使沥青面层温度收缩或温度疲劳应力(应变)大于沥青混合料的抗拉强度(应变)。

(3)半刚性基层收缩裂缝的反射缝。

(4)桥梁、涵洞或通道两侧的填土产生固结或地基沉降。

3)预防措施

(1)合理组织施工,摊铺作业连续进行,减少冷接缝。冷接缝的处理,应先将已摊铺压实的摊铺带边缘切割整齐、清除碎料,然后用热混合料敷贴接缝处,使其预热软化;铲除敷贴料,对缝壁涂刷0.3~0.6kg/m^2黏层沥青,再铺筑新混合料。

(2)充分压实横向接缝。碾压时,压路机在已压实的横幅上,钢轮伸入新铺层15cm,每压一遍向新铺层移动15~20cm,直到压路机全部在新铺层为止,再改为纵向碾压。

(3)根据《沥青路面施工及验收规范》要求,按本地区气候条件和道路等级选取适用的沥青类型,以减少或消除沥青面层温度收缩裂缝。采用优质沥青更有效。

(4)桥涵两侧填土充分压实或进行加固处理。工后沉降严重地段事前应进行软土地基处理和合理的路基施工组织。

(5)反射裂缝预防见后面关于反射裂缝预防措施的具体内容。

4)治理方法

为防止雨水由裂缝渗透至路面结构,对于细裂缝(2~5mm)可用改性乳化沥青灌缝。对大于5mm的粗裂缝,可用改性沥青(如SBS改性沥青)灌缝。灌缝前,须清除缝内、缝边碎粒料、垃圾,并使缝内干燥。灌缝后,表面撒上粗砂或3~5mm石屑。

2. 纵向裂缝

1)现象

裂缝走向基本与行车方向平行,裂缝长度和宽度不一。

2)原因分析

(1)前后摊铺幅相接处的冷接缝未按有关规范要求认真处理,结合不紧密而脱开。

(2)纵向沟槽回填土压实质量差而发生沉陷。

(3)拓宽路段的新老路面交界处沉降不一。

3)预防措施

(1)采用全路幅一次摊铺,如分幅摊铺时,前后幅应紧跟,避免前摊铺幅混合料冷却后才摊铺后半幅,确保热接缝。

(2)如无条件全路幅摊铺时,上、下层的施工纵缝应错开15cm以上。前后幅相接处为冷接缝时,应先将已施工压实完的边缘坍斜部分切除,切线须顺直,侧壁要垂直,清除碎料后,宜用热混合料敷贴接缝处,使之预热软化,然后铲除敷贴料,并对侧壁涂刷0.3~0.6kg/m^{2}黏层沥青,再摊铺相邻路幅。摊铺时控制好松铺系数,使压实后的接缝结合紧密、平整。

(3)沟槽回填土应分层填筑、压实,压实度必须达到要求。如符合质量要求的回填土来源或压实有困难时,须作特殊处理,如采用黄沙、砾石砂或有自硬性的高钙粉煤灰或热闷钢渣等回填。

(4)拓宽路段的基层厚度和材料须与老路面一致,或稍厚。土路基应密实、稳定。铺筑沥青面层前,老路面侧壁应涂刷0.3~0.6kg/m^{2}黏层沥青。沥青面层应充分压实。新老路面接缝宜用热烙铁烫密。

4)治理方法

2~5mm的裂缝可用改性乳化沥青灌缝,大于5mm的裂缝可用改性沥青(如SBS改性沥青)灌缝。灌缝前,须先清除缝内和缝边碎粒料、垃圾,并保持缝内干燥。灌缝后,表面撒上粗砂或3~5mm石屑。

3. 网状裂缝

1)现象

裂缝纵横交错,缝宽1mm以上,缝距40cm以下,1m^{2}以上。

2)原因分析

(1)路面结构中夹有软弱层或泥灰层,粒料层松动,水稳性差。

(2)沥青与沥青混合料质量差,延度低,抗裂性差。

(3)沥青层厚度不足,层间黏结差,水分渗入,加速裂缝的形成。

3)预防措施

(1)沥青面层摊铺前,对下卧层应认真检查,及时清除泥灰,处理好软弱层,保证下卧层稳定,并宜喷洒0.3~0.6kg/m^{2}黏层沥青。

(2)原材料质量和混合料质量严格按《沥青路面施工及验收规范》(GB 50092—96)的要求进行选定、拌制和施工。

(3)沥青面层各层应满足最小施工厚度的要求,保证上下层的良好连接;并从设计施工养护上采取有效措施排除雨后结构层内积水。

(4)路面结构设计应做好交通量调查和预测工作,使路面结构组合与总体强度满足设计使用期限内交通荷载要求。上基层必须选用水稳定性良好的有粗粒料的石灰、水泥稳定类材料。

4)治理方法

(1)如夹有软弱层或不稳定结构层时,应将其铲除;如因结构层积水引起网裂时,铲除面层后，需加设将路面渗透水排除至路外的排水设施，然后再铺筑新混合料。

(2)如强度满足要求，网状裂缝是由于沥青面层厚度不足引起时，可采用铣削网裂的面层后加铺新料来处理，加铺厚度按现行设计规范计算确定。如在路面上加罩，为减轻反射裂缝，可采取各种“防反”措施进行处理。

(3)由于路基不稳定导致路面网裂时，可采用石灰或水泥处理路基，或注浆加固处理，深度可根据具体情况确定，一般为20~40cm。消石灰用量5%~10%，或水泥用量4%~6%，待土路基处理稳定后，再重做基层、面层。

(4)由于基层软弱或厚度不足引起路面网裂时，可根据情况，分别采取加厚、调换或综合稳定的措施进行加强。水稳定性好、收缩性小的半刚性材料是首选基层。基层加强后，再铺筑沥青面层。

4. 反射裂缝

1)现象

基层产生裂缝后，在温度和行车荷载作用下，裂缝将逐渐反射到沥青层表面，路表面裂缝的位置形状与基层裂缝基本相似。对于半刚性基层以横向裂缝居多，对于在柔性路面上加罩的沥青结构层，裂缝形式不一，取决于下卧层。

2)原因分析

(1)半刚性基层收缩裂缝的反射裂缝。

(2)在旧路面上加罩沥青面层后原路面上已有裂缝包括水泥混凝土路面的接缝的反射。

3)预防措施

(1)采取有效措施减少半刚性基层收缩裂缝。

(2)在旧路面加罩沥青路面结构层前，可铣削原路面后再加罩，或采用铺设土工织物、玻纤网后再加罩，以延缓反射裂缝的形成。

4)治理方法

(1)缝宽小于2mm时，可不作处理。

(2)缝宽大于2mm时，可采用改性乳化沥青或改性沥青(如SBS改性沥青)灌缝。灌缝前须先清除缝内垃圾及缝边碎粒料，并保持缝内干燥。灌缝后撒粗砂或3~5mm石屑。

5. 翻浆

1)现象

基层的粉、细料浆水从面层裂缝或从多空隙率面层的空隙处析出，雨后路表面呈淡灰色。

2)原因分析

(1)基层用料不当，或拌和不匀，细料过多。由于其水稳性差，遇水后软化，在行车作用下浆水上冒。

(2)低温季节施工的半刚性基层，强度增长缓慢，而路面开放交通过早，在行车与雨水作用下使基层表面粉化，形成浆水。

(3)冰冻地区的基层，冬季水分积聚成冰，春天解冻时翻浆。

(4)沥青面层厚度较薄，空隙率较大，未设置下封层和没有采取结构层内排水措施，促使雨水下渗，加速翻浆的形成。

(5)表面处治和贯入式面层竣工初期，由于行车作用次数不多，结构层尚未达到应有密实度就遇到雨季，使渗水增多，基层翻浆。

3）预防措施

（1）采用含粗粒料的水泥、石灰粉煤灰稳定类材料作为高等级道路的上基层。粒料级配应符合要求，细料含量要适当。

（2）在低温季节施工时，石灰稳定类材料可掺入早强剂，以提高其早期强度。

（3）根据道路等级和交通量要求，选择合适的面层类型和适当厚度。沥青混凝土面层宜采用两层式或三层式，其中一层须采用密级配。当各层均为沥青碎石时，基层表面必须做下封层。

（4）设计时，对空隙率较大、易渗水的路面，应考虑设置排除结构层内积水的结构措施。

（5）表面处治和贯入式面层经施工压实后，空隙率仍然较大，需要有较长时间借助行车进一步压密成形。因此，这两种类型面层宜在热天或少雨季节施工。

4）治理方法

（1）采取切实措施，使路面排水顺畅，及时清除雨水进水孔垃圾，避免路面积水和减少雨水下渗。

（2）对轻微翻浆路段，将面层挖除后，清除基层表面软弱层，施设下封层后铺筑沥青面层。

（3）对严重翻浆路段，将面层、基层挖除，如涉及路基，还要对路基处理之后，铺筑水稳性好、含有粗骨料的半刚性材料作基层，用适宜的沥青结构层进行修复，并要有排除路面结构层内积水的技术措施。

6. 车辙

1）现象

路面在车辆荷载作用下轮迹处下陷，轮迹两侧往往拌有隆起（如图4-2所示），形成纵向带状凹槽。在实施渠化交通的路段或停刹车频率较高的路段较易出现。

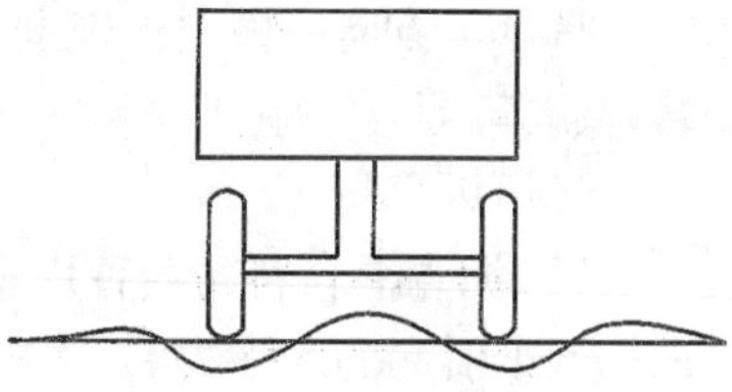

图4-2 车辙示意图

2）原因分析

（1）沥青混合料热稳定性不足。矿料级配不好，细集料偏多，集料未形成嵌锁结构；沥青用量偏高；沥青针入度偏大或沥青质量不好。

（2）沥青混合料面层施工时未充分压实，在行车荷载作用下，继续压密或产生剪切破坏。

3）预防措施

（1）粗集料应粗糙且有较多的破碎裂面。密级配沥青混凝土中的粗集料应形成良好的骨架作用，细集料充分填充空隙，沥青混合料稳定度及流值等技术指标应满足规范要求，高等级道路应进行车辙试验检验，动稳定度对高速公路和城市快速路不小于800次/mm，对一级公路和城市主干路不小于600次/mm。

（2）根据当地气候条件按《沥青路面施工及验收规范》选用合适标号的沥青，针入度不宜过大，上海地区一般选用70°重交通道路石油沥青。

（3）施工时，必须按照有关规范要求进行碾压，基层和沥青混合料面层的压实度应分别达到98%和95%或96%。

（4）对于通行重车比例较大的道路，或起动、制动频繁、陡坡的路段，必要时可采用改性沥青混合料，提高抗车辙能力。但在选用时，必须兼顾高低温性能。

(5)道路结构组合设计时，沥青面层每层的厚度不宜超过混合料集料最大粒径的4倍，否则较易引起车辙。

4)治理方法

(1)如仅在轮迹处出现下陷，而轮迹两侧未出现隆起时，则可先确定修补范围。一般可目测或将直尺架在凹陷上，与长直尺底面相接的路面处可确定为修补范围的轮廓线。沿轮廓线将5~10crn宽的面层完全凿去或用机械铣削，槽壁与槽底垂直，并将凹陷内的原面层凿毛，清扫干净后，涂刷0.3~0.6kg/m^{2}黏层沥青，用与原面层结构相同的材料修补，并充分压实，与路面接平。

(2)如在轮迹的两侧同时出现条状隆起，应先将隆起部位凿去或铣削，直至其深度大于原面层材料最大粒径的2倍，槽壁与槽底垂直，将波谷处的原面层凿毛，清扫干净后涂刷0.3~0.6kg/m^{2}黏层沥青，再铺筑与面层相同级配的沥青混合料，并充分压实与路面接平。

(3)若因基层强度不足、水稳性不好等原因引起车辙时，则应对基层进行补强或将损坏的基层挖除，重新铺筑。新修补的基层应有足够强度和良好的水稳性，坚实平整。如原为半刚性基层，可采用早期强度较高的水泥稳定碎石修筑，但其层厚不得小于15cm。修补时应注意与周边原基层的良好衔接。

(4)对于受条件限制或车辙面积较小的街坊道路，可采用现场冷拌的乳化沥青混合料修补。其矿料级配和沥青用量，可参照《沥青路面施工及验收规范》确定。

7. 壅包

1)现象

沿行车方向或横向出现局部隆起。壅包较易发生在车辆经常起动、制动的地方，如停车站、交叉口等。

2)原因分析

(1)沥青混合料的沥青用量偏高或细料偏多，热稳定性不好。在夏季气温较高时，不足以抵抗行车引起的水平力。

(2)面层摊铺时，底层未清扫或未喷洒(涂刷)黏层沥青，致使路面上下层黏结不好；沥青混合料摊铺不匀，局部细料集中。

(3)基层或下面层未经充分压实，强度不足，发生变形位移。

(4)在路面日常养护时，局部路段沥青用量过多，集料偏细或摊铺不均匀。

(5)陡坡或平整度较差路段，面层沥青混合料容易在行车作用下向低处积聚而形成壅包。

3)预防措施

(1)在混合料配合比设计时，要控制细集料的用量，细集料不可偏多。选用针入度较低的沥青，并严格控制沥青的用量。

(2)在摊铺沥青混合料面层前，下层表面应清扫干净，均匀洒布黏层沥青，确保上下层黏结。

(3)人工摊铺时，由于料车卸料容易离析，应做到粗细料均匀分布，避免细料集中。

4)治理方法

(1)凡由于沥青混合料本身级配偏细，沥青用量偏高，或者上下层黏结不好而形成的壅包,应将其完全铣削掉,并低于原路表,然后待开挖表面干燥后喷洒 0.3 ~0.6kg/m^2 黏层沥青,再铺筑热稳定性符合要求的沥青混合料至与路面平齐。当壅包周边拌有路面下陷时,应将其一并处理。

(2)如基层已被推挤,应将损坏部分挖除,重新铺筑。

(3)修补时应采用与原路面结构相同或强度较高的材料。如受条件限制,则对于面积较小的修补,可采用现场冷拌的乳化沥青混合料,但应严格控制矿料的级配和沥青用量。

8. 搓板

1)现象

路表面出现轻微、连续的接近等距离的起伏状,形似洗衣搓板。虽峰谷高差不大,但行车时有明显的频率较高的颠簸感。

2)原因分析

(1)沥青混合料的矿料级配偏细,沥青用量偏高,高温季节时,面层材料在车辆水平力作用下,发生位移变形。

(2)铺设沥青面层前,未将下层表面清扫干净或未喷洒黏层沥青,致使上层与下层黏结不良,产生滑移。

(3)旧路面上原有的搓板病害未认真处理即在其上铺设面层。

3)预防措施

(1)合理设计与严格控制混合料的级配。

(2)在摊铺沥青混合料前,须将下层顶面的浮尘、杂物清扫干净,并均匀喷洒黏层沥青,保证上下层黏结良好。

(3)基层、面层应碾压密实。

(4)旧路上做沥青罩面前,须先处理原路面上已发生的搓板病害,否则,压路机无法将搓板上新罩的面层均匀碾压密实,新的搓板现象随即就会出现。

4)治理方法

(1)如属混合料中沥青用量偏多引起的不很严重的搓板时,可参照壅包治理方法(1)处理。

(2)因上下面层相对滑动引起的搓板,或搓板较严重、面积较大时,应将面层全部铲除,并低于原路面,其深度应大于用于修补沥青混合料最大集料粒径的 2 倍,槽壁与槽底垂直,清除下层表面的碎屑、杂物及粉尘后,喷洒 0.3 ~0.6kg/m^2 的黏层沥青,重新铺筑沥青面层。

(3)在交通量较小的街坊道路上,可采用冷拌的乳化沥青混合料找平或进行小面积的修补。

(4)属于基层原因形成的搓板,应对损坏的基层进行修补。

9. 泛油

1)现象

表面处治和贯入式路面的表面基本上被一薄层沥青覆盖,未见或很少看到集料,路表光滑,容易引起行车滑溜交通事故。

2)原因分析

(1)表面处治,贯入式路面使用沥青标号不适当,针入度过大。

(2)沥青用量过多或集料撒布量过少。

(3)冬天施工,面层成形慢,集料散失过多。

3)预防措施

施工前,须根据本地区气候条件参照规范选定合适标号的沥青。

4)治理方法

在热天气温较高时进行处理最为有效。如轻微泛油,可撒布3~5(8)mm石屑或粗黄沙,撒布量以车轮不粘沥青为度;如泛油较严重,可先撒布5~10(15)mm集料,经行车碾压稳定后再撒布3~5(8)mm石屑或粗黄沙嵌缝。使用过程中,散失的集料须及时回扫或补撒集料。

10. 坑槽

1)现象

表层局部松散,形成深度2cm以上的凹槽。在水的侵蚀和行车的作用下,凹槽进一步扩大,或相互连接,形成较大较深坑槽,严重影响行车的安全性和舒适性。

2)原因分析

(1)面层厚度不够,沥青混合料黏结力不佳,沥青加热温度过高,碾压不密实,在雨水和行车等作用下,面层材料性能日益恶化松散、开裂,逐步形成坑槽。

(2)摊铺时,下层表面泥灰、垃圾未彻底清除,上下层不能有效黏结。

(3)路面罩面前,原有的坑槽、松散等病害未完全修复。

(4)养护不及时,当路面出现松散、脱皮、网裂等病害时,或被机械行驶刮铲损坏后未及时养护修复。

3)预防措施

(1)沥青面层应具有足够的设计厚度,特别是上面层,不应小于施工压实层的最小压实度,以保证在行车荷载作用下有足够的抗力。沥青混合料配合比设计宜选用具有较高黏结力的较密实的级配。若采用空隙率较大的抗滑面层或使用酸性石料时,宜使用改性沥青或在沥青中掺加一定量的抗剥落剂以改善沥青和石料的黏附性能。

(2)沥青混合料拌制过程中,应严格掌握拌和时间、沥青用量及拌和温度,保证混合料的均匀性,严防温度过高使沥青发生焦枯。

(3)在摊铺沥青混合料面层前,下层应清扫干净,并均匀喷洒黏层沥青。面层摊铺时应按有关规范要求碾压密实。如在老路面上罩面,原路面上坑槽必须先行修补之后,再进行罩面。

(4)当路表面出现松散、脱皮、轻微网裂等可能使雨水下渗的病害,或路面因机械铲受损时,应及时修补以免病害扩展。

4)治理方法

(1)如路基完好,坑槽深度仅涉及下面层的维修。

①确定所需修补的坑槽范围,一般可根据路面的情况略大于坑槽的面积,修补范围成方正并与行车方向平行或垂直。

②若小面积的坑槽较多或较密时,应将多个小坑槽合并确定修补范围。

③采用人工或机械的方法将修补范围内的面层削去,槽壁与槽底应垂直。槽底面应坚实无松动现象,并使周围好的路面不受影响或松动损坏。

④将槽壁槽底的松动部分、损坏的碎块及杂物清扫干净,然后在槽壁和槽底表面均匀涂刷

一层黏层沥青，用量为 0.3 ~ 0.6kg/m^2。

⑤将与原面层材料级配基本相同的沥青混合料填入槽内，摊铺平整，并按槽深掌握好松铺系数。摊铺时要特别注意将槽壁四周的原沥青面层边缘压实铺平。

⑥用压实机具在摊铺好的沥青混合料上反复来回碾压至与原路面平齐。如坑槽较深而面积较小，无法用压实机具一次成形时，应分层铺筑，下层可采用人工夯实，上层则应用机械压实。

(2)如基层已损坏，须先将基层补强或重新铺筑。基层应坚实平整，没有松散现象。

(3)对于交通量较小的街坊道路，采用热拌沥青混合料材料有困难时，可用冷拌的乳化沥青混合料来修补面层，但须采用较密实的级配，并充分碾压，以防止雨水再次入渗。

11. 松散

1)现象

面层集料之间的黏结力丧失或基本丧失，路表面可观察到成片悬浮的集料或小块粒料，面层的部分区域明显不成整体。干燥季节，在行车作用下可见轮后粉尘飞扬。

2)原因分析

(1)沥青混凝土中的沥青针入度偏小，黏结性能不良；混合料的沥青用量偏少；矿料潮湿或不洁净，与沥青黏结不牢；拌和时温度偏高，沥青焦枯；沥青老化或与酸性石料间的黏附性能不良，造成路面松散。

(2)摊铺施工时，未充分压实，或摊铺时，沥青混凝土温度偏低；雨天摊铺，水膜降低了集料间的黏结力。

(3)基层强度不足，或呈湿软状态时摊铺沥青混凝土，在行车作用下可造成面层松散。

(4)在沥青路面使用过程中，溶解性油类的泄漏，雨雪水的渗入，降低了沥青的黏结性能。

3)预防措施

(1)对使用酸性石料拌制沥青混合料时，需在沥青中掺入抗剥落剂或在填料中掺用适量的生石灰粉、干净消石灰、水泥，以提高沥青与酸性石料的黏附性能。

(2)在沥青混合料生产过程中，应选用标号合适的沥青和干净的集料，集料的含泥量不得超过规定的要求；集料在进入拌缸前应完全烘干并达到规定的温度；除按规定加入沥青外，还应在拌制过程中随时观察沥青混合料的外观，是否有因沥青含量偏少而呈暗淡无光泽的现象，拌制新的级配的沥青混合料时尤应加强观测；集料烘干加热时的温度一般控制不超过 180℃，避免过高，否则会加快沥青中的轻质油分挥发，使沥青过早老化，影响沥青混凝土整体性。

(3)沥青混合料运到工地后应及时摊铺，及时碾压。摊铺温度及碾压温度偏低会降低沥青混合料面层的压实质量。摊铺后应及时按照有关施工技术规范要求碾压到规定的压实度，碾压结束时温度应不低于 70℃；应避免在气温低于 10℃或雨天施工。

(4)路面出现脱皮等轻微病害时，应及时修补。

4)治理方法

将松散的面层清除，重铺沥青混凝土面层。如涉及基层，则应先对基层进行处理。

12. 脱皮

1)现象

沥青路面上层与下层或旧路上的罩面层与原路面黏结不良，表面层呈块状或成片状的脱落，其形状、大小不等，严重时可成片。

2）原因分析

（1）摊铺时，下层表面潮湿或有泥土或灰尘等，降低了上下层之间的黏结力。

（2）旧路面上加罩沥青面层时，原路表面未凿毛，未喷洒黏层沥青，造成新面层与原路面黏结不良而脱皮。

（3）面层偏薄，厚度小于混合料集料最大粒径2倍，难以碾压成形。

3）预防措施

（1）在铺设沥青面层前，应彻底清除下层表面的泥土、杂物、浮尘等，并保持表面干燥，喷洒黏层沥青后，立即摊铺沥青混合料，使上下层黏结良好。

（2）在旧路面上加罩沥青面层时，原路面应用风镐或"十"字镐凿毛，有条件时，采用铣削机铣削，经清扫、喷洒黏层沥青后，再加罩面层。

（3）单层式或双层式面层的上层压实厚度必须大于集料粒径的2倍，利于压实成形。

4）治理方法

（1）脱皮较严重的路段，应将沥青面层全部削去，重新铺筑面层。

（2）脱皮面积较小，且交通量不大的街坊道路，可参照坑槽的治理方法进行修复。

（3）脱皮部位发现下层松软等病害时，可参照坑槽的治理方法对基层补强后修复。

13. 啃边

1）现象

路面边缘破损松散、脱落。

2）原因分析

（1）路边积水，使集料与沥青剥离、松散。

（2）路面边缘碾压不足，面层密实度较差。

（3）路面边缘基层松软，强度不足，承载力差。

3）预防措施

（1）合理设计路面排水系统、注意日常养护，经常清除雨水口进水孔垃圾，使路面排水畅通。

（2）施工时，路面边缘应充分碾压，压实后的沥青层应与缘石齐平、密贴。因此，摊铺时要正确掌握上面层的松铺系数。

（3）基层宽度必须超出沥青层20～30cm，以改善路面受力条件。

4）治理方法

在啃边路段修补范围内，离沥青面层损坏边缘5～10cm处画出标线，选择适用机具沿标线将面层材料挖除。经清扫后，在底面、侧面涂刷黏层沥青，然后按原路面的结构和材料进行修复。接缝处以热烙铁烫边，以使接缝紧密。

14. 光面

1）现象

路表面光滑，表面看不到粗集料或集料表面棱角已被磨除。阴雨天气易出现行车滑溜交通事故。

2）原因分析

(1)上面层细集料或沥青用量偏多。

(2)集料质地较软,磨耗大,易被汽车轮胎磨损。

3)预防措施

(1)表面处治和贯入式路面所用的材料、规格和用量应符合表4-9和表4-10的规定。集料应具有较好的颗粒形状,较多的棱角。成形期间,集料散失时应及时补撒。

沥青表面处治材料规格和用量 表4-9

沥青品种	路面类型	厚度(mm)	集料用量($m^3/1000m^2$)						沥青或乳液用量(kg/m^2)			
			第一层		第二层		第三层		第一次	第二次	第三次	合计用量
			规格	用量	规格	用量	规格	用量				
石油沥青	单层	1.0	S12	7~9					1.0~1.2			1.0~1.2
		1.5	S10	12~14					1.4~1.6			1.4~1.6
	双层	1.5	S10	12~14	S12	7~8			1.4~1.6	1.0~1.2		2.4~2.8
		2.0	S9	16~18	S12	7~8			1.6~1.8	1.0~1.2		2.6~3.0
		2.5	S8	18~20	S12	7~8			1.8~2.0	1.0~1.2		2.8~3.2
	三层	2.5	S8	18~20	S12	12~14	S12	7~8	1.6~1.8	1.2~1.4	1.0~1.2	3.8~4.4
		3.0	S6	20~22	S12	12~14	S12	7~8	1.8~2.0	1.2~1.4	1.0~1.2	4.0~4.6
乳化沥青	单层	0.5	S14	7~9					0.9~1.0			0.9~1.0
	双层	1.0	S12	9~11	S14	4~6			1.8~2.0	1.0~1.2		2.8~3.2
	三层	3.0	S6	20~22	S10	9~11	S12 S14	4~6 3.5~4.5	2.0~2.2	1.8~2.0	1.0~1.2	4.8~5.4

注:1.煤沥青表面处治的沥青用量可比石油沥青用量增加15%~20%;

2.表中的乳液用量按乳化沥青的蒸发残留物含量60%计算,如沥青含量不同应予折算;

3.在高寒地区及干旱风沙大的地区,可超出高限5%~10%。

沥青贯入式路面材料规格和用量 表4-10

(集料用量:$m^3/1000m^2$,沥青及沥青乳液用量:kg/m^2)

沥青品种	石 油 沥 青					
厚度(cm)	4		5		6	
规格和用量	规格	用量	规格	用量	规格	用量
封层料	S14	3~5	S14	3~5	S13(S14)	4~6
第三遍沥青		1.0~1.2		1.0~1.2		1.0~1.2
第二遍嵌缝料	S12	6~7	S11(S10)	10~12	S11(S10)	10~12
第二遍沥青		1.6~1.8		1.8~2.0		2.0~2.2
第一遍嵌缝料	S10(S9)	12~14	S8	12~14	S8(S6)	16~18
第一遍沥青		1.8~2.1		1.6~1.8		2.8~3.0
主层石料		45~50	S4	55~60	S3(S4)	66~76
沥青总用量	4.4~5.1		5.2~5.8		5.8~6.4	

续上表

沥青品种	石油沥青				乳化沥青			
厚度(cm)	7		8		4		5	
规格和用量	规格	用量	规格	用量	规格	用量	规格	用量
封层料	S13(S14)	4~6	S13(S14)	4~6	S13(S14)	4~6	S14	4~6
第五遍沥青								0.8~1.0
第四遍嵌缝料							S14	5~6
第四遍沥青						0.8~1.0		1.2~1.4
第三遍嵌缝料						5~6	S12	7~9
第三遍沥青		1.0~1.2		1.0~1.2	S14	1.4~1.6		1.5~1.7
第二遍嵌缝料		11~13		11~13		7~8	S10	9~11
第二遍沥青	S10(S11)	2.4~2.6	S10(S11)	2.6~2.8	S12	1.6~1.8		1.6~1.8
第一遍嵌缝料		18~20				12~14	S8	10~12
第一遍沥青		3.3~3.5		20~22	S9	2.2~2.4		2.6~2.8
主层石料	S6(S8)	80~90	S6(S8)	4.4~4.2		40~45	S4	50~55
				95~100	S5			
	S2		S1(S2)					
沥青总用量	6.7~7.3		7.6~8.2		6.0~6.8		7.4~8.5	

注:1.煤沥青贯入式的沥青用量可较石油沥青用量增加15%~20%;

2.表中乳化沥青是指乳液的用量,并适用于乳液浓度约为60%的情况,如果浓度不同,用量应予换算;

3.在高寒地区及干旱风沙大的地区,可超出高限5%~10%。

(2)沥青路面上面层混合料级配应符合《沥青路面施工及验收规范》规定,粒径小于(等于)2.36mm(圆孔筛2.5mm)和大于(等于)4.75mm(圆孔筛5.0mm)的含量必须严格控制在规范规定的容许范围内,以避免细集料过多;公路及主干路、次干路的上面层应采用细粒式或中粒式沥青混凝土。砂粒式沥青混凝土的最大粒径较小,细料较多,易形成光面,一般只用于非机动车道、人行道。

(3)采用具有足够强度,耐磨性好的集料修筑上面层。对于高速公路、一级公路城市和主干路,压碎值不大于28%,洛杉矶磨耗损失不大于30%;用于其他等级道路时,压碎值不大于30%,洛杉矶磨耗损失不大于40%。

4)治理方法

(1)对表面处治和贯入式路面,可直接在光面上加罩封层,或用铣削机将表面层刨除,清扫后,进行封层。封层材料按规范要求选择。

(2)沥青混凝土路面,上面层经铣刨、清扫后,喷洒0.3~0.6kg/m^{2}黏层沥青,然后铺筑细粒式或中粒式沥青混凝土上面层。

15.与收水井、检查井衔接不顺

1)现象

收水井、检查井井盖框高程比路面高或低,汽车通过时有跳车或抖动现象,行车不舒适,路面容易损坏。

2)原因分析

(1)施工放样不仔细,收水井、检查井井盖框高程偏高或偏低,与路面衔接不齐平。

(2)收水井、检查井基础下沉。

(3)收水井、检查井周边回填土及路面压实不足,交通开放后,逐渐沉陷。

(4)井壁及管道接口渗水,使路基软化或淘空,加速下沉。

3)预防措施

(1)施工前,必须按设计图纸做好放样工作,高程要准确,收水井、检查井中所在位置的高程与道路纵向高程、横坡相协调,避免出现高差。

(2)收水井、检查井的基础及墙身结构应合理设计,按规范施工,减少或防止下沉。

(3)井周边的回填土、路面结构必须充分压实。回填土压实有困难时,可采用水稳定性好、压缩性小的粒状材料或稳定类材料进行回填。

(4)在铺筑沥青混合料前,必须先在井壁涂刷黏层沥青再铺筑面层,压实后,宜用热烙铁烫密封边,以防井壁渗水。

4)治理方法

(1)当收水井、检查井高出路面时,可吊移盖框,降低井壁至合适标高后,再放上盖框,并处理好周边缝隙。

(2)当收水井、检查井低于路面时,可先将盖框吊开,以合适材料调平底座,调平材料达到强度后放上盖框。盖框安置妥当后,认真做好接缝处理工作,使接缝密封不渗水。

16. 施工段接缝明显

1)现象

接缝歪斜不顺直;前后摊铺幅色差大、外观差;接缝不平整有高差,行车不舒适。

2)原因分析

(1)在后铺筑沥青层时,未将前施工压实好的路幅边缘切除,或切线不顺直。

(2)前后施工的路幅材料有差别,如石料色泽深浅不一或级配不一致。

(3)后施工路幅的松铺系数未掌握好,偏大或偏小。

(4)接缝处碾压不密实。

3)防治措施

(1)在同一个路段中,应采用同一料场的集料,避免色泽不一;上面层应采用同一种类型级配,混合料配合比要一致。

(2)纵横冷接缝必须按有关施工技术规范处理好。在摊铺新料前,需将已压实的路面边缘塌斜部分用切削机切除,切线顺直,侧壁垂直,清扫碎粒料后,涂刷0.3~0.6kg/m^2黏层沥青,然后再摊铺新料,并掌握好松铺系数。施工中及时用3m直尺检查接缝处平整度,如不符合要求,趁混合料未冷却时进行处理。

(3)纵、横向接缝需采用合理的碾压工艺。在碾压纵向接缝时,压路机应先在已压实路面上行走,碾压新铺层的10~15cm,然后压实新铺部分,再伸过已压实路面10~15cm。如图4-3所示。接缝必须得到充分压实,达到紧密、平顺的要求。

17. 压实度不足

1)现象

压实未达到规范要求。在压实度不足的面层上,用手指甲或细木条对路表面的粒料进行拨挑时，粒料有松动或被挑起的现象发生。

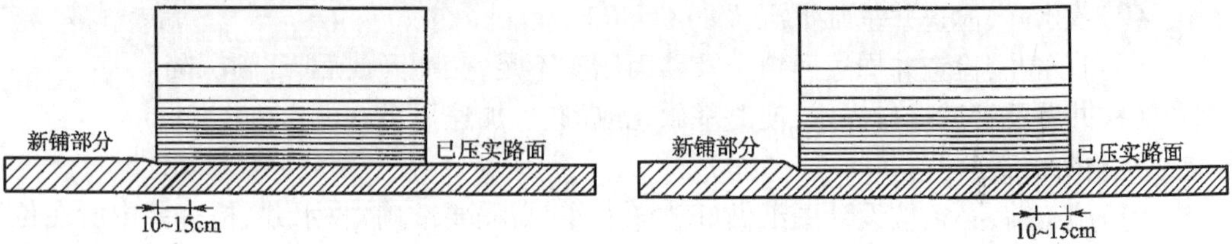

图 4-3　纵缝冷接缝的碾压

2）原因分析

（1）碾压速度未掌握好，碾压方法有误。

（2）沥青混合料拌和温度过高，有焦枯现象，沥青丧失黏结力，虽经反复碾压，但面层整体性不好，仍呈半松散状态。

（3）碾压时面层沥青混合料温度偏低，沥青虽裹覆较好，但已逐渐失去黏性，沥青混合料在碾压时呈松散状态，难以压实成形。

（4）雨天施工时，沥青混合料内形成的水膜，影响矿料与沥青间黏结以及沥青混合料碾压时，水分蒸发所形成封闭水汽，影响了路面有效压实。

（5）压实厚度过大或过小。

3）预防措施

（1）在碾压时应按初压、复压、终压 3 个阶段进行，行进速度必须慢而均匀。碾压速度应符合表 4-11 的规定。

压路机碾压速度（km/h）　　表 4-11

压路机类型	初压		复压		终压	
	适宜	最大	适宜	最大	适宜	最大
钢筒式压路机	2~3	4	3~5	6	3~6	6
轮胎压路机	2~3	4	3~5	6	4~6	8
振动压路机	2~3 （静压或振动）	3 （静压或振动）	3~4.5 （振动）	5 （振动）	3~6 （静压）	6 （静压）

注：摘自《公路沥青路面施工技术规范》（JTG F40—2004）。

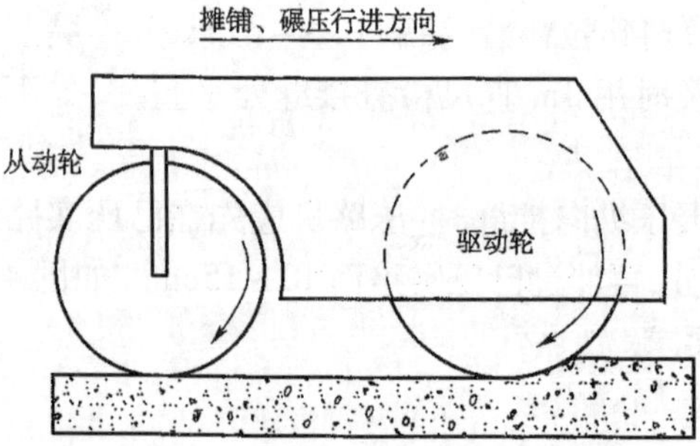

图 4-4　压路机正确行进方向示意图

（2）碾压时驱动轮面向摊铺机方向前进，驱动轮在前，从动轮在后，如图 4-4 所示。

（3）沥青混合料拌制时，集料烘干温度要控制在 160℃~180℃，温度过高会使沥青出现焦枯，丧失黏结力，影响沥青混合料压实性和整体性。

（4）沥青混合料运到工地后应及时摊铺，及时碾压，碾压温度过低会使沥青的黏度提高，不易压实。应尽量避免气温低于 10℃或在雨季施工。

（5）压实层最大厚度不得超过 10cm，最小厚度应大于集料最大粒径 1.5 倍(中、下面层)或 2 倍上面层。压实度应符合规定。

4)治理方法

压实度不足的面层在使用过程中极易出现各种病害,一般应予铣削后重新铺筑热拌沥青混合料。

三、路面上封层

封层主要适用于提高原有路面的防水性能、平整度和抗滑性能的修复工作。

(1)遇有下列情况时,应在沥青路面上铺筑上封层:

①沥青面层的空隙较大,透水严重;

②路面轻微裂缝,但路面强度能满足要求;

③需加铺磨耗层改善抗滑性能的旧沥青路面;

④按周期需进行预防性养护的沥青路面。

(2)上封层可采用下列类型:

①单层或多层式沥青表面处治;

②乳化沥青稀浆封层;

③微表处聚合物改性乳化沥青稀浆封层。

(3)单层或多层式沥青表面处治应满足以下要求:

①用于路面裂缝病害的单层沥青表面处治厚度不应超过 15mm;

②用于网裂病害的多层式表面处治厚度不应超过 30mm;

③沥青表面处治宜在郊区道路上使用。

(4)乳化沥青稀浆封层宜用于城镇次干路、支路工程,并应满足以下要求:

①稀浆封层不得作为路面补强层使用;

②稀浆封层施工时,其施工、养生期内的气温应高于 10℃,并不得在雨天施工;

③各种材料和施工方法应符合国家现行标准《路面稀浆封层施工规程》CJJ 66 的规定。

(5)微表处(聚合物改性乳化沥青稀浆封层)宜用于城镇快速路、主干路的上封层,并应满足以下要求:

①对原路面应进行整平处理;

②改性乳化沥青中的沥青应符合道路石油沥青标准;

③采用的集料应坚硬、耐磨、棱角多、表面粗糙、不含杂质,砂当量宜大于 65%;

④微表处应采用稀浆封层摊铺机进行施工,施工方法和质量要求应符合国家现行标准《路面稀浆封层施工规程》(CJJ 66)的规定。

四、路面补强

道路路面补强应符合下列规定:

(1)对原有沥青路面必须作全面的技术调查,调查内容应包括:

①旧路破损及病害的程度;

②旧路的设计、施工养护技术资料;

(2)单层或多层式沥青表面处治应符合下列规定:

①用于路面裂缝病害的单层沥青表面处治厚度不应超过 15mm；

②用于网裂病害的多层式表面处治厚度不应超过 30mm；

③沥青表面处治宜在郊区道路上使用。

(3)乳化沥青稀浆封层宜用于城镇次干路、支路工程，并应符合下列规定：

①稀浆封层不得作为路面补强层使用；

②稀浆封层施工时，其施工、养生期内的气温应高于 10℃，并不得在雨天施工；

③各种材料和施工方法应符合国家现行标准《路面稀浆封层施工规程》(CJJ 66)的规定。

(4)微表处(聚合物改性乳化沥青稀浆封层)宜用于城镇快速路、主干路的上封层，并应符合下列规定；

①对原路面应进行整平处理；

②改性乳化沥青中的沥青应符合道路石油沥青标准；

③采用的集料应坚硬、耐磨、棱角多、表面粗糙、不含杂质，砂当量宜大于 65%；

④微表处应采用稀浆封层摊铺机进行施工，施工方法和质量要求应符合国家现行标准《路面稀浆封层施工规程》(CJJ 66)的规定

五、沥青混凝土路面的再生利用

1. 概述

再生沥青混合料应用技术，是将需要翻修改造的旧沥青路面，经过翻挖、回收、破碎、筛分后，再和再生剂、新集料、新沥青适当配合，重新拌和成满足道路建设需要，符合国家和行业标准的再生沥青混合料，并应用于道路建设，铺筑路面面层或基层的整套生产技术。

沥青再生技术通过重复利用沥青混合料(主要为砂石料和沥青材料)达到节约资源和保护生态环境的目的。国外的应用实践证明，沥青再生技术是公路建设可持续发展战略的重要组成部分，在我国现阶段也具有重要的实际意义。

2. 再生沥青混合料施工技术的分类

再生沥青混合料施工技术主要分 4 大类：厂拌热再生、厂拌冷再生、现场热再生和现场冷再生。

1)现场冷再生

道路现场冷再生是在常温下使用冷再生机械连续完成铣刨和破碎旧路面结构层(包括面层和部分基层)、添加再生材料、拌和、摊铺等作业过程，碾压成型后的摊铺层可作为低等级公路的面层和高等级公路的下面层或基层，属于道路养护维修范畴。它使用的再生材料有稳定类(水泥、石灰、粉煤灰)和黏结类(乳化沥青或泡沫沥青)两种，必要时加入一定量的新集料以改善级配。至于采用何种再生材料、用量多少，则通过室内实验和成本计算确定。

现场冷再生技术主要有两种方式。一种是利用专用再生机械在现场铣刨、破碎、加入新料(包括乳化沥青或其他再生剂、稳定剂和集料)、拌和、摊铺和预压，再由压路机进一步压实。另一种方式是在旧路面上洒布再生剂封层，再生剂能渗入路面 5 ~ 6mm，恢复表层被氧化沥青的活性，并形成抵抗燃油泄漏的封层，延长路面的使用寿命 2 ~ 3 年。

现场冷再生适用于路面标高不受限制的道路，包括一般公路、低等级公路及部分城市道路，再生层主要作为道路的基层(承载层)或下面层使用。原则上各种结构的路面都可以进行

冷再生，关键技术是再生混合料配合比设计和再生材料选择问题。另外，应根据道路等级不同确定再生层上是否加铺沥青混凝土面层或做稀浆封层处理（交通量不大的低等级公路可直接作为面层使用）。与传统方法相比道路现场冷再生的优点有：

（1）节省旧结构层材料挖除、清运和回填等工序，施工简便且缩短工期；

（2）可利用旧结构层材料，与传统施工方法相比可节约成本20%～46%；

（3）提高基层承载力和道路等级；

（4）利用旧路面材料既保护环境，又节省资源；

（5）可半幅施工、半幅开放交通；

（6）冷再生机的铣刨深度和摊铺厚度由传感器精确控制。

2）现场热再生

现场热再生技术也称为表层再生技术。该技术通过现场加热、翻耕、混拌、摊铺、碾压等工序，一次性实现就地旧沥青混凝土路面再生，具有无需运输废旧沥青混合料、工效高、对公路运营影响程度低等优点。现场热再生技术可处理路面最大深度为5～6cm。现场再生机组主要包括加热系统、路面翻耙系统、再生搅拌系统、摊铺系统和压实系统等，近来有些厂商也将摊铺和压实系统分离出来单独使用。在20世纪90年代前期，该技术曾被认为是道路工业的一次革命，但是，以后的实践已证明，现场热再生技术也存在诸多局限性，不太适宜于高速公路路面再生，主要表现在：

（1）处理厚度小，适合处理车辙、泛油、麻面和磨光等表面缺陷，但对需进行结构性再生（中、下层以至基层损坏的情况）的路面大修无能为力。

（2）由于不加入或加入很少新集料，无法有效调整配合比，对表面层集料级配不满足的路面不适用。

（3）由于不加入或加入很少新沥青，必须利用专门的再生剂恢复沥青的性能，难以保障路面的耐久性。

（4）无法处理采用改性沥青铺筑的表面层。

（5）对路面层厚不均匀或质量状况变化大的路面难以保证质量要求。

现场热再生的类型有：

（1）整形法：此方法可简单地概括为以下步骤（图4-5）：

一般的翻松深度为20～25mm，尽管在某些情况下也可达到50mm的深度，但很少见，因为旧路面的强度不同，路面通常不很平顺和均匀。

特点：这种方法适合修复破损不严重的路面，修复后可消除车辙、龟裂等变形，恢复路面的平整度，改善路面性能。

（2）重铺法：重铺法是用复拌机在整形法的基础上，把旧路材料翻松、搅拌均匀后作为中层，同时在上面再铺设一层新的沥青混合料作为磨耗层，形成全新材料的路面，最后用压路机压实。

特点：这种方法适用于破损较严重的路面维修翻新和旧路面升级改造施工，修复后形成与新建路面道路性能相同的全新路面，步骤见图4-6。

（3）复拌法：如果一些矿物料或新的热沥青混合料要加入与翻松过的材料搅拌时，这种方法可以提高现有路面的厚度或者通过改变集料的级配或调整黏合剂的性质从而提高旧的沥青混合料的等级。这种过程有时和重铺法过程有点相似，但通常是比重铺法更彻底的加热和拌和。

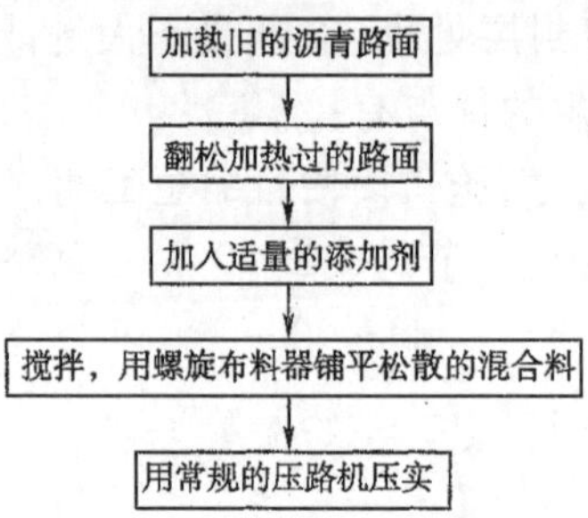

图 4-5　整形法的施工流程图

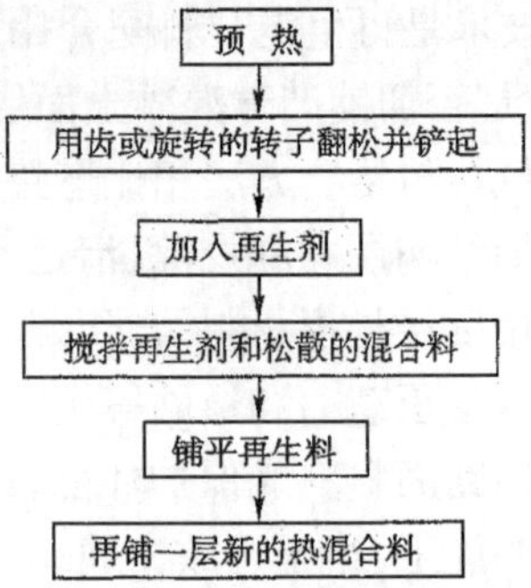

图 4-6　重铺法的施工流程图

特点：这种方法适用于维修中等程度破损的路面，修复后可以恢复沥青路面的原有性能。

①现场热再生的适用标准：路面的厚度、路面的类型、交通负荷、以前的维修处理、路面现有条件和周围的环境温度必须都被考虑。

a. 直接重铺或铣刨后再填补的工程都可以用热再生的方法，因为可以节约大量的费用。

b. 沥青的老化和裂纹可以使用现场热再生装置。

c. 基层承载力良好，因面层疲劳而龟裂、车辙、破损的路面。但要注意的是：现场热再生不能修复位于沥青层以下较深位置的伸缩裂纹，也不能纠正任何属于结构上的破坏。

d. 现场热再生可以达到最大深度为 50mm 的位置，在某种情况下，可以达到更深的再生深度。

e. 可以矫正横断面的不平。

f. 不受大的交通流量的限制。

g. 在实行现场热再生方法前，路面上的大量冷混合料补丁、喷涂补丁，必须除掉。

h. 含有矿渣或碎屑橡胶的热沥青混合料可能不适合现场热再生，因为它们具有很差的热传递性。

i. 天冷以及雨天时效率将有所降低。

另外，用现场热再生将很难处理急弯，一些交叉角或过渡地带仍然需要先将材料铣刨，然后将旧料风干后，再利用摊铺机或人工的方法重铺。

②现场热再生的优点在于：能保存集料的完好，保留沥青的组成及性能，可以全部利用旧料，而传统的工厂再生法只能利用 40% ~ 50% 旧料。新的设备能够产生更高质量的沥青，它和新的沥青混合料具有一样的生命周期，并且大大节省了开支。交通困扰大大降低，而且压实不久即可通车。

③施工工艺流程：

a. 铺层加热。将铺层加热到 140 ~ 170℃ 以软化沥青材料。加热软化过程由多组红外加热器完成，以丙烷气为燃料，将热能辐射给磨耗层。加热器组可迅速调整到与再生机的实际工作宽度相适应。由于各加热单元的燃气压力是可以独立调节的，所以热量的输出很容易调节到与周围环境温度、工作深度及材料的硬度相适应，以避免沥青的过度加热。

b. 磨耗层耙松。旋转式耙松器的轴上装有螺旋状排列的带碳化钨硬质合金刀尖的刀具，将面层耙松到所需的深度。通过调节按钮，耙松器可以无级伸缩以适应各种不同的行车道宽度。在耙松器后安装有整平刮板，用于精确地刮净耙松器下的材料，以便将其送入拌和锅。

c. 回收材料的拌和。混合料的配方取决于对现有铺层所取芯样的分析结果。新添加的材料可以是热混合料、级配集料、黏结剂或再生剂。新添加的材料与回收的材料在强制式搅拌锅内拌和形成新的磨耗层材料。外加材料由卡车运来并卸至再生机的接料斗，再经刮板输送器送入拌和锅。精确的配合比通过调节电子控制的刮板输送器速度与再生机的工作速度相匹配来实现。如果需要添加沥青黏结剂或再生剂，可以由再生机上的加热式黏结剂罐获得。新添加的黏结剂或再生剂通过一个可调节的泵喷洒在回收材料上。经充分拌和后，来自拌和锅的再生材料以料带的形式卸于布料螺旋和熨平板的前面。

d. 再生材料的摊铺。从拌和锅中卸出的再生材料落到加热后的刮平面上，布料螺旋左右两边的超声波传感器可自动控制沥青料的分布，然后由伸缩式且有自动找平系统控制的熨平板摊铺到规定轮廓。刮平面被单独加热以确保摊铺时再生层与下层之间"热对热"的牢固连接。刮平板具有振捣振实功能，能够对再生混合料进行预压实，最终压实由压路机完成。

3）厂拌冷再生

厂拌冷再生混合料主要用作基层或底基层。先将旧沥青混凝土路面材料运回稳定土搅拌厂，经过破碎作为稳定土集料，加入水泥或石灰、粉煤灰、乳化沥青等一种或多种稳定剂和新料（必要时）进行搅拌，然后铺筑于基层或底基层。这项技术不但未充分利用废弃材料中的旧沥青，而且旧沥青还在一定程度上影响混合料的抗压强度，但其生产过程几乎不需要专用设备就可实现。对于不能热再生回收的旧料（如改性沥青混合料、老化严重难以再生的混合料），可以有效解决旧料废弃和环境污染等问题，在国外被普遍采用，实践证明具有相当重要的应用价值。

4）厂拌热再生

厂拌热再生技术先将旧沥青混凝土路面铣刨后运回工厂，通过破碎、筛分（必要时），并根据旧料中沥青含量、沥青老化程度、碎石级配等指标，掺入一定数量的新集料、沥青和再生剂（必要时）进行拌和，使混合料达到规范规定的各项指标，按照与新建沥青混凝土路面完全相同的方法重新铺筑。国外多年的实践证明，厂拌再生沥青混合料路面能够达到并保持所要求的各项路用性能指标，并且具有更好的抗车辙性能。这种再生方式属于结构性再生，能有效地用于各种条件下旧沥青混凝土路面的再生利用。

厂拌热再生技术的关键是旧沥青混合料的加热问题。目前，现场热拌再生技术是利用红外线加热装置将路面表面以下一定深度范围内的沥青混合料加热到一定温度，使混合料达到可塑状态；厂拌热再生技术主要是通过提高新集料的温度，然后在间歇式拌和仓内将旧料充分混合，从而提升旧料的温度。

3. 常用的沥青再生设备

1）现场冷再生设备

该设备主要由沥青路面铣刨装置、乳化沥青喷洒装置及行走系统和控制系统等组成。其工作过程为：随着设备的行走，铣刨装置将旧路面铣削并破碎，喷洒装置按照配比的要求喷入乳化沥青，同时铣刨装置将各种材料搅拌均匀并整平，最后用压路机压实路面成形。工艺流程见图4-7。

对于低等级公路特别是乡村公路，这种路面就是最终路面；对于高等级公路这种路面可作为高等级公路的某层。这种设备的生产企业国内有西安筑路机械有限公司、美国的 CMI 公司、德国的 WIRTGEN 公司。

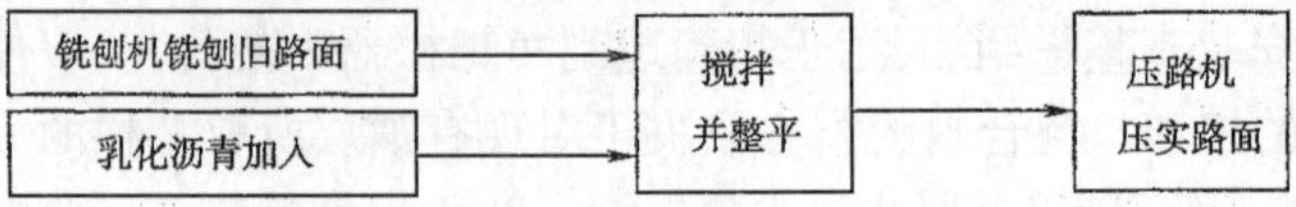

图 4-7　现场冷再生施工工艺流程图

2)现场热再生设备

就地热再生设备又称为“就地再生列车”,它主要由红外线加热器或柴油预热器、沥青路面铣刨机、强制双卧轴连续式搅拌器、沥青混合料摊铺机、沥青罐、集料仓、新沥青混合料接料斗、牵引头及行走系统和控制系统等组成。其工作过程为:先用红外线加热器或柴油顶热器给沥青路面加热,使之软化,再用沥青路面铣刨机将加热后的沥青路面铣刨,然后收集到强制双卧轴连续式搅拌器中,再添加新集料和新沥青(用于底面层)或再添加新的沥青混合料和新沥青(用于面层),经搅拌后输送到沥青混合料摊铺机中进行摊铺、振捣、熨平,最后用压路机压实路面成形,工艺流程见图 4-8。现能生产这种设备的主要是国外公司。

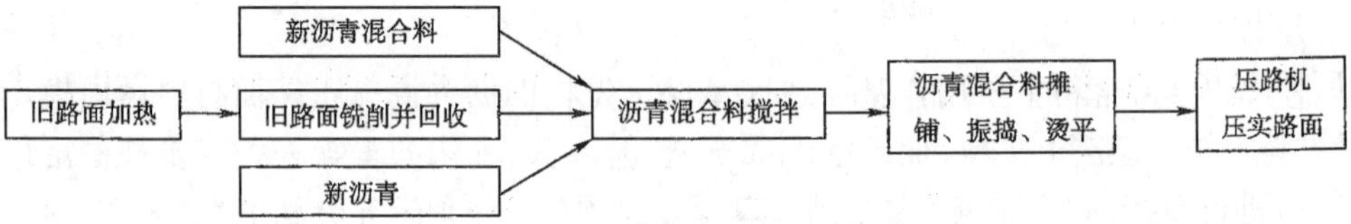

图 4-8　现场热再生施工工艺流程图

3)场拌冷再生设备

所谓场拌冷再生设备,是指回收料的加热是在搅拌器内完成的,该套设备与强制间歇式沥青混合料搅拌设备配套使用。它主要由回收料供给系统、提升系统、皮带秤称量系统、有害气体吸收管道及控制系统等组成。根据搅拌设备和搅拌工艺的要求,当需要添加回收料时,整个再生设备全部运转,供给装置供料,提升装置提升,皮带秤称量,然后加入搅拌器内。当达到需要数量时,整个再生设备全部停止运转,一个搅拌周期完成。气体吸收管道是为了吸收冷再生料在搅拌器内与热沥青混合料结合时产生的有害气体。如果回收料成大块状,还可以配备块状挤压设备,它可在不破坏集料外形尺寸的情况下,将大块状的回收料挤压成小块状。工艺流程见图 4-9。

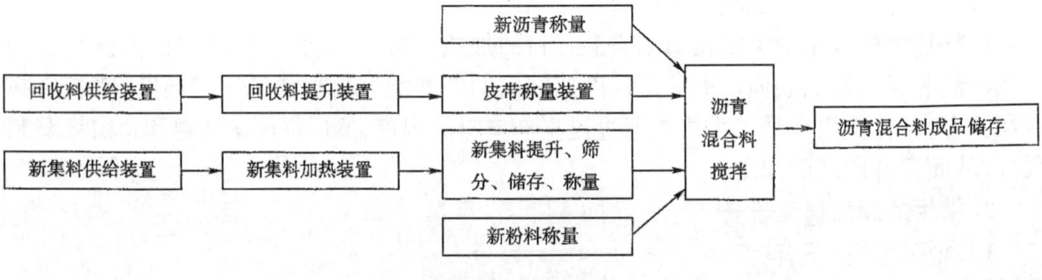

图 4-9　场拌冷再生施工工艺流程图

这种场拌冷再生设备最多可加入 25% 的回收生料。西安筑路机械有限公司与德国边宁荷夫公司合作生产 H 系列节能环保型沥青混合料搅拌设备可配备此场拌冷再生设备。

4)场拌热再生设备

所谓场拌热再生设备,是指回收料的加热在专门的干燥筒内完成,该设备也与强制间歇式沥青混合料搅拌设备配套使用。它主要由回收料供给系统、提供系统、干燥系统、热回收料储存仓、热回收料称量斗、有害气体吸收管道及控制系统等组成。该设备的工作过程为:沥青混合料搅拌设备开始工作时,回收料供给系统开始供料,提升系统开始提料,干燥系统开始加热回收料,加热后的回收料进入热回收料储存仓储存。当需要添加回收料时,热回收料储存仓的放料门打开,热回收料进入称量斗称量。当达到所需要的数量时,热回收料储存仓的放料门关闭,热回收料称量斗的放料门打开,向搅拌器内放料,一个搅拌周期完成。气体吸收管道安装在热回收料储存仓的顶部,以吸收在热回收料储存仓中加热后的热回收料所排出的有害气体。和场拌冷再生设备一样,如果回收料成大块状,还可以配备块状挤压设备,可在不破坏集料外形尺寸的情况下,将大块状的回收料挤压成小块状。工艺流程见图 4-10。

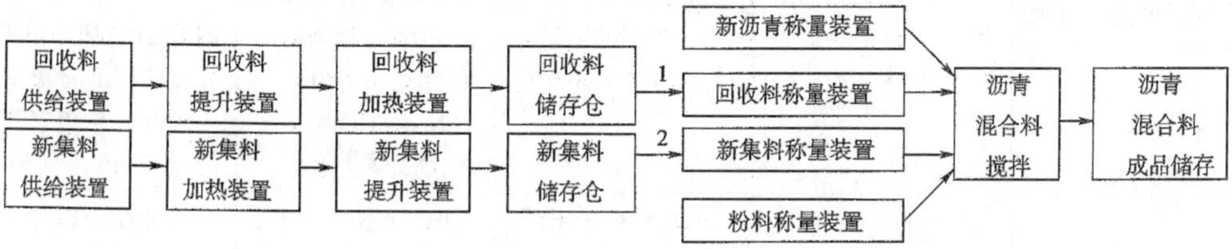

图 4-10　场拌热再生施工工艺流程图

此种场拌热再生设备最多可加入 70% 的冷回收料。西安筑路机械有限公司与德国边宁荷夫公司合作生产 H 系列节能环保型沥青混合料搅拌设备可配备此场拌热再生设备。

5)对各种沥青混合料再生搅拌设备的评价

对各种沥青混合料再生搅拌设备的评价见表 4-12。

6)适合我国国情的沥青再生设备

上面介绍了 4 种沥青再生没备,实际上国外目前出现的沥青再生设备远不止这几种。但上述 4 种较适合我国国情,其中最适合目前情况的是场拌冷再生设备和场拌热再生设备,因为目前我国的石料生产现状仅适用于强制间歇式沥青混合料搅拌设备。

场拌冷再生设备相对较简单,费用也较低,它比传统的结构要适用得多。传统结构是通过主机的热料提升机提升回收料,不经过振动筛直接进入一个专门的热料仓里,并与主机合用一个集料称量斗称量。这种结构必然造成提升回收料时,新集料的提升停止,从而造成设备中止生产。在回收料经过筛分的情况下,皮带秤连续的计量与称量斗的间歇式计量是没有什么区别的,并且场拌冷再生设备增加了有害气体吸收管道,减少了对人体的危害。

场拌热再生设备相对较复杂,费用也较高,但它除了具有场拌冷再生设备的所有优点外,还有一套专门为加热回收料而设计的干燥筒和燃烧器,保证被加热回收料中的沥青不老化,并配有专门的热回收料储存仓和称量斗,使回收料的添加比例最多可达到 70%。在使用场拌热再生设备时,一定要注意回收料沥青中焦油的含量,因为该套设备虽然带有防沥青中焦油燃烧装置,但如果回收料沥青中焦油的含量太高,还是会造成火灾的。回收料沥青中焦油含量的控制量,需与设备的生产厂家联系。

对于再生材料的使用,最为令人关注的是混合料的级配和沥青的老化问题,即使用了再生材料,混合料的级配和沥青的性能不能因此而受到影响。前面介绍 4 种再生设备,都不会使沥青老化,但要确保混合料的级配,均要做一定的工作。对回收材料,无论是在加热前还是在加热后均不能用振动筛筛分，所以，必须事先对回收材料进行化验。对就地冷再生设备和就地热再生设备，只能在旧路面还没有开挖前进行化验，但当沥青路面铣刨机铣刨路面时，有可能造成集料的破碎而影响再生料级配。厂拌冷再生设备和厂拌热再生设备可以在回收料加入冷料斗前进行化验，以确定新集料的级配及新集料和新沥青的加入量，从而保证混合料的级配。

各种沥青混合料再生搅拌设备评价表

表 4-12

评价项目	间歇式沥青搅拌设备	普通连续式沥青搅拌设备	三套筒连续式沥青搅拌设备	双滚筒连续式沥青搅拌设备
旧沥青混合料加热方式	利用热的集料间接加热 缺点：可利用的热量少，处理旧料能力有限（10%～20%）	在筒内加热 优点：可利用燃气对流热量，加热量较大，可处理的旧沥青较多（20%～30%）	在夹套筒内加热 优点：可利用燃烧室壁的辐射热，加热量更大，可处理的旧沥青更多（30%～40%），与燃气不接触，沥青不会老化	在内外筒的强制搅拌区加热 优点：可利用燃烧室壁的辐射热，加热量更大，可处理的旧沥青更多（40%～50%）；与燃气不接触，沥青不会老化
旧沥青混合料计量方式	第一种：旧料经过筛分，与新集料混合后同时称量。旧沥青被加热后使料流不畅，影响计算精确度 第二种：旧料不经过筛分，独立称量，计算精确度较好	旧料在冷态计算，计量精确度高	旧料在冷态计量，计量精确度高	旧料在冷态计量，计量精确度高
搅拌方式	间歇强制式搅拌 缺点：搅拌时间短，搅拌筒不加热，新旧料混合不良，旧沥青未能与新沥青及再生剂充分混合旧沥青再生程度差	连续自落式搅拌 优点：搅拌时间长，搅拌筒加热，新旧料混合较好，旧沥青与新沥青及再生剂的混合也较好，旧沥青再生程度较好 缺点：自落式搅拌效果较差	连续自落式搅拌 优点：搅拌时间更长，搅拌筒加热，新旧料混合最好，旧沥青与新沥青及再生剂的混合好，旧沥青再生程度好 缺点：自落式搅拌效果较差	连续强制式搅拌 优点：搅拌时间最长，搅拌筒加热，新旧料混合最好，旧沥青与新沥青及再生剂的混合最好，旧沥青再生程度最好，强制式搅拌效果最好

•第四节　水泥路面的养护•

一、路面的日常养护

水泥混凝土路面日常养护应做好预防性、经常性养护，通过经常的巡视检查，及早发现缺陷，查清原因，采取适当措施，清除障碍物，保持路面状况良好。

水泥混凝土路面必须经常清扫，保持路容整洁，清除路面泥土污物。如有小石块应随时扫除，以免车辆碾压而破坏路面表面。冬季应及时清除冰雪。路肩与路面衔接应保持平顺，以利排水，有条件时宜将其加固改善成硬路肩。

(1)水泥混凝土路面必须经常清除泥土、石块、砂砾等杂物，严禁在路面上拌和砂浆或混凝土等作业。

(2)对有化学制剂或油污污染的水泥混凝土路面应及时清洗。

(3)水泥混凝土路面缘石缺失应及时补齐。

(4)接缝的养护应符合下列要求：

①填缝料凸出板面时应及时处理，对城镇快速路、主干路不得超出板面，对次干路和支路超过3mm时应铲平；

②杂物嵌入接缝时应予清除；

③填缝料外溢流淌到面板应予清除；

④填缝料的更换周期宜为2～3年；

⑤填缝料局部脱落时应进行灌缝填补；脱落缺失大于1/3缝长应立即进行整条接缝的更换；

⑥清缝、灌缝宜使用专用机具，更换后的填缝料应与面板黏结牢固；

⑦填缝料技术要求应符合规范的规定；

⑧填缝料的更换宜选在春秋两季，或在当地年气温居中且较干燥的季节进行。

二、水泥混凝土混合料常见问题

1. 混凝土和易性不好

1)现象

(1)混合料胶凝材料过少，松散，黏结性差，结构物表面粗糙。

(2)混合料胶凝材料过多，黏聚力大、容易成团，流动性差，浇筑比较困难。

(3)混合料中水泥砂浆量过少，石子间空隙充填不良混凝土不密实。

(4)混合料在运输、浇筑过程中，产生离析分层，表面泌水严重。

2)原因分析

(1)水泥用量选用不当。当水泥用量过少时，水泥浆量不足，混合料松散；当水泥用量过多时，水泥浆量富裕太多，易成团，难浇筑。

(2)砂率选择不当。砂率过大，混合料黏聚性不够，过小则不易振捣密实。

(3)水灰比选择不当。混合料在运输过程中出现离析，均匀度难以保证，出现分层离析。

(4)水泥品种选择不当。选择玻璃体含量大的水泥，如矿渣水泥，粉煤灰水泥，较易造成泌水、离析。

(5)混合料配合比不准，计量不精确，搅拌时间不足，管理不严格都会对混合料的均匀性和易性产生直接的影响。

3)预防措施

(1)正确进行路面混凝土的配合比设计与试验，严格按《水泥路面施工及验收规范》要求执行。水泥用量不应小于300kg/m^3，在保证设计强度要求前提下，单位水泥用量不宜过大。

(2)混凝土的水灰比及坍落度应根据道路的性质、使用要求及施工条件来合理选用。

(3)混合料砂率对与保证路面混凝土的和易性十分重要,应合理的选用。

(4)为改善混凝土和易性必要时可掺减水剂,为延长作业时间可掺缓凝剂,但使用之前必须经过试验,符合要求后方可使用。

(5)严格计量装置的标定与使用,加强原材料和混合料的质量检测与控制,保证混合料配比准,和易性良好。

(6)混凝土和易性不好会影响路面工程质量及耐久性,不能应用于原等级路面工程,但可降级使用。

2. 外加剂使用不当

1)现象

(1)混凝土浇筑后较长时间内不能凝结硬化。

(2)混凝土浇筑后表面鼓包或在暑季较早出现收缩裂缝。

(3)混凝土坍落度损失快,商品混凝土运至工地出现倾料不畅;普通混合料浇筑时,难以振捣密实。

2)原因分析

(1)缓凝型减水剂掺量过多。

(2)外加剂以干粉状掺入,其中未碾成粉的粒状颗粒遇水膨胀,使混凝土表面起鼓包。

(3)夏季缓凝减水剂选择不当,缓凝时间不够,过快结硬,或由于缩缝锯缝不及时,导致过早出现收缩裂缝。

(4)外加剂选择不当或混合料运输时间过长,造成坍落度严重损失。

3)预防措施

(1)应熟悉各类外加剂的品种与使用性能。在使用前必须结合工程的特点与施工工艺进行试验,确定合适的配比,符合要求后方可使用。目前市场上外加剂品种繁多,有普通减水剂及高效减水剂,缓凝剂及缓凝减水剂,早强剂及早强减水剂等,其性能各有区别,使用场合不一,应严格按产品说明书要求使用。

(2)不同品种不同用途的外加剂应分别堆放,专职保管。

(3)粉状外加剂要保持干燥状态,防止受潮结块。已结块的粉状外加剂应烘干、碾碎,过0.6mm筛后使用。

(4)选择离施工现场较近的拌站,以缩短运输时间减少坍落度损失。

4)治理方法

(1)缓凝减水剂掺量过多,造成混凝土长时间不凝结,则可延长养护时间,视后期强度达到设计要求时方可使用。

(2)因缓凝时间不够,致使混凝土过快而产生收缩裂缝时,应采用适当的措施予以修补;"鼓包"部分应在凿除后再修补。

(3)坍落度损失已超过标准的,则应退货。

3. 抗折强度低

1)现象

不同期间抽样测得的混凝土抗折强度波动大,合格判断强度不符合要求。合格判断强度应大于或等于设计强度与均方差同合格判断系数之积的和。强度离散越大,均匀性越差,要求的合格强度越高。

2）原因分析

（1）混凝土原材料不符合要求。水泥过期或受潮结块；砂、石集料，级配不好，空隙率大，含泥量、杂质多；外加剂种类选择不当或外加剂质量差，或掺量不当。

（2）混凝土配合比不准确，或者没有按抗折强度指标确定配合比。在混合料制备过程中，没有认真计量，没有严格控制配比、用水量与搅拌时间，影响了混合料的强度与均匀性。

（3）混凝土试件没有按规定取样与养护。如随意取样或多加水泥；试件没有震捣密实；试件养护温度与湿度不标准，随意堆置等，均会影响试块强度的均匀性与代表性。

3）预防措施

（1）确保混凝土原材料质量：

①水泥进场必须有质量证明文件，并按规定取样检验，合格后方可使用。

②加强对水泥的储存保管。水泥堆放时，下面要垫高30cm，四周离墙30cm以上，以防受潮。不同品种、版号、标号、出厂日期的水泥分别堆放，分别使用，先到先用，存放期不应超过3个月。散装水泥应置于水泥筒仓内。

③砂、石堆放场地要进行清理，防止杂物混入，各种粒径的砂石，不得混放，应隔离堆放。批量达规定量时，应及时交试验室检验。

④外加剂的保管工作也应与水泥一样，特别是干粉状外加剂，应避免受潮。

（2）严格控制混凝土配合比：

①现场来料应及时交于试验室，通过试验来确定或调正现场施工配合比，确保其正确、可靠。

②严格按配合比计量施工，当集料含水率变化时，应根据实际情况，及时调整配合比。在规定计量偏差内称量。

（3）拌制混凝土时，要严格遵守操作规程，加强质量监督与日常抽检，保证混合料强度的稳定性和均匀性。

（4）应按《水泥混凝土路面施工及验收规范》中取样频率以及《普通混凝土力学性能试验方法》中的有关规定进行试验。

（5）如混凝土强度不符合要求，应进行调查研究，查明原因，采取必要措施进行处理。

4. 混合料色差大

1）现象

（1）硬化后混凝土路面颜色深浅不一。

（2）每盘出料的混合料颜色呈“花样”。

2）原因分析

（1）采用了不同品牌的水泥，而水泥的颜色有差异，造成混合料色差。

（2）搅拌时间不足，没有达到规定的最短拌料时间，造成混合料颜色不均匀。

3）防治措施

（1）根据配合比与阶段工程量，确定阶段进料量，选择水泥品质稳定、产量较大的供货单位。

（2）应根据拌和机的种类、容量以及混合料的情况，保证适当的搅拌时间，使混凝土混合料质量均匀稳定，色泽均一。

三、水泥混凝土路面常见病害分析

1. 龟裂

1）现象

混凝土路面表面产生网状、浅而细的发丝裂缝，呈小的六角形花纹，深度5～10mm，如图4-11所示。

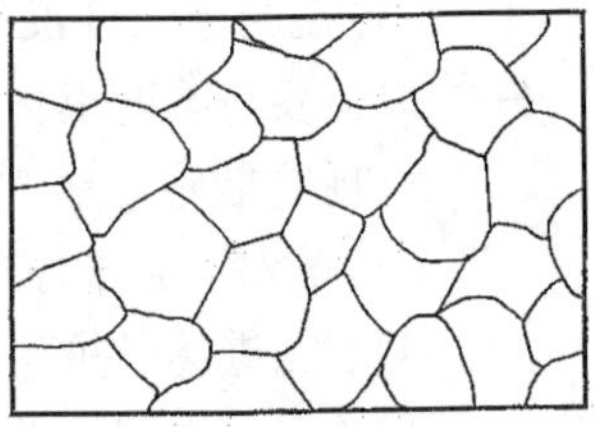

图4-11 龟裂

2）原因分析

（1）混凝土浇筑后，表面没有及时覆盖，在炎热或大风天气，表面游离水分蒸发过快，体积急剧的收缩，导致开裂。

（2）混凝土在拌制时水灰比过大；模板与垫层过于干燥，吸水大。

（3）混凝土配合比不合理，水泥用量砂率过大。

（4）混凝土表面过度振荡或抹平，使水泥和细骨料过多上浮至表面，导致缩裂。

3）预防措施

（1）混凝土路面浇筑后，及时用潮湿材料覆盖，认真浇水养护，防止强风和暴晒。在炎热季节，必要时应搭棚施工。

（2）配制混凝土时，应严格控制水灰比和水泥用量，选择合适的粗集料级配和砂率。

（3）在浇筑混凝土路面时，将基层和模板浇水湿透，避免吸收混凝土中的水分。

（4）干硬性混凝土采用平板振捣器时，防止过度振荡，使砂浆集聚表面。砂浆层厚度应控制在2～5mm范围内。抹平时不必过度抹平。

4）治理方法

（1）如混凝土在初凝前出现龟裂，可采用镘刀反复压抹或重新振捣的方法来消除，再加强湿润覆盖养护。

（2）一般对结构强度无甚影响，可不于处理。

（3）必要时应用注浆进行表面涂层处理，封闭裂缝。

2. 横向裂缝

1）现象

沿着与道路中线大致相垂直的方向产生裂缝，这类裂缝，往往在行车与温度的作用下，逐渐扩展，最终贯穿板厚。

2）原因分析

（1）混凝土路面锯缝不及时，由于温缩和干缩发生断裂。混凝土连续浇筑长度越长，浇筑时气温越高，基层表面越粗糙越易断裂。

（2）切缝深度过浅，由于横断面没有明显削弱，应力没有释放，因而在临近缩缝处产生新的收缩缝。

（3）混凝土路面基础发生不均匀沉陷（如穿越河浜、沟槽，拓宽路段处），导致板底脱空而断裂。

（4）混凝土路面板厚度与强度不足，在荷载和温度应力作用下产生强度裂缝。

3）预防措施

（1）严格掌握混凝土路面的切割时间，一般在抗压强度达到10MPa左右即可切割，以边口切割整齐、无碎裂为度，尽可能及早进行。尤其是夏天，昼夜温差大，更需注意。

（2）当连续浇捣长度很长，锯缝设备不足时，可在1/2长度处先锯，之后再分段锯；在条件比较困难时，可间隔几十米设一条压缝，以减少收缩应力的积聚。

（3）保证基础稳定、无沉陷。在沟槽、河浜回填处必须按规范要求，做到密实、均匀。

（4）混凝土路面的结构组合与厚度设计应满足交通需要，特别是重车、超重车的路段。

4）治理方法

（1）当板块裂缝较大，咬合能力严重削弱时，则应局部反挖修补。先沿裂缝两侧一定范围画出标线，最小宽度不宜小于1m，标线应与中线垂直，然后沿缝锯齐，凿去标线间的混凝土，浇捣新混凝土。

（2）整个板块翻挖后重新铺筑新的混凝土板块。

（3）用聚合物灌浆法封缝或沿裂缝开槽嵌入弹性或刚性粘合修补材料，起封缝防水的作用，有一定的效果。

3. 纵向裂缝

1）现象

顺道路中心方向出现的裂缝。这种裂缝一旦出现，经过一段营运时间后，往往会变成贯穿裂缝。

2）原因分析

（1）路基发生不均匀沉陷，如纵向沟槽下沉，路基拓宽部分沉陷、河浜回填沉陷、路堤一侧降水、排管等导致路面基础下沉，板块脱空而产生裂缝。

（2）由于基础不稳定，在行车荷载与水温的作用下，产生塑性变形或者由于基层材料安定性不好（如钢渣结构层），产生膨胀，导致各种形式的开裂。纵缝亦是一种可能的形式。

（3）混凝土板厚度与基础强度不足产生荷载型裂缝。

3）预防措施

（1）对于填方路基，应分层填筑、碾压，保证均匀、密实。

（2）在新旧路基界面处应设置台阶或格栅，防止相对滑移。

（3）河浜地段，淤泥务必彻底清除；沟槽地段，应采取措施保证回填材料有良好的水稳性和压实度，以减少沉降。

（4）在上述地段应采用半刚性基层，并适当增加基层厚度（≥50cm）。在拓宽路段应加强土基，使其具有略高于旧路的结构强度，并尽可能保证有一定厚度的基层能全幅铺筑。在容易发生沉陷地段混凝土路面板应铺设钢筋网或改用沥青路面。

（5）混凝土板厚度与基层结构应按现行规范设计，以保证应有的强度和使用寿命。基层必须稳定，宜优先采用水泥、石灰稳定类基层。

4）处理方法

（1）出现裂缝后，必须查明原因，采取对策。

（2）如属于土基沉陷等原因引起的，则宜先从稳定土基着手或者等待自然稳定后，再着手修复。在过渡期可采取一些临时措施，如封缝防水；严重影响交通的板块，挖除后可用沥青混合料修复等。

(3)裂缝的修复,采用一般性的扩缝嵌填或浇注专用修补剂有一定效果,但耐久性不易保证。采用扩缝加筋的办法进行修补,具有较好的增强效果。

(4)翻挖重铺是一个常用的有效措施,但基层必须稳定可靠,否则必须从加强、稳定基层着手。

4. 角隅断裂

1)现象

混凝土路面板角处,沿与角隅等分线大致相垂直方向产生断裂,在胀缝处特别容易发生。块角到裂缝两端距离小于横边长的一半。

2)原因分析

(1)角隅处于纵横缝交叉处容易产生唧泥,形成脱空,导致角隅应力增大,产生断裂。

(2)基础在行车荷载与水的综合作用下,逐步产生塑性变形累积,使角隅应力逐渐递增,导致断裂。

(3)胀缝往往是位于端模板处,拆模时容易损伤;而在下一相邻板浇捣时,由于已浇板块强度有限,极易受伤,造成隐患,故此处角隅较易断裂。

3)预防措施

(1)选用合适的填料,减少或防止接缝渗水。重视经常性的接缝养护,使接缝处于良好防水状态。

(2)采用抗冲刷、水稳性好的材料,如水泥稳定料作基层,以减少冲刷与塑性变形。

(3)混凝土路面拆模与浇捣时要防止角隅损伤并注意充分捣实。

(4)胀缝处角隅应采用角隅钢筋补强。

4)治理方法

若裂缝较小,可采用灌浆法封闭裂缝,继续使用;若板角松动,则可以沿裂缝锯齐凿去板块后,采用具有良好黏结性能的混凝土进行修补。

5. 检查井周围裂缝

1)现象

在检查井或收水井周边转角处呈现放射线裂缝,或在检查井周边呈现纵、横向裂缝。

2)原因分析

(1)水泥混凝土路面板中设置检查井或收水井,使混凝土板纵横截面积减小,同时,板中孔穴的存在,造成应力集中,大大增加了井周边特别是转角处的温度和荷载应力。

(2)井体在使用过程中,由于基础和回填土的沉降使板体产生附加应力。

(3)在井周边的混凝土板所受的综合疲劳应力大于混凝土路面设计抗折强度而产生裂纹。

3)预防措施

(1)合理布置检查井的位置,如将其骑在横缝上;当检查井离板纵、横小于1m时,将窨井上的板块放大至板边,这样布置有助于缓解裂缝的形成。

(2)井基础和结构要加固,回填土要密实稳定,使井及周边不易沉降,减少附加应力。

(3)井周围的混凝土板块用钢筋加固或用抗裂性优良的钢纤维混凝土替代,以抑制混凝土裂缝发生或控制裂缝的宽度。

4)治理方法

(1)如裂缝缝宽小,仍能传递荷载,可不维修。

(2)如裂缝较宽,咬合力削弱较大,则可采用黏结法,即沿裂缝全深度扩缝,选择适用灌浆材料进行填充缝修补,使板体恢复整体功能。

(3)如属于严重裂缝,则可采用翻修法,即将部分或整块检查井周围混凝土板全部凿除,必要时对基层进行处理后,重新浇筑新的混凝土。

6. 露石

1)现象

露石又称露骨,是指混凝土路面在行车作用下水泥砂浆磨损或剥落后石子裸露的现象。

2)原因分析

(1)由于施工时混合料坍落度小,夏季施工时失水快,或掺入早强剂不当,在平板震荡后,混凝土就开始凝结,以至待辊筒滚压和收水时,石子已压不下去,抹平后,石子外露表面。

(2)水泥混凝土的水灰比过大或水泥的耐磨性差,用量不足使混凝土表面砂浆层的强度和磨耗性差,在行车作用下很快磨损或剥落,形成露石。

3)防治措施

(1)严格控制混凝土的水灰比和施工坍落度;合理使用外加剂,使用前应进行试验;组织好混合料的供应和施工,防止坍落度损失过快。夏季施工时,现场要设遮阳棚。

(2)按规范要求,选择好水泥、砂等原材料,根据使用要求及施工工艺,确定合理配比,掌握好用水量。

(3)应用黏结性良好的结合料,如聚合物水泥砂浆或新加坡 RP 道路修补剂对水泥混凝土路面露骨部分进行罩面修补。

7. 蜂窝

1)现象

混凝土板体侧面存在明显的孔穴,大小不一,状如蜂窝。

2)原因分析

(1)施工振捣不足,甚至漏振,使混凝土颗粒间的空隙未能被砂浆填满。特别是在模板处,颗粒移动阻力大,更易出现蜂窝。

(2)模板漏浆造成侧面蜂窝。

3)防治措施

(1)严格控制混合料坍落度,并配以相应的捣实设备,保证有效的捣实。

(2)沿模板边的混凝土灌实,先用插入式振捣器仔细振捣,不得漏振,最后,再用平板式振捣器(路用商品混凝土可不用)振实。

(3)模板要有足够的刚度和稳定性,不得有空隙,如发现模板有空时,应予堵塞,防止漏浆。

(4)模板拆除后,及时修补。为了使色泽统一,可用道路混凝土除去石子后的砂浆进行修补。

8. 胀缝不贯通

1)现象

混凝土路面胀缝在厚度和水平方向不贯通。

2)原因分析

(1)浇捣前仓混凝土时胀缝处封头板底部漏浆,拆除填充头板时又没有将漏浆清除,造成前后仓混凝土联结。

(2)接缝板尺寸不足,两侧不能紧靠边模板;胀缝处上下接缝板,在施工过程中发生相对移位,致使在浇捣后一仓混凝土时大量砂浆挤进,使前后仓混凝土联结。

(3)当胀缝采用切缝时,切缝深度不足,没有切到接缝板顶面,造成混凝土联结。

3)防治措施

(1)封头板要与侧面模板、底面基层接触紧密,要有足够的刚度和稳定性,在浇捣混凝土时不得有走动和漏浆现象。

(2)在浇捣后一仓混凝土前,应将胀缝处清理干净,确保基层平整,接缝板摆放时要贴紧模板和基层,不得有空隙,以免漏浆。

(3)锯缝后应检查是否露出嵌缝板,否则继续锯直至露出嵌缝板为止。

(4)接缝板质量应符合设计规范要求

(5)发现胀缝不贯通,由人工整理顺通,并做好回填与封缝。

接缝板的技术要求见表4-13。

接缝板的技术要求 表4-13

试验项目	接缝板种类			备注
	木材类	塑料泡沫类	纤维类	
压缩应力(MPa)	5.0~20.0	0.2~0.6	2.0~10.0	
复原率(%)	>55	>90	>65	吸水后不应小于不吸水的90%
挤出量(mm)	<5.5	<5.0	<4.0	
弯曲荷载(N)	100~400	0~50	5~40	

9. 摩擦系数不足

1)现象

水泥混凝土路面光滑,摩擦系数低于设计标准或养护要求。

2)原因分析

(1)水泥混凝土路面水泥砂浆层较厚,而砂浆中的砂偏细,质地偏软易磨,致使光滑;

(2)混凝土坍落度及水泥用量大,经震荡后,路表汇集砂浆过多,经行车碾磨后,形成光滑面。

(3)路面施工时,抹面过光,又未采取拉毛措施。

(4)路面使用时间较长,由于自然磨损而磨光。

3)预防措施

(1)严格按规范要求控制现拌或路用商品混凝土的水灰比与坍落度及水泥、黄沙等原材料质量。

(2)在混凝土路面施工过程中应采取拉毛、刻槽等防滑措施。

(3)如采用裸骨法施工防滑路面,则对石料的磨光值应有严格要求,如PVS≥42。

4)治理方法

(1)用表面刻槽来提高路面的摩擦系数。刻槽可为3mm宽、4mm深的窄缝、间距30~55mm,效果比较显著。

(2)在磨光的表面用各种类型道路修补剂的罩面,同时采取相应防滑措施。重要的是保证上下面良好黏结。

(3)铺设沥青罩面层,是一项比较可行、有效的措施,但需要有一定厚度,以保证层间良好黏结。沥青面层上的反射裂缝是尚待解决的问题。

10. 传力杆失效

1)现象

胀缝或缩缝处传力杆不能正常传递荷载而在接缝一侧板上产生裂缝或碎裂。胀缝处传力杆失效最为普遍,较为严重。

2)原因分析

(1)混凝土路面施工过程中,传力杆垂直于水平向位置不准,或振捣时发生移动;传力杆滑动端与混凝土黏结,不能自由伸缩;对胀缝传力杆端部未加套子留足空隙。这些病害都使混凝土板的伸缩受阻,导致接缝一侧板被挤碎、拉裂,传力杆不能正常传递荷载。

(2)胀缝被砂浆或其他嵌入物堵塞,造成胀缝胀裂,使传力杆失效。

3)防治措施

(1)胀缝处滑动传力杆应采用支架固定,见图4-12。传力杆穿过封头板上预设的孔洞,两端用支架固定。先浇传力杆下部混凝土,放上传力杆,正确固定后,再浇上部混凝土。传力杆水平,垂直方向误差应不大于3mm。浇捣时要检查传力杆是否移动,发现问题及时纠正。拆除封头板后,如传力杆有偏差,应采用人工整理顺直。

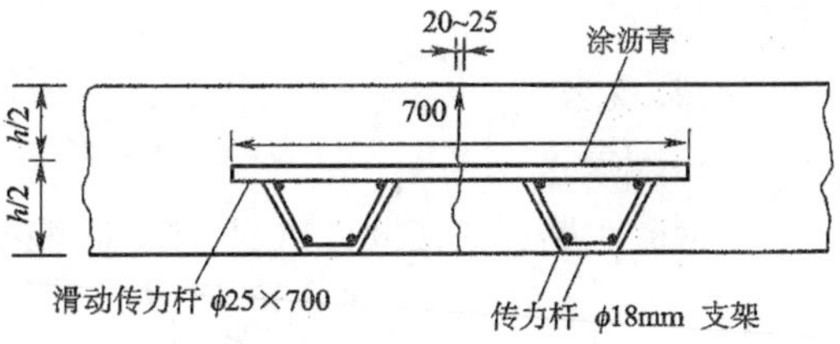

图4-12　胀缝传力杆支架

(2)传力杆必须涂刷沥青,防止黏结;胀缝传力杆在滑动端必须设10cm长的小套管,留足3cm空隙。严防套管破损,砂浆流入,堵塞空隙。

(3)防止施工及使用过程中,胀缝被砂浆石子堵塞。

(4)如接缝处混凝土已破碎,可以首先凿除破碎混凝土,然后重新设置或校正传力杆,再浇筑混凝土。

11. 错台

1)现象

在混凝土路面接缝或裂缝处,两边的路面存在台阶,车辆通过时发生跳车,影响行车舒适性和安全性。这种现象发生在通车一定时期以后。

2)原因分析

(1)雨水沿接缝或裂缝渗入基层,使基层冲刷,形成很多粉细料。在行车荷载作用下,发生唧泥，同时相邻板块之间产生抽吸作用，使细料向后方板移动、堆集、造成前板低，后板高的错台现象见(图4-13)。

(2)基础不均匀沉降，使相邻板块或断裂块产生相应的沉降，导致缝的两侧形成台阶。

(3)基层抗冲刷能力差；基层表面采用砂或石屑等松散细集料作整平层。

3)预防措施

(1)填缝材料质量应符合要求以减少渗水和冲刷。

(2)基层应采用耐冲刷材料如水泥稳定粒料，基层表面应平整、坚实，不得用松散细集料整平。

(3)路面结构设计时，应增设结构层内部排水系统，减少水的侵蚀。采用硬路肩，防止细料从路肩渗入缝内，减少细料的移动、堆集。

(4)易产生不均匀沉降地段，应进行加固，并宜采用较厚的半刚性基层(如50cm以上)和钢筋混凝土板。

4)治理方法

(1)错台高差为0.5~1cm时，采用切削法修补。使用带扁头的风镐，均匀地将高处凿下去并与邻板齐平。

(2)当错台高低落差大于1.0cm时，采用凿低补平罩面法修补。将低下去的一侧水泥板凿去1~2cm，使用具有良好黏结力的混凝土材料罩平。修补长度按错台高度除以1.0%坡度计算。

(3)如错台引起碎裂，则应锯切1m以上宽度，同时安设传力杆或校正传力杆位置，重浇混凝土板块。

12. 拱胀

1)现象

混凝土路面在接缝处拱起，严重时混凝土发生碎裂，见图4-14。

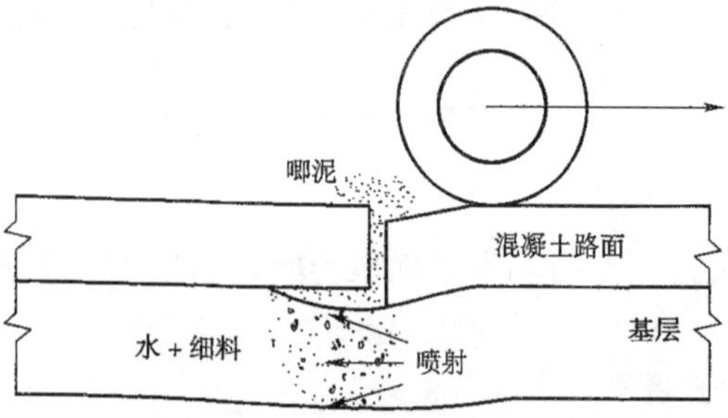

图4-13　混凝土路面错台

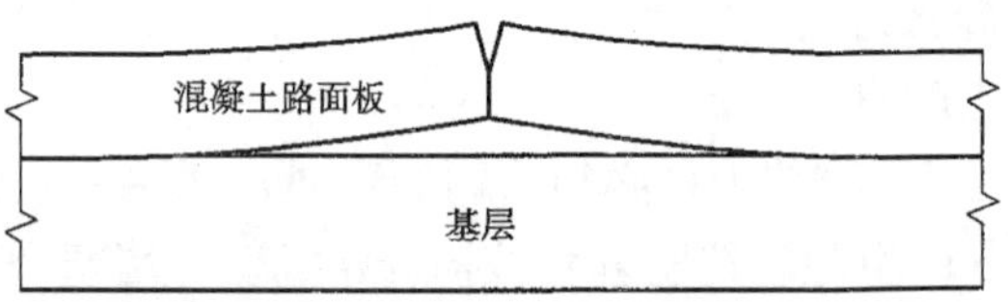

图4-14　混凝土路面拱胀

2)原因分析

(1)胀缝被砂、石、杂物堵塞，使板伸胀受阻。

(2)胀缝设置的传力杆水平、垂直向偏差大，使板伸胀受阻。

(3)长胀缝混凝土板在小弯道、陡坡处以及厚度较薄时，易发生纵向的失稳，引起拱胀。

(4)长胀缝拱胀的发生同施工季节、连续铺筑长度、基层与面板之间的摩阻力等因素有关。在旧的沥青路面上铺筑混凝土板较易拱胀。

(5)由于基层中存在生石灰及不稳定的废渣(如钢渣),亦会导致路面拱胀,但这种拱胀不一定在接缝处。

3)预防措施

(1)填缝料应符合规范要求,严格操作规程,使异物不易嵌入,保证应有的胀缝间隙。

(2)传力杆设置要正确定位,水平、垂直方向偏差应不大于3mm,并防止施工过程中的移动。传力杆滑动部分必须按要求操作,防止水泥浆浸入和粘连,传力杆端部要有足够空隙,以利热胀。

(3)胀缝的设置长度要根据规范规定与当地的实践经验,并考虑气象条件、施工季节、板厚、基层以及平面、纵断面情况综合论定。

4)治理方法

(1)一旦出现拱胀,立即锯切拱起部分,宽度约1m,全深度切割、挖除。重新铺设等厚度、同标号钢筋混凝土板。由于通常发生在夏季,故板间适当留有缝隙即可。

(2)如基层不稳定而产生拱起,则根据情况,可以置换基层或消除不稳定材料后,再用等强度等厚度混凝土捣实整平。

13. 脱空与唧泥

1)现象

在车辆荷载作用下,路面板产生明显的翘起或下沉,这表示混凝土路面板与基础已部分脱空。在车辆荷载作用下,雨后基层中的细料从接缝和裂缝处与水一同喷出,并在接缝或裂缝附近有污迹存在,这就是唧泥现象。

2)原因分析

类似于错台形成的原因。

3)预防措施

为预防唧泥的产生,应采取措施防止水对路面基层的侵入。因此,应保持路面和路肩设计横坡,并铺设硬路肩。对路面裂缝、接缝以及路面与硬路肩接缝应进行密封。设置纵向积水管和横向出水管以及盲沟,将水尽快排出,减少水对路面基层的浸泡。

4)治理方法

对于因裂缝产生的板底脱空和唧泥,可采用压力注浆法进行修复。

(1)水泥混凝土路面板块脱空,可采用弯沉仪、探地雷达等设备测定。其弯沉值超过0.2mm时应确定为面板脱空。

(2)水泥混凝土板块脱空,可采用沥青、水泥浆、水泥粉煤灰浆和水泥砂浆灌注等方法进行板下封堵,其灌浆孔布置如图4-15所示。

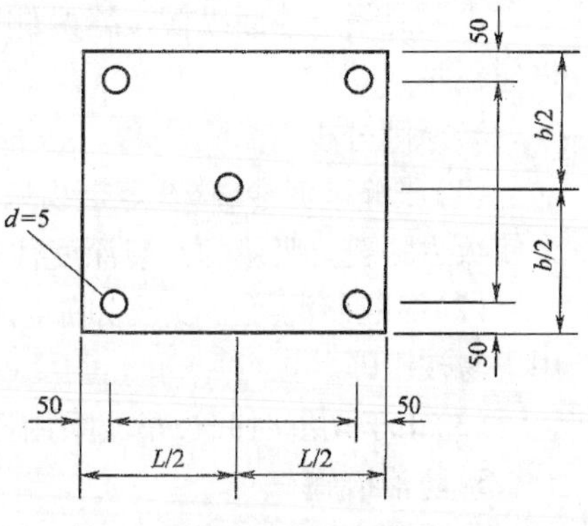

图4-15　灌浆孔布置(尺寸单位:cm)

14. 填缝料损坏

1)现象

填缝料剥落、挤出、老化碎裂。

2)原因分析

(1)填缝料质量差,如黏结强度低,延伸率及弹性差,不耐老化等。

(2)混凝土路面填缝料施工时,黏结面没有处理好,如缝壁有泥灰潮湿等,影响填缝料与缝壁的黏结,造成填缝料剥落、挤出。

(3)接缝缺少应有的养护、更换。

3)防治措施

(1)用优质的填缝料。填缝料的性能应符合规范要求(表4-14,表4-15)。

(2)在混凝土路面填缝料施工过程中,应严格按照操作要求进行施工。对施工断面进行严格处理,确保缝壁洁净、干燥,与填缝料黏结良好,不脱落、挤出。

(3)填缝料损坏后,应铲去填缝料,用钢丝刷子将缝壁刷清,用压缩空气彻底清除残料,然后在缝壁涂刷一层沥青,再浇灌填缝料。

(4)加强养护,在雨季来临前应进行检查、养护、更换,使其保持良好的黏结状态和防水能力。

加热施工式填缝料的技术要求 表4-14

试验项目	低弹性型	高弹性型	试验项目	低弹性型	高弹性型
针入度(锥针法)(mm)	<5	<9	流动度(mm)	<5	<2
弹性(复原率%)	>30	>60	拉伸量(mm)	>5	>15

注:低弹性填缝料适用于公路等级较低的混凝土路面的接缝和公路等级较高的混凝土路面的缩缝;高弹性填缝料适用于公路等级较高的混凝土路面的胀缝和高速公路混凝土路面的接缝。

常温施工式填缝料的技术要求 表4-15

试验项目	技术要求	试验项目	技术要求
灌入稠度(s)	<20	流动度(mm)	0
失黏时间(h)	6~24	拉伸量(mm)	>15
弹性(复原率%)	>75		

注:常温施工式填缝料有聚氨酯焦油类、氯丁橡胶类、乳化沥青橡胶类等。质量不保证,使得板边在车轮荷载反复作用下易被压碎。

15. 接缝剥落、碎裂

1)现象

水泥混凝土路面纵横接缝两侧50cm宽度内,板边碎裂,裂缝面与板面成一定角度,但未贯通板厚。

2)原因分析

(1)胀缝被泥沙、碎石等杂物堵塞或传力杆设置不当,阻碍了板块热膨胀,过大的温度应力使板边胀裂。胀缝的碎裂深度往往可达板厚一半,表面纵向延伸宽度可达30~50cm。

(2)缩缝使混凝土板形成临空面,再加上填缝料质量不保证,使得板边在车轮荷载反复作用下易被压碎。

(3)由于切缝时间过早或采用压缝,使缝边受到损伤导致日后破坏。

3)防治措施

(1)施工时要保证胀缝正确安置、移动自如;缝内的水泥砂浆及碎石应彻底清除;设置符合要求的接缝板与填缝料。

(2)在混凝土路面浇筑后,应适时对路面进行切缝,避免过早开锯而损伤缝边。少用压缝。

(3)保证混凝土具有应有的设计强度。

(4)重视接缝的经常性养护。

4)治理方法

(1)接缝填缝料损坏维修:

①清除接缝中的旧填缝料和杂物,并将缝内灰尘吹净。

②在胀缝修理时,应先将热沥青涂刷缝壁,再将接缝板压入缝内。对接缝板接头及接缝板与传力杆之间的间隙,必须用沥青或其他填缝料填实抹平。上部用嵌缝条的应及时嵌入嵌缝条。

③当纵向接缝张开宽度在10mm及以下时,宜采用加热式填缝料。用加热式填缝料修补时,必须将填缝料加热至灌入温度。用嵌缝机填灌,填缝料应与缝壁黏结良好和填灌泡满。在气温较低季节施工时,应先用喷灯将接缝预热。

(2)纵向接缝张开维修:

①当相邻车道面板横向位移,纵向接缝张开宽度在10mm以下时,采取聚氯乙烯胶泥、焦油类填缝料和橡胶沥青等加热施工式填缝料维修。

②当相邻车道板横向位移,纵向接缝张口宽度在10mm以上时,宜采取聚氨酯类常温施工式填缝料维修。当纵向接缝张开宽度超过15mm时,可采用沥青砂填缝。

(3)接缝出现碎裂时,在破碎部位外缘,切割成规则图形,其周围切割面垂直于面板,底面为平面。清除干净后,用高模量补强材料填充维修。修补材料达到通车强度后,方可开放交通。

四、裂缝维修

(1)对宽度小于3mm的轻微裂缝,可采取扩缝灌浆,即顺着裂缝扩宽成1.5~2.0cm的沟槽,扩缝补块的最小宽度不得小于100mm;槽深可根据裂缝深度确定,最大深度不得超过2/3板厚。将灌缝材料灌入扩缝内,灌缝材料固化后,达到通车强度,即可开放交通。

(2)对贯穿全厚的大于3mm小于15mm的中等裂缝,可采取条带罩面进行补缝,如图4-16所示。

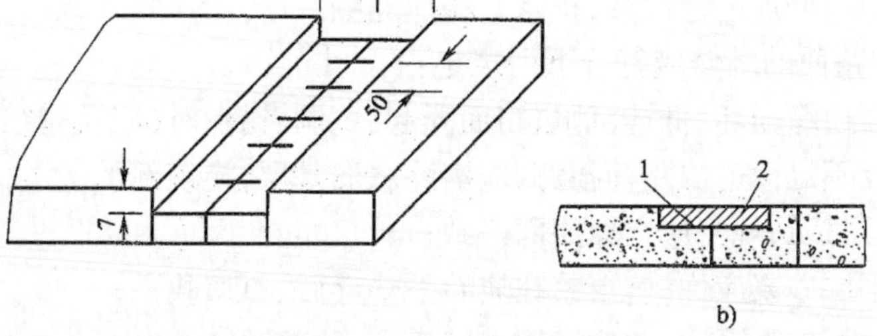

图4-16 条带补缝(尺寸单位:cm)

1-钯钉;2-新浇混凝土

(3)对宽度大于15mm的严重裂缝可采用全深度补块。全深度补块分集料嵌锁法(图4-17)、刨挖法(图4-18)、设置传力杆法(图4-19)。

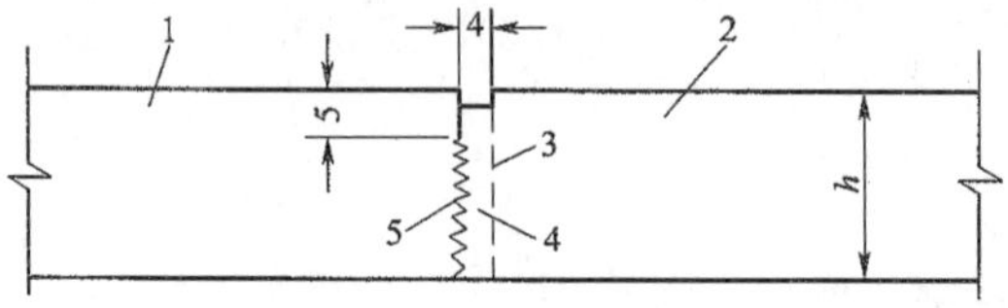

图4-17　集料嵌锁法(尺寸单位:cm)

1-保留板;2-全深度补块;3-全深度锯缝;4-凿除混凝土;5-缩缝交错接面

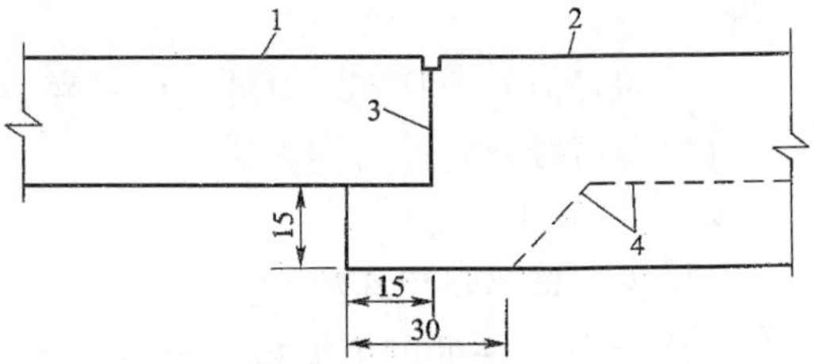

图4-18　刨挖法(尺寸单位:cm)

1-保留板;2-补块;3-全深度锯缝;4-垫层开挖线

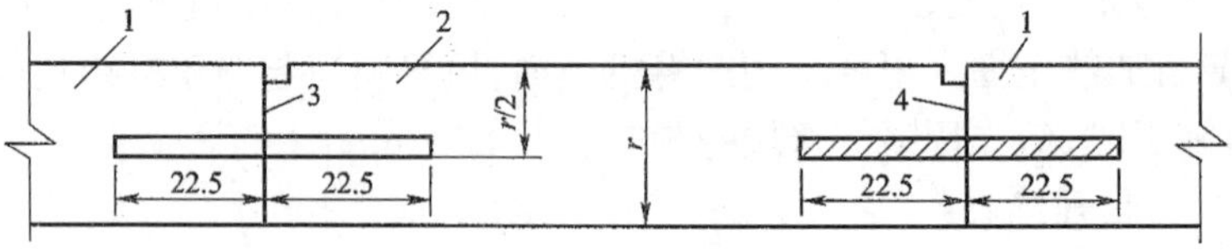

图4-19　设置传力杆法(尺寸单位:cm)

1-保留板;2-全深度补块;3-缩缝;4-施工缝

第五节　砌块路面的养护

一、块石铺砌路面的养护

块石铺砌路面一般设置基层、垫层(整平层),且强度满足交通荷载要求,石块之间采用填缝料嵌填密实。

(1)块石铺砌路面的养护应符合下列规定:

①应保持路面整洁;

②填缝应保证饱满;

③填缝料破碎时应重新勾缝;

④春季和雨季应增加巡检次数,排水系统应通畅。

(2)块石铺砌路面的维修应符合下列规定:

①当发现路面边缘损坏、低洼沉陷、路面隆起、坑洞、错台时,应及时维修;

②当基层强度不足而造成路面损坏,应清除软弱基层,换填新的基层材料再恢复面层;

③更新的块石材质,规格应与原路面一致;

④施工时整平层砂浆应饱满,严禁在块石下垫碎砖、石屑找平;

⑤铺砌后的块石应夯平实,并应采用小于5mm砂砾填缝。

(3)当块石路面粗糙条纹深度小于2mm时,应凿毛处理,条纹应垂直于路面,间距宜为10~30mm,深度宜为3~5mm。

（4）在广场、步行街的块石路面（花岗石、大理石），不宜采用抛光、机刨的石材。

二、水泥混凝土预制砌块路面

（1）砌块路面的小修应包括下列内容：

①局部砌块的松动、缺损、错台；

②局部沉陷、压碎，检查井四周烂边；

③砌块路面上的局部掘路修复工作。

（2）当砌块路面出现下列情况时，应及时安排中修或大修工程：

①纵横坡度不满足设计要求，出现大面积积水；

②砌块路面状况指数 PCI 小于 50；

③彩色砌块颜色大面积脱落。

（3）大中修工程必须进行施工维修设计或施工方案设计。

（4）局部更换的砌块，其颜色、图案、材质、规格宜与原路面一致，路面砖强度和最小厚度应符合规定。

（5）当选用砌块的长边与厚度之比大于或等于 5 时，除应满足上述规定外，其抗折强度不得低于 4.0MPa。

（6）当选用彩色砌块时，其颜料应符合国家现行标准《混凝土和砂浆用颜料及其试验方法》（JC/T539）的规定。砌块的防滑指标（BPN）不得小于 60，砌块的渗透指标应大于或等于 50mL/min。寒冷地区应增加冻融试验。

（7）砌块路面的外观质量应符合下列规定：

①铺砌必须平整、稳定，灌缝应饱满，不得有翘动现象；

②面层与其他构筑物应接顺，不得有积水现象。

第六节　碎（砾）石路面的养护

碎（砾）石路面是一种中级路面，常见的有水结、泥结、泥灰结碎（砾）石路面。级配碎（砾）石路面、粒料路面为低级路面，主要是粒料加固土类，如天然砂砾、粗砂、碎（砾）石、煤渣、矿渣、碎砖瓦砾等加固土。

其保养、修理与改善的基本要求是：

（1）经常保持路面平整坚实，防止和修复路面的破损和变形，保持排水良好，加铺磨耗层和保护层，以及对路面做必要的加宽、加厚等，以改善路面技术状况。

（2）经常保持路面磨耗层和保护层完好。发现表面有少量和轻微的破损应及时修理，防止损坏范围扩大。

（3）路面与路肩连接处，应保持平整坚实，高差不得大于 2cm。路面与桥涵衔接应平顺，防止跳车。

（4）如路面磨耗严重，强度不足或宽度不够，不能满足交通量增长的需要时，应采取加宽和加厚路面的办法，以提高其通行能力。

（5）在保养修理时，所采用的材料应符合技术要求；路面加宽、加厚时，所用结构与材料，应力求与原有路面相同；对于从旧路面挖出来的材料，应筛分后与新材料掺配使用。

(6)级配碎(砾)石路面在翻修、加宽、加厚时所用材料的规格应符合规范规定，天然碎(砾)石材料不能满足规范规定时，需进行人工配合，添加不足的颗粒，使之成为最佳混合料。

(7)泥结碎石路面在翻修和加宽、加厚时，均按原有结构的颗粒尺寸和配合比处理，要求黏土的含量不大于15%，塑性指数宜为18～27。碎石均为有棱角的小块石料，其中所含扁平长条的碎石的容许含量不宜超过20%。

(8)碎(砾)石路面的养护应做到勤预防、勤检查、勤修补。所用材料，应尽量利用当地可能采集或供应的价廉质好的天然材料和工业废渣，以降低养护成本。

粒料路面的保养工作，主要是保护层的养护、磨耗层的小面积修补、排除路面积水、保持路面清洁。粒料路面保养工作的要求是：

(1)加强雨季不利季节的日常保养工作。做到雨前抓扫砂匀砂，保持路面平整；雨中抓排水，使路面、路肩不积水；雨后抓刮(铲)补，及时刮(铲)波浪和修补坑洞。

(2)松散保护层的保养应做到勤添砂、勤扫砂、勤匀砂、勤除细粉。

(3)稳定保护层应视具体情况采用以下方法保养：

①洒水法。在干旱季节，为防止稳定保护层松散，应洒水保养，洒水要均匀，洒水后经行车碾压可形成硬层。有条件的可就地取材，浇洒吸湿盐类的溶液或利用咸水(海水)养护。

②加浆法。稳定保护层使用较长时间后，表面易磨损，应采用加浆法使其表面稳定、平整、密实。其方法是在保护层上先撒一薄层过5mm筛的黏土，然后均匀洒水，再用扫浆器或竹扫帚扫匀拖平，加砂后引导车辆压实，或把黏土搅拌成泥浆，泼洒在保护层上，扫匀、拖平、加砂引导车辆碾压。

(4)路面出现轻微的坑槽、车辙、波浪、沉陷等破损现象，应及时进行修补。

(5)保持路面一定的路拱横坡度。在雨量较多及干湿分明的半干旱地区，路拱控制在3%～4%；在干旱、少雨地区，路拱控制在2%～3%。路肩横坡度相应增加1%，与路面连接处应保持平顺坚实。弯道上加宽和超高的横坡度应符合规定。

(6)及时清除冬、春季节的路面积雪，尤其在陡坡急弯、窄路、高填土桥头路堤等处以及容易发生翻浆路段的积雪。

(7)路面与桥梁、明涵衔接应平顺，不得产生跳车。

(8)在进行扫砂、匀砂和扫雪除冰等保养工作时，必须注意防止损坏路面结构。

(9)应储备一定数量的保养维修材料，并整齐堆放在沿线规定地点或路边堆料台上，不得乱堆。

第七节　路面基层的改善

路面基层在使用过程中，由于交通量的急剧增长和自然因素的作用，或原先施工中遗留的缺陷，或因自然条件的变化造成路基失稳、干湿类型变化、强度降低、破坏严重，或路面的几何尺寸不能适应交通量增长的需要时，必须改善基层的技术状况，以提高其适应能力。

路面基层的改善，包括基层的加宽、补强加厚以及翻修与重铺。在进行路面基层改善时，必须按就地取材的原则，结合原有路面基层材料的利用，合理地应用旧结构，进行设计。

一、基层的加宽与补强

1. 设计要求

在进行基层加宽与补强设计前，应对原有路面进行详细调查和检测，其内容包括：

(1)调查该路段不利季节的交通量、交通组成和年平均增长率。

(2)调查原有公路的路况，如路基宽度、纵坡、平曲线半径、路面宽度、厚度、结构和材料、路面横坡、平整度、摩擦系数、路表面排水(积水)状况、积雪(沙)状况等；路面坑槽、搓板、翻浆等破损程度以及路肩采取的加固措施等。

(3)调查原有路面设计、施工、养护技术资料以及使用开始至改建的年限、使用效果等。

(4)测定路基的干湿类型，规定每500m取一断面，每个断面如路基宽度大于等于7m选两个测点，不足7m取一个测点。

(5)测定加宽部分的土基湿度和压实度。

(6)测定原有路面的整体强度。

基层加宽一般应采用两侧加宽，如原有路基宽度不足，则应先加宽路基后再铺筑加宽的基层，必要时可设护肩石(带)。加宽部分的基层应按新土基新建路面设计其厚度，采用的结构与材料宜与原路面的基层相同；基层加厚按旧路补强公式进行设计，基层结构的选择应根据路面等级、交通量、地带类型、现有路况以及材料供应与施工条件等确定。必要时，应增设排水设施，并事先处理好涵洞接长、倒虹吸的防漏以及沿溪路段的护岸挡土墙等工程。

在基层需要同时加宽加厚时，应先将加宽部分按新土基设计后，再作全幅补强设计。将原路面分段实测的计算弯沉值作为加宽部分的设计弯沉值，并由实际调查检测的路基土质、干湿类型及其平均稠度确定土基回弹模量，然后根据不同材料的模量按新路设计方法设计加宽部分的基层厚度，使之与原有路面强度保持一致。最后，根据原路面确定的计算弯沉值和补强要求的允许弯沉值。按旧路补强厚度计算方法，进行全幅的基层补强设计。

在季节性冰冻区，基层的补强还应验算防冻层厚度的要求。

2. 施工要点

加宽基层时应做好新旧基层的衔接。对于半刚性基层一般宜用平头搭接；对于粒料基层一般宜用斜接法；当基层厚度超过25cm，也可在原有基层半厚处挖成宽约30cm的台阶做成错台搭接。加宽沥青路面基层时，应将紧挨加宽部位15cm宽的原有沥青面层切凿除去，清扫干净原基层上的松散粒料、浮土后再铺筑加宽基层。如原基层已损坏，则应将其材料重新翻修利用，根据试验掺配新的材料后与加宽混合料一并拌和、铺装、碾压。

基层加宽后需调正路拱而涉及原有路面的部分，应将旧面层铲掉，按路拱要求一次调正铺装。为使调拱部分的新旧基层结合良好，可把原基层拉毛或使调拱铺装的最小厚度大于8cm，不足时可开挖原基层。

原基层有局部坑槽、搓板、松散的路段，在补强前应先进行修补找平，平整度超过规定的应加铺整平层。对于发生过翻浆、弹簧、变形等病害的路段，应根据其产生的原因，采取有效的处治措施，严重者可采取综合处治后再加铺基层。

原有砂石路面，尤其是泥结碎石及级配砾石路面，因含泥量过多或土的塑性指数过大，一般不宜用作沥青路面的基层，应将其过量的土筛除或用其他方法改善，并铲除其上的磨耗层和稳定保护层后再作补强层处理。

基层加宽或补强应符合施工压实度的规定要求。

二、基层的翻修与重铺

当路面具有下列情况时，则基层需要进行翻修：

(1)原有路面整体强度不足；

(2)根据路面使用质量的评定已经达到翻修条件；

(3)原有路面的材料已不能满足结构强度要求，造成全面损坏，需彻底更换路面结构。

基层具有下列情况时，则需进行基层重铺：

(1)原有路面基层材料没有利用价值，翻修在经济上不合理；

(2)当地盛产路面基层材料，原基层材料虽然可以利用，但因机械施工困难，技术上暂时难以解决；

(3)原有路面因路基干湿类型发生变化，需改善其水稳性。

基层的翻修与重铺，应分别按《公路沥青路面设计规范》(JTJ 014—97)与《公路路面基层施工技术规范》(JTJ 034—2000)的有关规定进行设计和施工。

翻修基层时，对原有基层的材料应尽可能地充分利用。为此，应对原基层取样检测其材料性质，一般每500m检测一处，如路基干湿类型有变化应增加测点。检测项目包括干密度、级配组成以及小于0.5mm细料的含量与塑性指数等，以确定其可利用的骨料含量和需要掺配的材料用量。对于无机结合料稳定基层，还应测定其水泥、石灰剂量及其剩余活性，以确定再生利用时需要掺添的水泥或石灰剂量。

基层翻修应结合原材料的利用价值与加铺方案进行技术经济比较后，确定最后的采用方案。

在中湿、潮湿地带的粒料基层，翻修时宜掺加适量的石灰，以提高其水稳性，有条件时也可掺加水泥予以稳定。

第八节　路面下埋置物施工后的恢复

一、掘路修复的一般要求

(1)掘路前应查明地下管线状况，挖槽时不得损坏原有的地下管线。

(2)掘路的宽度应满足压实机械宽度要求，当宽度不适宜压实机械作业时，其结构修复必须按原标准提高一个等级进行，或对土基进行加固处理。

(3)掘路的槽底最小宽度宜为所埋设施的外侧宽度加两侧夯实机具的工作宽度。

(4)当顺向掘路宽度达到原路1/2时，面层宜为全幅修复。当顺向掘路宽度超过原路1/2时，应进行专项掘路修复设计。

(5)掘路埋设各种管线的管顶埋深应大于路床下300mm，否则应采取加固措施。

(6)掘路修复的技术资料应归入该条道路的技术档案。

(7)城镇道路的管线敷设宜采用非开挖施工技术。

二、土的回填要求

(1)掘路沟槽回填,严禁使用淤泥、腐殖土、垃圾杂物和冻土。

(2)回填土质量应符合现场试验的击实标准和最佳含水量要求。分层回填的层厚应小于200mm,也可根据碾压、夯实机具的性能确定分层厚度。

(3)当沟槽分段填土时,交接处应做成阶梯形,阶梯长度应大于层厚的两倍。

(4)雨季回填时沟槽内不得有积水。

(5)槽底至设施顶部以上500mm范围内回填时,应从两侧对称进行,同时还土的高度差不得大于1层。

(6)沟槽回填土的压实度应根据回填土的深度和部位(图4-20)确定压实度,应符合下列规定:

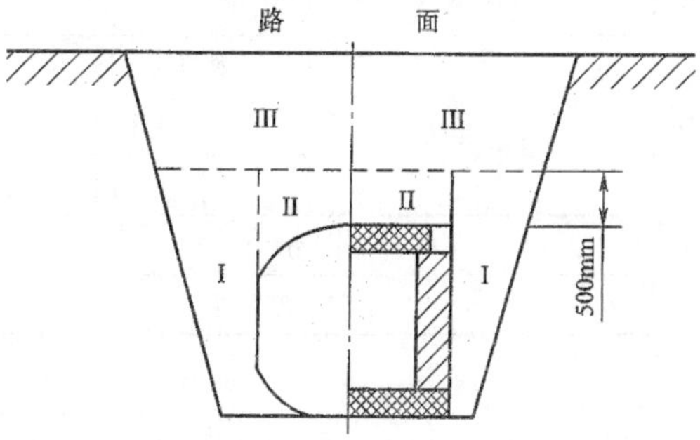

图4-20　回填土部位

I、II、III—填土部位

①填土部位I(轻型击实)压实度应大于90%;

②设施顶部以上500mm范围内填土部位II(轻型击实)压实度应大于85%;

③设施顶部500mm以上至路床以下部位III填土压实度应符合表4-16的规定。

设施顶部500mm以上至路床以下部位III填土压实度　　表4-16

<table>
<tr><th rowspan="2">项目
回填深度(m)</th><th colspan="3">压实度(重型击实)</th><th colspan="2">检验频率</th><th rowspan="2">压实度
检查方法</th></tr>
<tr><th>快速路主干路</th><th>次干路</th><th>支　路</th><th>每　层</th><th>点　数</th></tr>
<tr><td>0～0.8</td><td>≥95%</td><td>≥94%</td><td>≥93%</td><td rowspan="3">20m</td><td rowspan="3">1</td><td rowspan="3">环刀法</td></tr>
<tr><td>0.8～1.5</td><td>≥92%</td><td>≥91%</td><td>≥90%</td></tr>
<tr><td>>1.5</td><td>≥90%</td><td>≥90%</td><td>≥90%</td></tr>
</table>

(7)回填土时对沟槽内原有的管线设施应采取保护措施。

(8)掘路回填遇有特殊情况时应采取下列措施:

①当采用掘路土回填不能保证质量时,可采用砂、天然级配砂砾或水泥混凝土等材料回填;

②沟槽发生塌方时,宜加大沟槽断面后,再回填;

③当槽内设施顶部以上回填厚度小于设计规定时,应对所埋设施进行加固保护。

(9)直埋线缆沟槽回填时,其线缆上方应有保护层。回填材料可采用粗砂、混凝土等回填灌注。

三、基层修复

(1)修复基层的各类材料应具有出厂合格证明,且应经现场试验合格后才能使用。

(2)基层修复宜采用石灰、粉煤灰、砂砾混合料或水泥、砂砾混合料等半刚性材料,其中未消解的生石灰块粒径不得大于10mm,砂砾的最大粒径不得大于40mm。

(3)使用石灰、粉煤灰类材料碾压成型的基层,养生时间不得少于7d。冬季不宜使用此类材料;雨季应合理控制施工段落,应当天摊铺,当天碾压成型。

(4)掘路的基层修复应在开挖断面两侧各加宽300~500mm。

(5)基层的修复质量应符合表4-17的要求。

基层修复质量标准 表4-17

项目	道路类别	技术要求	检验频率		检查方法
			范围	点数	
压实度（重型击实）	快速路、主干路	≥97%	20m	1	环刀法 灌砂法
	次干路	≥96%			
	支路	≥95%			
平整度		≤10mm			3m直尺
厚度		±10%			钢尺

四、路面修复

(1)沥青混凝土面层修复应符合下列规定:

①面层的修复宽度应大于基层宽度,每侧宜大于200mm;

②接茬黏层油应涂刷在切割立面,溅洒在路表面的黏层油应清除干净;

③接茬宜采用直茬热接方法,应平顺、密实;

④宜采用振动压路机或振动夯实机具,分层碾压。

(2)应急抢修或冬季修补掘路面层,可采用混凝土预制砌块,或冷拌沥青混凝土修补平整,可在气温转暖后再做二次修复。

(3)当水泥混凝土路面掘路宽度超过1/3板宽时,应按整板恢复;当不足1/3板宽时应做加固处理,并应符合规范的规定。

(4)砌块类面层的修复,应将掘路施工期间被扰动的砌块全部拆除重新铺砌。

第九节　乳化沥青稀浆封层技术

一、乳化沥青稀浆封层技术的特点及应用

1.概述

乳化沥青稀浆封层是用适当级配的石屑或砂为骨料,以乳化沥青为结合料,加粉料(水泥、石灰、粉煤灰、矿粉)、添加剂和水按一定比例配成流动状态的沥青混合料,均匀摊铺在路面上而成的沥青表面处治薄层。在水分蒸发干燥硬化成形后,其外观与细粒式沥青混凝土相似,具有耐磨、抗滑、防水、平整等技术性能,施工快、造价低、用途广、能耗省,是一种沥青路面的新材料、新工艺、新结构。实践证明,在许多沥青路面预防性养护措施中,乳化沥青稀浆封层是使用功能最多、最经济的一种技术措施。

实践证明,乳化沥青稀浆封层技术无论是对旧沥青或新建沥青路面,无论是对低等级道路或高等级道路,无论是对城市道路或干线公路,都可以适用,并能产生显著的经济效益和社会效益。因此,稀浆封层施工技术在道路工程养护作业中有着广阔的应用前景。

2. 稀浆封层技术的特点

乳化沥青稀浆封层技术是乳化沥青在路面工程中应用的新发展。由于拌和稀浆时加入了较多水分，使稀浆混合料具有较好的流动性和黏附性，从而更充分地发挥了乳化沥青的优点。和热拌沥青混合料相比，稀浆封层混合料具有如下特点：

（1）沥青与矿料的黏结力提高：用阳离子乳化沥青拌制稀浆混合料时，沥青乳液中的沥青微粒表面带有正电荷，湿矿料表面带负电荷，由于异性电荷相吸的原因，沥青微粒可透过矿料水膜，牢固地吸附在矿料表面。若采用阴离子乳化沥青，在拌和稀浆混合料时，在矿料中若加入水泥或石灰粉，使矿料表面附有钙、镁离子，带有正电荷，沥青与矿料的黏结力同样得到提高。

（2）与路面结合牢固：摊铺稀浆封层混合料时，只要原路面扫净润湿，稀浆中沥青微粒能与原路面上露出的矿料很好的黏结，稀浆能渗透到路面缝隙中去，加强与原路面的结合。

（3）沥青能够完全裹覆矿料：在拌和稀浆混合料时，加入的水对沥青乳液起到了稀释作用，降低了沥青乳液的黏度，使之有着更好的流动分散性，使沥青微粒完全地均匀裹覆在所有矿料的表面上，形成一定厚度的沥青薄膜，既有足够的结构沥青黏附矿料，又无过多的自由沥青降低混合料的热稳性和强度。

（4）强度高、耐久性好：稀浆封层混合料所有矿料级配较细，接近于热拌细粒式沥青混凝土。由于其是在常温下拌和摊铺，不存在沥青在加热中可能发生的老化问题，待稀浆混合料破乳固化成形后，其强度和耐久性高于一般热拌沥青混合料。

3. 稀浆封层技术的作用

在道路的维修养护作业中，应用乳化沥青封层技术，主要有如下作用：

（1）防水作用。稀浆混合料的集料粒径较细，并具有一定的级配，在铺筑成形后，能与原路面牢固地黏附在一起，形成一层密实的表层，从而防止雨水或雪水通过裂缝渗入路面基层，保持了基层和土层的稳定。从透水系数测定结果看，铺筑稀浆封层后的路面基本不再透水。

（2）防滑作用。由于稀浆混合料摊铺厚度薄，沥青在粗、细集料中分布均匀，沥青用量适当，没有多余的沥青，从而使铺筑稀浆封层后的路面不会产生光滑、泛油等病害，具有良好的粗糙面，路面的摩擦系数明显增加，抗滑性能显著提高。

（3）填充作用。由于稀浆混合料中有较多的水分，拌和后成稀浆状态，具有良好的流动性，可封闭路面上的细微裂缝，填补原路面由于松散脱粒或机械性破坏等原因造成的不平，改善路面的平整度。

（4）耐磨作用。乳化沥青对酸、碱性矿料都有着较好的黏结力，所以稀浆混合料可选用坚硬的优质抗磨矿料，以铺筑有强耐磨性能的沥青路面面层，延长路面的使用寿命。

（5）路面外观形象恢复。对使用年久，表面磨损发白、老化干涩，或经养护修补，表面状态很不一致的旧沥青路面，可用稀浆混合料进行罩面，遮盖破损与补修部位，使旧沥青路面外观形象焕然一新，形成一个新的沥青面层。

但是，稀浆封层技术也有其局限性。由于其单层厚度仅为0.5～0.15cm，在整个沥青路面结构体系中，只能作为表面保护层和磨耗层使用，而不起承重性的结构作用，不具备结构抗应变能力，不具备结构补强能力。因此对于强度和刚度不足、路表沉陷、稳定性差的路面，应该通过中修或大修解决，靠稀浆封层是解决不了这类病害的。

4. 稀浆封层技术的应用范围

(1)旧沥青路面的维护养护:沥青路面长期暴露在自然环境下,受到日晒、风吹、雨淋和冻融的影响,同时还要承受车辆的重复荷载作用,经过一段时间的使用后,会出现疲劳开裂、松散、老化和磨损等病害。如不及时维修处理,破损路面受地表水的侵入,将使基层软弹,路面的整体承载能力下降,导致路面迅速破坏。稀浆封层技术由于使用乳化沥青,和有乳化沥青施工一样,可节约能源、节约沥青,减少环境污染,改善施工条件,延长施工时间,减少气温对养护作业的影响;可以实现沥青路面的预防性养护、周期性养护,使路面始终保持良好的行车条件。此外,用这项技术养护沥青路面,生产效率比较高。

(2)新建沥青路面的封层:稀浆封层技术还可用于新建沥青路面的封层。如铺筑双层表处路面时,在第二层嵌缝料摊铺碾压完毕后,最后一层封层料可用稀浆封层代替。由于稀浆混合料流动性好,可以很快地渗入嵌缝料的空隙中去,与嵌缝料牢固的结合,使双层表处路面及早形成强度,避免由于泛油不及时造成路面早期破坏。在新铺筑的沥青贯入式路面或沥青碎石路面上,也可以加铺一层稀浆封层,使路面更加密实,防水性能良好。

(3)在砂石路面上铺磨耗层:在压实整平后的砂石路面上铺筑稀浆封层,可使砂石路面的外观具有沥青路面的特征,提高砂石路面的抗磨耗性能,防止扬尘,改善行车条件,降低砂石路面的养护费用,改善砂石路面养路工人的工作条件。

(4)水泥混凝土路面和桥面的维修养护:稀浆封层混合料对水泥混凝土也具有良好的附着性。水泥混凝土路面经多年行车后,路面容易产生裂缝、麻面或轻微的不平整。若在旧水泥混凝土上铺设稀浆封层混合料,可以改善水泥路面因磨损而出现的光滑现象,改善因接缝而引起的跳车现象,提高路面的平整度,延长水泥路面的使用寿命。此外,在桥梁的行车道上采用稀浆封层表面处治,桥面自重增加很少,可代替热拌混凝土罩面。

二、乳化沥青稀浆封层技术的施工工艺

乳化沥青稀浆封层施工工艺见图 4-21 所示。

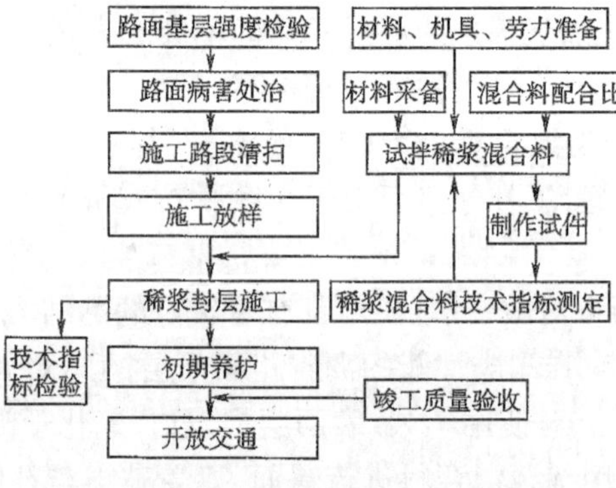

图 4-21　稀浆封层施工工艺过程图

三、稀浆封层施工

1. 稀浆封层对原路面的要求

稀浆封层由于厚度薄,主要起防水、防滑、耐磨和改善路表外观的作用,在路面结构体系

中，只能作为表面保护层和磨耗层，而不起承重性的结构作用。因此为了确保施工后路面的质量，原路面必须满足：

（1）具有足够的强度和刚度。原路面及其基层是承重层，应能承受荷载的作用，在重复荷载作用下，不会产生残余变形，也不允许产生剪切和弯拉破坏。其要求可参照城市道路或公路设计规范、城市道路或公路养护技术规范等。

（2）具有良好的整体稳定性。原路面的整体水稳性和热稳性是否良好，是保证施工后路面稳定性的基本因素，因为稀浆封层施工后，对路面的稳定性改善很小，且稀浆封层几乎不具有结构抗应变能力，因此，为了保证路面质量，对原路面必须提出稳定性要求。

（3）表面平整、密实、清洁。稀浆封层只起调整表面平整度的作用，当原路面表面不太平整时，由于稀浆封层本身的厚度和施工方法所限，希望仅通过它就能达到相当高的平整度要求是不现实的。尤其是一些大的拥包、坑槽等，应根据《城市道路养护技术规范》或《公路养护技术规范》的要求进行修补，达到基本平整。如德国要求：超过 10mm 的不平整地面应先进行平整。

同样，原路表面必须密实，清洁。原路表面是否清洁，是关系稀浆封层能否与原路面黏接在一起的重要因素，因此必须保证原路面的清洁。

2. 施工前的准备工作

1）原路面的准备

（1）修补：

如原路面为砾石基层，可能需要添加稳定剂（如水泥、石灰）和新料以达到所需要的平整面，并且在稀浆封层前应喷洒一层透层油，以防止基层从稀浆中摄取沥青。

在原路面上有坑洞、边线破损成裂缝宽大时都应该进行修补。有深洞时，应分层填补并压实。

虽然稀浆可以填补多数的裂缝，但最好还是在铺设稀浆之前将宽大的裂缝封起来。填缝料可用高含量乳化沥青与细砂并制的砂浆，并使用高标号的沥青或渗透性较强的沥青，这样会给养护后的填充料一种适应缩胀的能力，不致从原裂缝处剥离。

对于大的拥包和深的车辙（如车辙深超过 10mm），应先进行铣刨和填补。

（2）清洁表面：

上述不合格的地方修补完成后，对预定加铺稀浆封层路段的全部表面，应事先将所有的杂草、松动的材料、泥块以及任何其他障碍性的物质加以清除。人工清扫、机械清扫、空气吹扫或水冲等，都是可以达到目的有效方法。

众所周知，杂草似乎容易在沥青中生长，常常在沥青面层上冒出来，因此，在铺筑稀浆封层前，或将所有杂草完全拔掉，或用化学除草剂清除是很重要的。

当原路面孔隙率很大或透水性太高时，应避免用水冲洗，可采用高压气吹的方法清理。

对原路面进行水冲洗时，应等水分蒸发干后才可进行稀浆封层施工。

原路面上若有大块油污，将影响稀浆封层与原路的黏结，因此，在铺筑稀浆之前，应将油污清除掉，使用工业清洁剂会有助于擦洗油污。

（3）喷洒沥青乳液：

在若干类型的原有路面上铺筑稀浆之前，必须预先用沥青乳液进行处理。砂石路面或没有铺装的表面，在铺筑稀浆封层前，需要喷洒一层沥青乳液透层，透层深度约需 2～3cm，以达到底层能防水而强韧，并将个别的松散石子粘成一体。所用乳液中的沥青与将用于稀浆封层中的乳液的沥青，应是同一类的，喷洒后应养护 24 ~36h。

在原路面上喷洒乳化沥青黏层油，对于增进稀浆封层与原有水泥混凝土或砖石路面以及粒料大部分暴露在外的沥青路面，或表面过于光滑的沥青路面，很有效果。在尘土飞扬地区，清洁的表面很难维持长久，喷洒黏层油就很有效用。所用的黏层油为同一种离子型的乳化沥青，沥青含量不超过 50%，其洒布率为 0.2 ~0.5kg/m^2。实际的洒布率受乳液的沥青含量的影响，但最主要的还是以原有表面的结构及吸收特性而定。但洒布量切不可过大，以防止稀浆封层铺筑后泛油。稀浆封层施工应在喷洒的黏层乳化沥青完全破乳后才可进行。

(4)洒水预湿：

在炎热干燥的天气，临近摊铺之前，喷洒少量水以湿润原路面的做法是值得推荐的，这样有利于稀浆与原路面的黏结，保证稀浆的相对稳定性，利于稀浆的摊铺成形。洒水量以路面湿润为准，不得有积水现象。一些先进的稀浆封层机都带有预洒水系统，施工时洒布即可。对于不带有预洒水设备的稀浆封层机械或人工施工，应严格控制洒水量并保证洒布的均匀性。路面湿润后立即施工。

2)材料的准备

为了保证实际所用的材料及材料的配比与实验室相符，在施工前必须进行评价。

(1)矿料

①施工用的矿料必须过筛，把超大粒径的石料筛出去，以免大粒径石料给拌和、摊铺带来不利影响。

②应对筛后的矿料进行质量检查，检查的内容主要包括：级配、砂当量、含水量、干密度等，检测的结果必须符合要求，与实验室的结果相一致。尤其应注意含水量的现场检测，因为矿料的含水量对矿料单位体积的质量影响很大。例如某一种矿料，当含水量为 0 时，其每立方米的质量为 1545kg，当其含水量为 6% 后，则每立方米的质量仅为 1175kg。在室内进行配合比设计时，其结果均为质量之比，而摊铺机采用的是体积比，因此含水量的大小对混合料的配合比影响极大，而且含水量和加水量的多少是确定稀浆混合料稠度的关键因素，所以施工前必须对矿料的含水量进行现场测定。取样时应取料堆中间部位的，因表面的矿料可能已被风干或晒干，若取表面矿料测定，其结果与实际相差较大。

③注意矿料的堆放，矿料最好能堆在经过铺装且洁净的地面上，这样能避免过筛和上料时混入泥土。

(2)乳化沥青

乳化沥青的输送应尽可能采用对乳液搅动少的泵，以免破坏乳液的稳定，影响质量。

乳化沥青储存罐应保证分品种独立用罐，当不能保证分品种储存时，应对储罐进行彻底清理，不同品种的乳化沥青绝对不可以混装。

罐存的乳化沥青应每天进行一次搅拌或循环。尤其在出库前，应进行检验，以保证罐顶和罐底的乳化沥青含量一致。

由于天气或其他原因，罐车中的乳化沥青不能及时用完要间隔放置几天时，应用泵抽吸循环或放出，以保持罐车中的乳化沥青上下密度的一致。在稀浆封层机乳液罐中的乳化沥青，如果放置 1 天以上，可采用每天进行 10min 循环的方式来保持乳化沥青的稳定性和均匀性。

对于长距离汽车运输乳化沥青，应对乳化沥青的动稳性有充分的考虑，对到达目的地的乳化沥青进行筛上剩余量检测；有条件的地方，还可以进行颗粒分析试验，当检测结果符合要求后才可使用。

桶装的乳化沥青，在使用前，应该进行翻滚。若需长时间储存，则应定期进行翻滚，例如每两周倒桶一次，从而保证乳化沥青的稳定性、均匀性。

(3)填料

填料的质量要求主要是细度、含水量等。水泥、热石灰、硫酸铵、粉煤灰均不得含泥土杂质，并应干燥、疏松，没有聚团和结块，且小于0.075mm的颗粒含量不应少于80%。

(4)水

施工拌和时的外加水应采用饮用水，而无需再做实验室验证。不得使用盐水、工业废水、生活废水及含泥土的水。检验水质量的最简单方法是测定其pH值，当pH值在7左右并无咸味时，应该说这种水可用。

施工用矿料的含水量应尽可能小。若条件许可的话，在可能下雨前，应将矿料盖上，尽量避免矿料被雨水浇透。

施工装料前，应将矿料翻倒几次，尽可能保证矿料含水量一致、均匀，避免由此而产生的稀浆混合料一会儿过稀，一会儿过干的不利现象发生。

(5)添加剂

施工中用的添加剂应与室内试验时所用的添加剂为同一品牌和同一生产厂家。最好应用工业化生产的添加剂，否则应将使用的添加剂再进行一些室内试验，如拌和时间试验等，以确保效果的一致性。添加剂一般需要稀释，稀释浓度应保证准确，并防止其他杂物混入。比如用锈铁桶稀释，可能会将铁锈带入添加剂中，有可能给稀浆封层系统带来不利影响。

3. 稀浆封层施工

1)人员配置及分工

稀浆封层施工质量的好坏，有赖于一支高素质的施工队伍，取决于他们的知识、经验和技巧。施工队的人员基本组成，应包括队长1名、操作手1名、驾驶员4名(稀浆封层、装载机、油罐车和水罐车驾驶员各1名)、工人若干。

队长的职责是指挥整个施工队伍，制定每天的工作计划，包括每天的材料需要量、人员的分工、与交通管理部门的联系、对天气的判断，以及熟悉各个技术环节，处理现场出现的突发事件等。队长是施工队的核心，不仅要自己能干，还得善于组织整个队伍都能干好。

稀浆封层机的驾驶员，不仅要有熟练的驾驶技术，还必须充分了解机械后方所进行的操作。如果驾驶员与操作手可以互相交换岗位，那将是非常有益的事。驾驶员必须熟知操作手发出的(事先约定的)手势或喇叭声，并能及时起动、停止、加速、减速、向左、向右。对于边线与接缝，与操作手的密切合作就显得更为重要。驾驶员应很快使机械进入位置，确保摊铺箱位置准确。一名熟练的驾驶员，应通过后视镜密切关注后方的工作进程，随时按需要调整机械的前进速度，以保持摊铺箱内稀浆为一定数量。

操作手除了必须与驾驶员配合默契之外，还必须熟悉标定原理和标定方法，能随时根据材料的情况，调整配合比。更为重要的是，能准确判断流入摊铺箱及摊铺箱内的稀浆稠度。从拌和缸中流出的稀浆，必须是稳定的，乳液能均匀地分布在粒料上，并含有足够的水，使它能容易分布，但又不可离析。要有效地完成这一工作，需靠操作手以往的经验，以及从拌和缸与摊铺箱里的稀浆混合料的外观和形状，来判断这些混合料是否稳定及拌和比例是否适当。操作手的技巧也表现在恰如其分地起动、停止，以及稀浆混合料在摊铺箱中的左右分布，取得完美的接缝和边线处理。当队长不在现场时，则由操作手负责现场工作。

装载机驾驶员的任务除了给稀浆封层车上料外，还应经常观察矿料的质量。尤其是注意粗细料的均匀性和含水量的一致性，当料堆表面的矿料与堆中的矿料有不同时，应立即翻堆。

若干工人的工作主要包括：筛料、协助装料（包括矿科、乳化沥青、填料、水和添加剂）、安放及搬运隔离墩、摊铺后起点终点的处理、边线与接缝的刮平、摊铺箱的清洁、原路面的清扫以及一些必需的手工作业。

2）交通管理与控制

刚摊铺的稀浆封层，必需有一段养护成形期。在养护成形期内，应严禁车辆和行人进入，因此交通的管制非常重要。

（1）施工前，必须与当地交通管理部门取得联系，并共同制定交通管制方案。

（2）必须保证施工后有足够的养护成形时间。

（3）采取措施尽可能减少施工对交通的影响。

（4）最大可能使用开放交通快的稀浆封层类型。

（5）在交通量太大的路段，可以考虑夜间施工。

（6）交通标志应醒目，夜间施工时，应采用反光标志。

（7）采用单向放行管制形式时，应严格掌握首尾车号，避免在施工路段上会车。

（8）在城市道路或村庄等路段上施工，可能很难避免需立即通行，在这些地段除尽可能地给予养护时间外，还应该采取一些特殊措施，力保给封层带来的损坏为最小。

3）施工应具备的条件

（1）施工前的准备工作，包括材料、机械设备、原路面补强与清扫、交通管制等都已按要求完成。

（2）确定能否施工的天气气候条件为：

①养护成形期内气温大于 10℃；

②雨后路面积水未干或未清除以前，不可施工；

③施工养护成形期内可能会降雨，则不可施工。

（3）施工队伍人员配备整齐，一支训练有素的专业施工队伍是稀浆封层施工质量的保证，他们应该技术熟练，配合默契。

（4）落实交通管理，并有专人负责。

（5）对道路上的各种设施，如上下水井盖、雨水井蓖、路缘石等，都应采取保护措施。

4）施工程序

稀浆封层施工一般采用以下程序：

原路面检测—修补原路面病害—封闭管制交通—清扫路面—放样放线—摊铺—修补修边—早期养护—开放交通。

当准备工作和施工条件均符合要求后，可以正式施工。

施工方法可分为机械摊铺和人工摊铺两种类型。

(1)机械摊铺施工程序

①放样画线。根据路幅全宽,调整摊铺箱宽度,使施工车程次数为整数。据此宽度从路缘开始放样,一般第一车均从左边开始,画出走向控制线。

②装料。将符合要求的矿料、乳化沥青、填料、水、添加剂等分别装入摊铺机的相应料箱,一般应全部装满,并应保证矿料的湿度均匀一致。

③摊铺。

a. 将装好料的摊铺机开至施工起点,对准走向控制线,并调整摊铺箱厚度与拱度,使摊铺箱周边与原路面贴紧。

b. 操作手再次确认各料门的高度或开度。

c. 开动发动机,接合拌和缸离合器,使搅拌轴正常运转,并开启摊铺箱螺旋分料器。

d. 打开备料门控制开关,使矿料、填料、水几乎同时进人拌和缸,并当预湿的混合料推移至乳液喷出口时,乳液喷出。

e. 调节稀浆在分向器上的流向,使稀浆能均匀地流向摊铺箱左右。

f. 调节水量,使稀浆稠度适中。

g. 当稀浆混合料均匀分布在摊铺箱的全宽范围内时,操作手就可以通知驾驶员启动底盘,并缓慢前进,一般前进速度为1.5~3.0km/h,但应保持稀浆摊铺量与生产量的基本一致,保持摊铺箱中稀浆混合料的体积为摊铺箱容积的1/2左右。

h. 混合料摊铺后,应立即进行人工找平,找平的重点是:起点,终点,纵向接缝,过厚,过薄或不平处,尤其对超大粒径矿料产生的纵向刮痕,应尽快清除并填平。

i. 当摊铺机上任何一种材料用完时,应立即关闭所有材料输送的控制开关,让搅拌缸中的混合料搅拌均匀,并送入摊铺箱摊铺完后,即通知驾驶员停止前进。

j. 将摊铺箱提起,然后把摊铺机连同摊铺箱开至路外,清洁搅拌缸和摊铺箱。

k. 查对材料余量。

(2)人工摊铺施工程序

人工摊铺通常用在小面积低等级道路上,或人行道、广场、停车场等机械不能摊铺的地方,其施工程序如下:

①每盘拌量以100kg矿料为基准。

②施工前应作小样的试拌试铺,在满足厚度要求的前提下,确定每千克矿料铺筑的面积,并折算出每盘混合料的铺筑面积。

③放样画线,根据每盘混合料的铺筑面积,将施工路段划分为若干个方块,要求方块面积与每盘混合料的铺筑面积一致,方块之间的纵横连接应顺直。

④拌制工序是:先将矿料和填料置于拌盘或路面上拌匀,加水或添加剂水溶液再拌匀,再加乳化沥青,迅速拌和,拌至无花白料为止,所以材料均应按设计试验要求准确称重。

⑤稀浆拌均匀后应立即摊铺,并刮平。

⑥施工完毕,所有工具必须立即用清水冲洗干净。

4. 一些特殊问题的处理

1)预湿水

天气过于干燥气温又高时,对原路面进行预洒水,有利于稀浆与原路面的牢固黏结。一些新式的稀浆封层机都具有预洒水系统，只需摊铺时打开即可。对于无预洒水系统的摊铺机或人工摊铺，可采取其他方式洒水，但应避免洒水过多，量的控制以路面无积水为宜。洒水后可立即摊铺。

2）接缝

纵向接缝与摊铺方向及路线方向平行，是一条很长的线，是影响封层总体外观的重要方面，因此纵缝的处理非常关键。在先铺筑的接缝处进行预湿水处理有助于两车稀浆以混合料的连接，而用橡胶刮耙处理接缝的突出部分非常有效，再用扫帚进行扫平，使纵向接缝变得平顺，总体外观更佳。

横向接缝，应该说至少一车一道，有的甚至很多。接缝过多过密总是会影响外观和平整度，因此应尽可能减少横缝的数量，提高接缝的施工水平。良好的横向接缝，对于防止水分下渗和形成悦目的外观，仍极为重要。首先在起点处，当摊铺箱的全宽度上都布有稀浆时，就可以低速缓慢的前移，这样可以减少箱内积料过多而产生的过厚起拱现象，并对起点进行人工找平，有条件的地方或高速公路上施工，应在起点的摊铺箱下铺垫一块油毡，当摊铺机前进后，将油毡连同上面的混合料一道拿走，这样可以保证一个非常平整的起点和良好的外观。当摊铺机所携带的任何一种材料（一般是矿料）已经用完时，操作手应力求摊铺箱内混合料分布均匀。一般情况下，摊铺终点的外观影响不大，因为下一车将在该终点处，倒回一段距离，从上一车终点倒回 3 ~ 5m 的距离开始下一车的摊铺，是一个可采纳的办法。驾驶员应该使机械的运行线形，与上一车相吻合。当该路段进行最后一车施工时，其终点的处理应该采取人工整平，并做出一条直线。

3）加水量的控制

某一种石料和乳化沥青，当外加水量为某一范围时，可以成为一稳定的稀浆。机械作业时的外加水量，可以采取允许范围的中值。若加水量过少，拌和时的和易性及均匀性都受影响，甚至拌不出稀浆。随着拌和摊铺机械的发展，有加水过多的现象发生，似乎认为加水量增大有利于拌和摊铺，而对稀浆质量无多大影响，这是不正确的。加水量过多，会带来下列不利情况：

（1）破乳成形时间延长；

（2）造成流淌现象，影响混合料中的沥青含量，并产生光滑纵向条痕和大块亮斑；

（3）造成混合料中沥青分布不均匀。

很显然，成功的稀浆封层应建立在稀浆中沥青分布均匀的基础上。加水太多，稀浆的稳定性降低，粒料下沉沥青上浮，造成与原路面的黏结降低，而封层表面的沥青含量过高。封层越厚这种影响越严重。

新型的带有螺旋分料器的稀浆封层机，是保证取得最佳加水量的前提之一。由拌和缸输出的稀浆混合料外表，特别是它在摊铺箱中滚转的方式，对一位有经验的操作手来说，可以正确地判断这种稀浆的稠度是否到达最佳。经验较少的人，可以取少量的混合料样品进行坍落度试验，当坍落度为 2 ~ 3cm 时，其含水量合适；在现场可以采取观察混合料沉陷的方法来确定混合的稠度，若沉陷像流体一样，则该混合料太稀，不稳定，含水量无疑太高。若沉陷量改变不大，稀浆混合料的稠度则可以。

以合适的水量加到稀浆混合料中，其重要性一直被重点强调，因为加水量的多少关系到施工的和易性、与原路面的黏接强度、封层表面的泛油及混合料的沥青分布等，对施工质量影响极大。

4)过大颗粒及细料凝块

不论是料场,还是装卸和堆放如何慎重,偶尔也会有粒径超过稀浆封层厚度的石料被夹到矿料箱中。如果它大到足够大时,这个过大的石料可能使拌和缸的搅拌叶片被打断,或卡住搅拌轴,或引起其他的机械故障。若这个石料通过拌和缸进入摊铺箱后,它最终可能卡在后刮皮下,而在铺筑的稀浆封层表面造成一条明显的纵向凹槽。

一场大雨过后,石料变得很湿,某些细集料在干燥时成块或球状,越是干燥,球块越是坚硬,越难使它们分散。尤其是砂当量低的材料,泥土含量较高,其凝结成团的可能性越大,有时通过拌和缸也难打碎。这种凝块进入摊铺箱后就与大石料一样,造成封层表面纵向划痕。有时也可能在摊铺箱后框下压碎,给封层表面留下一条松散的浅色痕迹,通车后这条痕迹很容易跑散而形成一条凹槽。避免这种现象发生的方法主要是:所有装入摊铺箱中的矿料必须过筛,并堆放在清洁、地面经过铺装不可能与其他材料相混淆的地方。一旦出现这种现象,应立即采取补救措施,首先是跟在摊铺箱后的工人应密切注意摊铺箱的情况。发现划痕,立即用锹将该处刮皮铲起,将大石料或结团清除,并刮平;若发现较迟,已有较长划痕时,则先清除大石料或结团,然后用锹在拌和缸出料口接料,均匀洒布在划痕上,并刮平;对于结团被压碎后出现的浅色痕迹,现场处理起来比较麻烦,可以在开放交通一段时间后再作填补。

5)路面上附属设施的保护

路面上尤其是城市道路的路面上有很多的附属设施,如雨水井蓖、各种检查井盖、路缘石等,施工时都应加以保护,完工后都应显露出来而不被封盖住。

对雨水井蓖,在施工前可用油毛毡将其盖上,在油毛毡上洒少许石屑,并在路缘石上做点记号。当稀浆封层车走过以后,立即将油毛毡提起。

对各种检查并盖,可在其上抹上一层油脂,这样可以防止稀浆封层混合料与井盖的黏接,施工后尽快将混合料铲掉,即便是忘了,成形开放交通后,井盖上的混合料仍会散掉,露出完整的井盖。

对路缘石,为了不被污染,可在其上粘上一层白色不干胶条,施工完后撕开即可。也可以采取另外一种办法,即将摊铺箱离开路缘石一点点距离,在摊铺箱侧面与后面的橡胶刮皮之间,留出一条小缝,让更多的稀浆流出,采取人工方式刮平,使稀浆封层与路缘石连接平顺。

6)半宽施工

对大部分新式摊铺机而言,其摊铺宽度是可调的,因此应尽可能不采取半宽施工的方法。但有些摊铺箱其宽度不可调,或其他原因,采用半宽施工的方法也是一种减少重叠浪费的措施。半宽施工,则利用摊铺箱的一半宽度,一般为1.2~2m。操作手只需固定出料分向器,将所有的稀浆都供应到摊铺箱的一侧,并使用螺旋分料器将其均匀地分布在单侧料箱中。施工的一侧最好与驾驶员同侧。在我国一般在左侧,以利于驾驶员能看到摊铺箱中料的堆积程度,从而控制行驶速度。但应指出的是,半宽施工所铺设的一边不会是直线,因此半宽施工不应放在最后。

四、成形养护

乳化沥青的任何一种施工方法,施工后都有一个破乳成形过程,稀浆封层也不例外。养护的时间视稀浆混合料中水的驱除及黏结力的大小而变化，通常认为，当黏结力达到12N · m时，稀浆混合料已初凝，当黏结力达到2.0N · m时，稀浆混合料已凝固到可以开放交通的状态。影响稀浆混合料成形的因素很多，包括气候、材料、机械设备、配比等多方面，排除气候、矿料、机械设备等非人为因素、乳化沥青的性能及配比就成为影响成形的最关键因素。

1. 影响养护成形的因素

1）集料

在稀浆混合料中，集料占3/4，集料的性质在很大程度上影响混合料的拌和性能及养护成形时间，尤其是慢裂快凝型稀浆封层。一般来说，混合料的可拌和时间越长，其养护成形时间亦越长。

集料包括碎石、砂砾和矿渣等，其颗粒尺寸分布状态、外形、密度以及自身性质是影响稀浆混合料稳定性的几大因素。颗粒越细、矿粉含量越高，其混合料的可拌和时间越短，能更多地吸收水和乳化沥青；如果含有塑性粉料，则会因吸收水分而膨胀，同样需要增加水和乳化沥青的用量，结果会导致路面的过度收缩和耐磨性降低等缺陷。集料若全部为破碎的碎石，将会有更高的吸水能力，其混合料的可拌和时间较短，成形养护时间也可以缩短。多孔性表面或孔隙率较高的矿料，其吸收特性较明显，矿料越干，吸湿性越强，开放交通就越快；若矿料开始是湿的，则开放交通时间会受影响。

表面活性比较强的集料，在其潮湿的表面上存在着较强的电荷，当与乳化沥青接触后，由于带电粒子的相互作用，很可能在没有拌制出稀浆之前，就过快地破乳析出。因此对这些集料一般应采取措施，或者改变乳化沥青的性能，使其破乳速度减慢，或者对集料的表面进行化学处理，降低其电荷性。例如在预湿水中加入表面活性剂，这样可以中和集料表面的大量电荷从而获得足够的拌和时间。

2）乳化沥青

影响乳化沥青破乳速度的主要因素是乳化剂的性能、乳化剂的用量、乳液的pH值及乳化沥青含量。

众所周知，乳化沥青可分为慢裂、中裂和快裂3种类型，而用于稀浆封层的必须是慢裂的乳化沥青。稀浆封层的成形可以看成是混合料中的水被驱除并蒸发干后，沥青由半液态变为半固态，并取代集料表面水而黏附在集料表面上，石料通过沥青的黏结而固化。若水的驱除完全靠自然蒸发的话，其养护时间可能需要4～5h，因此，这种封层受现场气候条件影响最大；高温低湿并有大风，将有助于水的蒸发，能加速混合料的养护成形，这就是慢裂慢凝稀浆封层的成形特性。若水的驱除是靠化学的作用，则乳化沥青与集料拌和后，沥青颗粒迅速与集料表面靠近，将集料表面的水挤出去，而很快形成初始黏结力，并在化学和自然蒸发的双重作用下，混合料迅速固化，这就是慢裂快凝稀浆封层成形的基本原理。因此对于慢裂慢凝的稀浆封层，影响其成形的主要原因是气候条件。而慢裂快凝稀浆封层的成形除气候条件外，还在于乳化剂的性能。

在慢裂快凝稀浆封层方面，乳化剂用量的大小是决定乳化沥青破乳的主要因素。一般而言，乳化剂用量越大，其乳液的稳定时间越长，成形开放交通的时间亦越长；反之，乳化剂用量越小，混合料的可拌和时间越短，也可能拌不出合格的稀浆混合料。

乳化沥青的pH值对拌和的稳定性也有影响。因为慢裂快凝稀浆封层的成形主要靠化学作用力，其中就包括集料表面电荷与沥青表面电荷的作用力，而 pH 值大小对矿料表面性能有影响。例如，石英石本身并不带电，但当 pH 值低于 3.7 时，其表面带负电。在慢裂快凝稀浆混合料中，乳化沥青用量越大，其可拌和时间越长，开放交通时间也相应延长，但乳化沥青的用量，需通过 WTAT 和 LWT 试验确定。

和集料一样，乳化沥青颗粒越细小，表面积就越大，化学性质就越活跃，其破乳成型时间可能会缩短。乳化沥青中的原沥青性能也对成形开放交通有影响，一般认为原沥青针入度越低，其开放时间越短，凝固速度越快。

3）填料

填料可分为具有化学活性的填料和不具有化学活性的填料。对于不具有化学活性的填料，在稀浆混合料中，其掺量越大，混合料的破乳成形时间均有所缩短，这是因为比表面积迅速增加的缘故。而对于具有化学活性的填料，其在稀浆混合料中的作用就比较复杂，不同的填料其作用也不一样。现以最常用的水泥填料为例，当加入水泥后，由于水泥中的离子可以中和集料表面的负电荷，使集料与阳离子乳化沥青的化学反应速度减缓、可拌和时间增长；但当水泥添加到一定量后；由于混合料的比表面积增大、可拌和时间将迅速缩短，相应地开放交通时间也将提前。

4）添加剂

添加剂可分为速凝剂和缓凝剂两种。顾名思义，速凝剂是加快破乳和成形的添加剂，而缓凝剂是减缓破乳和成形的添加剂。在稀浆封层系统中，缓凝和速凝均是以保证最低限度的可拌和时间来确定其添加量的。

5）温度（能量）

在稀浆封层系统中，广义的温度概念包括空气及太阳的热能、化学反应的热能、原路面的热能、风能及机械拌和摊铺产生的能量等之和。应该说系统的总能量越高，混合料的脱水速度越快，封层的成形开放交通的时间越短，在慢裂快凝稀浆封层方面表现得尤为突出。摊铺后，气温越高，破乳成型时间越短；但当气温过高时，刚摊铺的稀浆封层表面可能产生局部过早破乳，形成一层油膜，反而影响层内的水分蒸发，对成形不利。

如果系统中的总热能过高，很可能造成可拌和时间过短。例如刚生产的沥青乳液其温度可能为 70～80℃，如果立即用于施工，就可能拌不出合格的稀浆。但当乳化沥青降至自然温度后，就可能铺出非常好的稀浆封层。

摊铺后风越大，成形时间越短，开放交通时间越早。最不利的天气是低温、高湿，低温的影响没有湿度明显。放热的反应有利于混合料的破乳和成形，而吸热的反应则相反，需要从系统中吸收热量，影响破乳成形。

水在蒸发的同时会吸收大量热量，使混合料的总体温度降低，当有热量补充时（如日照）成形会加快进行。但当无热量补充时（如日落后），其破乳成形的速度将迅速降低，延迟开放交通时间。因此在夜间施工时应充分注意这一点，应有较高的环境温度来对混合料进行热量交换，以保证足够的养护时间。

原路面温度若高于稀浆混合料的温度，将有利于两层的黏结及稀浆混合料的破乳成形。反之，由于热量交换的结果，混合料的温度将逐渐下降，影响其破乳成形，这也就是有时早上第一车摊铺的稀浆封层比之后摊铺的稀浆封层成形慢的原因之一。

2. 碾压

稀浆混合料在破乳成形后，都会有若干空隙。这些空隙在自然交通的反复作用下，可以提供足够的压实，使空隙自动弥合，因此也就无需压实机械碾压。但交通量不足的地方，如停车场、机场、游乐场、广场及不开放交通的下封层，则必须碾压。碾压的时机非常重要，一般认为，刚破乳的沥青微粒，其成膜后的性质接近于液态而非固态，因此在此时实施碾压，其压实效果最好。

压实机具可用轮胎压路机或钢轮压路机，但不可用振动压路机。

1）轮胎压路机

轮重4.5t，轮胎压力约3个大气压，碾压时做5个往返，并从路中开始向外侧扩碾，碾压速度为5～8km/h。

2）钢轮压路机

轮重3～4.5t，多用于多层稀浆封层的底层上，但在水泥混凝土路面上的稀浆封层，严禁使用钢轮压实。

3. 其他

1）撒砂保护

刚摊铺的稀浆混合料，在养护成形期间内，严禁任何车辆和行人进入，否则将带来不良的外观。但有时一些路段在摊铺后必须立即开放交通，如交叉路口、单位门口等，为此必须采取一些措施尽可能减少对稀浆封层的损坏。撒砂保护是一个可取的办法，在需要开放交通的路段撒上一层薄砂，将避免粘轮现象的发生；但撒砂的时间最好在稀浆破乳之后进行，太早也将产生轮迹。在这些路段上最好应避免急刹车和急转弯，否则将破坏路面。

有时成形的稀浆封层上会出现发亮、发黏，甚至是一层油膜的现象，处理的办法是在开放交通前撒砂进行保护，撒砂后进行碾压将更好。

2）缺陷处理

施工时产生的一些缺陷，如漏铺、刮痕、脚印等，均应在开放交通前进行修补，以防病害扩大。

3）设施恢复

对雨水井篦、检查井盖等设施均应在施工后进行清理，保持设施的可操作性和完整性。

4）现场清洁

稀浆封层施工后，应对现场进行清理，路面上不应留有任何松散或成堆废弃物。不慎漏出的乳化沥青或施工终点多余的乳化沥青所产出的光滑表面应撒上一层石屑，并扫平。料场的整洁也特别重要，尤其装乳化沥青的地方，被漏出的乳液污染的可能性很大，应及时清理。开放交通后的稀浆封层路面上不应留有任何障碍，保证交通顺畅。

复习思考题

1. 城市道路路面的病害与缺陷有哪些？

2. 如何进行路面状况调查？

3. 市政道路的评价体系是如何构成的？
4. 沥青路面初期养护应注意哪些问题？
5. 路面坑槽是如何形成的？怎样处理？
6. 沥青路面有哪些常见病害？有怎样的病害特征？
7. 水泥路面的日常养护包括哪些方面？
8. 水泥路面拱起现象发生的原因有哪些？如何治理？
9. 简述道路沉陷产生的原因及处理措施。
10. 路面基层的改善包括哪些内容？
11. 路面下埋置物施工后如何恢复？
12. 简述乳化沥青稀浆封层的施工工艺。

第五章

市政桥梁的养护

知识目标

1. 解释市政桥梁养护的分类与分级；
2. 描述桥梁上部结构的组成及养护方法；
3. 描述桥梁下部结构的组成及养护方法；
4. 描述桥梁附属设施的组成及养护方法；
5. 描述立交桥和人行天桥的养护方法。

能力目标

进行桥梁的检查与评价计算。

●第一节　概　　述●

一、桥梁养护的分类与分级

市政桥梁的养护应包括城市桥梁及其附属设施的检测评估、养护工程及建立档案资料，应尽量保证城市桥梁经常处于完好的技术状态，延长其使用年限，满足承载力和通行能力要求，因此，对城市桥梁进行经常性的养护维修是十分必要的。根据城市桥梁在道路系统中的地位，城市桥梁养护宜分为以下5类：

I类养护的城市桥梁——特大桥梁及特殊结构的桥梁。

II类养护的城市桥梁——城市快速路网上的桥梁。

III类养护的城市桥梁——城市主干路上的桥梁。

IV类养护的城市桥梁——城市次干路上的桥梁。

V类养护的城市桥梁——城市支路和街坊路上的桥梁。

(1)根据各类桥梁在城市中的重要性，本着“保证重点，养好一般”的原则，城市桥梁养护等级宜分为I等、II等、III等。

养护等级及养护、巡检要求应符合以下要求：

I等养护的城市桥梁应为I~III类养护的城市桥梁及IV、V类养护的城市桥梁中的集会中心、繁华地区、重要生产科研区及游览地区附近的桥梁，应重点养护，巡检周期不应超过1天。

Ⅱ等养护的城市桥梁应为Ⅳ、Ⅴ类养护的城市桥梁中区域集会点、商业区及旅游路线或市区之间的联络线、主要地区或重点企业所在地附近的桥梁，应有计划地进行养护，巡检周期不宜超过3天。

Ⅲ等养护的城市桥梁应为Ⅴ类养护的城市桥梁及居民区、工业区的主要道路上的桥梁，可一般养护，巡检周期可在7天之间。

(2)根据城市桥梁技术状况、完好程度，对不同养护类别，其完好状态等级划分及养护要求应符合下列规定：

Ⅰ类养护的城市桥梁完好状态宜分为2个等级：

合格级——桥梁结构完好或结构构件有损伤，但不影响桥梁安全，应进行保养、小修。

不合格级——桥梁结构构件损伤，影响结构安全，应立即修复。

Ⅱ~Ⅴ类城市桥梁完好状态宜分为5个等级：

A级——完好状态，BCI达到90~100，应进行日常保养。

B级——良好状态，BCI达到80~89，应进行日常保养和小修。

C级——合格状态，BCI达到66~79，应进行专项检测后保养、小修。

D级——不合格状态，BCI达到50~65，应检测后进行中修或大修工程。

E级——危险状态，BCI小于50，应检测评估后进行大修、加固或改扩建工程。

二、桥梁养护工程的分类

桥梁的养护工程宜分为保养、小修，中修工程，大修工程，加固、改扩建工程。

(1)保养、小修——对管辖范围内的城市桥梁进行日常围护和小修作业。

(2)中修工程——对城市桥梁的一般性损坏进行修理，恢复城市桥梁原有的技术水平和标准的工程。

(3)大修工程——对城市桥梁的较大的损坏进行综合治理，全面恢复到原有技术水平和标准的工程及对桥梁结构维修改造的工程。

(4)加固、改扩建工程——对城市桥梁因不适应现有的交通量、载重量增长的需要及桥梁结构严重损坏，需恢复和提高技术等级标准，显著提高其运行能力的工程。

三、桥梁养护的一般要求

桥梁的养护维修主要是对危害桥梁正常运营的部分进行经常性的修缮工作，如保持桥面清洁，伸缩缝完好并能伸缩自由，疏通泄水孔等。城市桥梁养护与修理工作的范围包括以下内容：

(1)技术检查与检验。

(2)建立和健全完整的桥梁技术档案。养护档案应包括：桥梁主要技术资料，施工竣工资料、养护技术文件，巡检、检测、测试资料、桥梁自振频率、桥上架设管线等技术文件及相关资料。

(3)桥梁的安全防护。桥梁应安全、完好、整洁；夜间照明应符合有关标准的要求；各种指示标志应齐全、清晰。人行天桥、立交、高架路、隧道、通航河道上的桥梁必须设桥下限高的交通标志；立交、跨河桥应设限载牌。

(4)桥梁的经常保养、维修与加固。

(5)列入文物保护范围的城市桥梁的养护，除应执行本规范外，还应符合文物部门的有关技术规定。

第二节　桥梁检查与评价

桥梁的检查与检验是桥梁养护工作的两个重要环节，也是桥梁养护的基础性工作。对桥梁进行检验与检查，目的在于系统地掌握桥梁的技术状况，较早地发现桥梁的缺陷和异常，进而合理地提出养护措施。

一、桥 梁 检 查

1. 桥梁检查流程

1)城市桥梁检查的内容

(1)记录桥梁当前状况；

(2)了解车辆和交通量的改变给设施运行带来影响；

(3)跟踪结构与材料的使用性能变化；

(4)对桥梁状态评估提供相关信息；

(5)给养护、设计与建设等部门提供反馈信息。

2)检查流程

城市桥梁的检测评估应根据其内容、周期、评估要求分为经常性检查、定期检测、特殊检测，按图5-1所示流程进行。

在城市桥梁技术状况检测评估时，桥梁因主要构件损坏，影响桥梁结构安全时，I类养护的城市桥梁应判定为不合格级，应立即安排修复；II～V类养护的城市桥梁应判定为D级，并对桥梁进行结构检测或特殊检测。

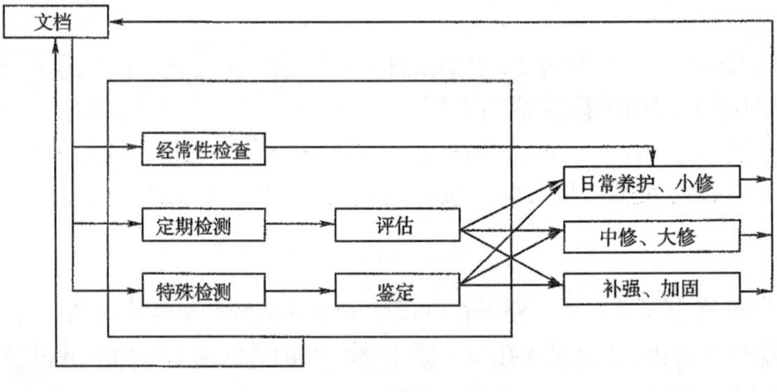

图5-1　城市桥梁养护流程图

2. 经常性检查

经常性检查应对结构变异、桥及桥区施工作业情况和桥面系、限载标志、交通标志及其他附属设施等状况进行日常巡检，应由专职桥梁管理人员或有一定经验的工程技术人员负责。以目测为主，并现场填写《城市桥梁日常巡检日报表》，记录检查中的缺损类型、维修工程量，提出相应的养护措施。

经常性检查应包括的内容：

(1)桥面系及附属结构物的外观情况。

①平整性、裂缝、局部坑槽、壅包、车辙、桥头跳车；

②桥面泄水孔的堵塞、缺损；

③人行道铺装、栏杆扶手、端柱等部位的污秽、破损、缺失、露筋、锈蚀等；

④墩台、锥坡、翼墙的局部开裂、破损、塌陷等。

(2)上下部结构异常变化、缺陷、变形、沉降、位移，伸缩装置的阻塞、破损、联结松动等情况。

(3)城市道路管理条例中规定的各类违章现象。

(4)检查在桥区内的施工作业情况。

(5)桥梁限载标注及交通标志设施等各类标志完好情况。

(6)其他较明显的损坏及不正常现象。

3. 定期检测

定期检测也叫详细检查。桥梁的定期检测是桥梁养护管理系统中，采集结构技术状况动态数据的工作，为评定桥梁使用功能、制订养护计划提供基本数据。

定期检测分为常规定期检测和结构定期检测。常规定期检测应每年进行一次，可根据城市桥梁实际运行状况和结构类型、周边环境等适当增加检测次数。结构定期检测应在规定的时间间隔进行，I类养护的城市桥梁宜为1～2年，关键部位可设仪器监控测试；II～V类养护的城市桥梁间隔宜为6～10年。

1)常规定期检测

常规定期检测应由专职桥梁养护工程技术人员或实验经验丰富的桥梁工程技术人员负责，并应对每座桥梁制订相应的定期检测计划和实施方案。常规定期检测宜以目测为主，并应配备照相机、裂缝观测仪、探查工具及现场的辅助器材与设备等必要的量测仪器。

常规定期检测主要包括以下内容：

(1)对照城市桥梁资料卡和设备量年报表现场校核城市桥梁的基本数据。

(2)实地判断损坏原因，估计维修范围和方案。

(3)对难以判断其损坏程度和原因的构件，提出作特殊检测的建议。

(4)对损坏严重、危及安全的城市桥梁，提出限载以至暂时限制交通的建议。

(5)根据城市桥梁技术状况，确定下次检测的时间。

2)结构定期检测

结构定期检测应由相应资质的专业单位承担，并应由具有城市桥梁养护、管理、设计、施工经验的人员参加。检测负责人应具有5年以上城市桥梁专业工作经验。I类养护的城市桥梁，结构定期检测应根据桥梁检测技术方案和细节分组，并加以标识，确定相应的检测频率；II～V类养护的城市桥梁结构定期检测包括桥梁结构中所有构件。结构定期检测应根据桥龄、交通量、车辆载重、桥梁使用历史、已有技术评定、自然环境以及桥梁临时封闭的社会影响制订详细计划。计划应包括采用的测试技术与组织方案并提交主管部门批准。

结构定期检测主要包括以下内容：

(1)查阅历次检测报告和常规定期检测中提出的建议。

(2)根据常规定期检测中桥梁状况评定结果，进行结构构件的检测。

(3)通过材料取样试验确认材料特性、退化的程度和退化的性质。

(4)分析确定退化的原因，以及对结构性能和耐久性的影响。

(5)对可能影响结构正常工作的构件，评价其在下一次检查之前的退化情况。

(6)检测桥梁的淤积、冲刷等现象,水位记录。

(7)必要时进行荷载试验和分析评估,城市桥梁的荷载试验评估应按有关标准进行。

(8)通过综合检测评定,确定具有潜在退化可能的桥梁构件,提出相应的养护措施。

3)特殊检测

特殊检测应由相应资质的专业单位承担,主要检测人员应具有5年以上城市桥梁专业工程师资格。特殊检测应有专业人员采用专门技术手段,并辅以现场和实验室测试等特殊手段进行详细检测和综合分析,检测结构应提交书面报告。

(1)城市桥梁在下列情况下应进行特殊检测:

①城市桥梁遭受洪水冲刷,流冰、漂流物、船舶或车辆撞击,滑坡、地震、风灾、化学剂腐蚀,车辆荷载超过桥梁限载的车辆通过等特殊灾害造成结构损伤。

②城市桥梁常规定期检测中难以判明是否安全的桥梁。

③为提高或达到设计承载等级而需要进行修复加固、改建、扩建的城市桥梁。

④超过设计年限,需延长适用的城市桥梁。

⑤常规定期检测中桥梁技术状况Ⅰ类养护的城市桥梁被评定为不合格级的桥梁,Ⅱ~Ⅴ类养护的城市桥梁被评定为D级或E级的桥梁。

⑥常规定期检测发现加速退化的桥梁构件需要补充检测的城市桥梁。

(2)城市桥梁特殊检测内容:

①结构材料缺损状况诊断。

结构缺损材料状况的诊断,应根据材料缺损的类型、位置和检测的要求,选择表面测量、无损检测技术和局部取试样等方法。试样宜在有代表性构件的次要部位获取。检测与评估应依照相应的试验标准进行。

②结构整体性能、功能状况评估。

结构整体性能、功能状况评估应根据诊断的构件材料质量及其在结构中的实际功能,用计算分析评估结构承载能力。当计算分析评估不满足或难以确定时,用静力荷载方法鉴定结构承载能力,用动力荷载方法测定结构力学性能参数和振动参数。结构计算、荷载试验和评估应符合国家现行有关标准的规定。

(3)特殊检测报告:

特殊检测报告主要包括以下内容:

①概述、桥梁基本情况、检测组织、时间背景和工作过程。

②描述目前桥梁技术状况、试验与检测项目及方法、检测数据与分析结构、桥梁技术状况评估。

③阐述检测部位的损坏原因及程度,评定桥梁继续使用的安全性。

④提出结构及局部构件的维修、加固或改造的建议方案,提出维护管理措施。

二、桥梁技术状况的评定

城市桥梁技术状况Ⅱ~Ⅴ类养护的评估包括:桥面系、上部结构、下部结构和全桥评估。一般采用先部分再综合的方法评估。城市桥梁Ⅱ~Ⅴ类养护的完好程度以桥梁状况指数BCI来确定评估指标,并满足下列要求:

(1)按分层加权法根据定期检查的桥梁技术状况记录,对桥面系、上部结构和下部结构分别进行评估，再综合得出整个桥梁技术状况的评估。

（2）桥面系的技术状况用桥面系状况指数 BCI_m 表示，根据桥面铺装、伸缩装置、排水系统、人行道、栏杆及桥头平顺等要素的损坏扣分值，按下式计算 BCI_m 值：

$$BCI_m = \sum_{i=1}^{6}(100 - MDP_i) \cdot W_i$$

$$MDP_i = \sum_j DP_{ij} \cdot W_{ij} \tag{5-1}$$

式中：i——桥面系的评估要素，即 i 表示桥面铺装、桥头平顺、伸缩装置、排水系统、人行横道和栏杆等要素；

DP_{ij}——桥面系第 i 类要素中第 j 项损坏的扣分值，详见表 5-1；

W_{ij}——桥面系第 i 类要素中第 j 项损坏的权重，由式 $w = 3.0\mu^3 - 5.5\mu^2 + 3.5\mu$ 计算而得，其中 μ 根据第 j 项损坏的扣分 DP_{ij} 占桥面系第 i 类要素中所有损坏扣分值的比例 $\left(\mu_{ij} = \dfrac{DP_{ij}}{\sum_j DP_{ij}}\right)$ 计算而得；

MDP_i——桥面系第 i 要素中损坏的总扣分值；

W_i——第 i 项要素的权数，见表 5-2。

桥面系各构件评分等级、扣分表　　表 5-1

	损坏类型	定义	损坏评价				说明
桥面铺装	网裂或龟裂	桥面产生交错裂缝，把桥面分割成网状的碎块	程度	<3%	3% ~10%	>10%	网裂总面积占整个桥面面积的百分比
			扣分值	5	15	40	
	波浪及车辙	桥表面有规则的纵向起伏或局部拥起及沿轮迹处的路表凹陷	程度	<3%	3% ~10%	>10%	出现波浪及车辙的总面积占整个桥面面积的百分比
			扣分值	5	15	40	
	坑槽	桥面材料散失后形成凹坑，但没有贯穿桥面	程度	<3%	3% ~5%	>5%	坑槽总面积占整个桥面面积的百分比
			扣分值	65	65	65	
	碎裂或破碎	桥面出现成片裂缝，缝间路面已裂成碎块	程度	<3%	3% ~5%	>5%	碎裂或破碎的总面积占整个桥面面积的百分比
			扣分值	40	65	80	
	洞穴	桥面开裂或破损形成贯穿桥面的洞穴	程度	1个	2个	3个	洞穴数量
			扣分值	65	65	80	
	桥面贯通纵缝	与桥面道路中线大致平行并且在纵向可能贯通整个桥面的裂缝，有时伴有少量支缝	程度	无	半贯通	贯通	裂缝在平行于桥面道路中线方向的贯通程度
			扣分值	0	5	15	
桥头平顺	桥头沉降	桥梁与道路连接处形成高差	程度	无	轻微	明显	“无”指桥梁与道路连接平顺，目测不出高差；“轻微”指桥梁与道路连接有高差，高度差未超过《城市桥梁养护技术规范》（CJJ 99—2003）中 5.2.6 条限值；“明显”指桥梁与道路连接有高差，高度差超过 5.2.6 条限值
			扣分值	0	15	40	
	台背下沉值	道路路面在桥梁台背回填处出现沉降的深度	程度	<2cm	2 ~5cm	>5cm	道路路面在桥梁台背回填处出现沉降的深度
			扣分值	15	40	80	

续上表

	损坏类型	定义	损坏评价				说明
伸缩缝	螺帽松动	带螺栓的伸缩缝装置中原本紧固的螺帽产生松动	程度	无	1~5个	>5个	螺帽松动的数量
			扣分值	0	15	40	
	缝内沉积物阻塞	垃圾泥土等杂物进入伸缩缝造成伸缩缝阻塞	程度	无	少量	严重	“无”指几乎没有杂物进入伸缩缝内；“少量”指伸缩缝内有少量的杂物；“严重”指伸缩缝内有大量的杂物并造成伸缩缝严重阻塞
			扣分值	0	5	15	
	接缝处铺装碎边	桥梁接缝处桥面边缘出现破碎损坏	程度	无	轻微	严重	“无”指桥梁接缝处桥面边缘没有破损；“轻微”指桥梁接缝处桥面边缘有10个以内小于$0.1m^2$，深度小于2cm的破损；“严重”指桥梁接缝处桥面边缘有10个以上破损面积大于$0.1m^2$，深度大于2cm的破损
			扣分值	0	40	65	
	接缝处高差	伸缩装置高差；伸缩装置保护带与桥面的高差	程度	无	轻微	明显	“无”指桥梁伸缩装置与桥面（路面）连接平顺，目测不出高差；“轻微”指桥梁伸缩装置与桥面（路面）连接处有高差，高度差未超出5.2.6条、5.2.9条限值；“明显”指桥梁伸缩装置与桥面（路面）高度差超过5.2.6条、5.2.9条限值
			扣分值	0	5	15	
	钢材料翘曲变形	伸缩缝内的钢材料构件产生不均匀应变而形成非正常的弯曲或扭曲变形	程度	无	轻微	严重	“无”指钢材料没有翘曲变形；“轻微”指钢材料有不大于1cm的翘曲变形，这种变形基本上下不影响该构件原有的功能；“严重”指钢材料有大于1cm的翘曲变形，这种变形严重影响甚至破坏了该构件原有的功能
			扣分值	0	15	40	
	结构缝宽	伸缩缝在设计时预留的正常缝宽	程度	正常	略有变化	卡死	“正常”指伸缩缝宽为设计时预留的正常缝宽；“略有变化”与设计时预留的正常缝宽相比有大于2cm的变化；“卡死”指伸缩缝宽几乎为零，伸缩缝两侧的桥梁构件紧密地接触在一起
			扣分值	0	15	65	
	伸缩缝处异常声响	伸缩缝在车辆经过时发出非正常声响	程度	无	轻微	严重	“无”指伸缩缝在车辆经过时没有异常声响；“轻微”指伸缩缝在车辆经过时发出不太明显的异常声响；“严重”指伸缩缝在车辆经过时发出很明显的异常声响
			扣分值	0	10	30	

续上表

	损坏类型	定义	损坏评价				说明
排水系统	泄水管阻塞	垃圾泥土等杂物进入泄水管,造成泄水管阻塞	程度	<5%	5%~20%	>20%	被阻塞的泄水管数占所有泄水管总数的百分比
			扣分值	10	40	80	
	残缺脱落	排水设施残缺不全或脱落	程度	<5%	5%~20%	>20%	残缺脱落的排水设施数占所有排水设施总数的百分比
			扣分值	10	20	40	
	桥面积水	桥面雨水不能及时排走而形成积水	程度	无	个别处	多处	“无”指桥面没有积水现象;“个别处”指桥面只有一处积水现象;“多处”指桥面有两处以上积水现象
			扣分值	0	45	65	
	防水层	设置于桥面铺装内的水泥或沥青混凝土的防水结构层	程度	完好	渗水	漏水	“完好”指防水层完好,从桥梁梁底来看没有渗水的痕迹;“渗水”指防水层有轻微的渗水,从桥梁梁底来看在个别位置有不太明显的渗水痕迹;“漏水”指防水层漏水,从桥梁梁底来看在多处位置有漏水的痕迹并且漏水量较大
			扣分值	0	30	65	
栏杆或护栏	钢筋锈蚀	钢筋混凝土材料的栏杆或护栏表面水泥混凝土剥落露出内嵌的钢筋且钢筋产生锈蚀	程度	<5%	5%~10%	>10%	产生钢筋锈蚀的构件数占所有栏杆或护栏构件总数的百分比
			扣分值	10	20	40	
	松动错位	原本固定在桥面的栏杆或护栏产生松动或位置错动	程度	轻微	中等	严重	“轻微”指栏杆或护栏只有个别的构件构动或错位,只稍微影响美观但不影响安全;“中等”指栏杆或护栏有不大于20%的构件松动或错位,不仅影响美观而且存在一定的安全隐患;“严重”指栏杆或护栏有20%以上的构件松动或错位,不仅严重影响美观而且存在严重的安全隐患
			扣分值	10	30	*	
	丢失残缺	栏杆或护栏的构件损坏后丢失使得栏杆或护栏残缺不全	程度	轻微	中等	严重	“轻微”指栏杆或护栏只有个别的构件丢失或残缺,只稍微影响美观但不影响安全;“中等”指栏杆或护栏有不大于20%的构件丢失或残缺,不仅影响美观而且存在一定的安全隐患;“严重”指栏杆或护栏有20%以上的构件丢失或残缺,不仅严重影响美观而且存在严重的安全隐患
			扣分值	10	30	*	

续上表

	损坏类型	定义	损坏评价				说明
人行道块件	网裂	人行道面产生交错裂缝，把人行道块件分割成网状的碎块	程度	<10%	10% ~20%	>20%	网裂总面积占整个人行道面积的百分比
			扣分值	15	30	50	
	塌陷	人行道块件脱空下陷	程度	<5%	5% ~10%	>10%	塌陷总面积占整个人行道面积的百分比
			扣分值	15	25	40	
	残缺	人行道块件破碎并材料散失	程度	<5%	5% ~10%	>10%	残缺总面积占整个人行道面积的百分比
			扣分值	15	30	50	

注：*Ⅱ~Ⅴ类养护的城市桥梁不打分，达到该项损坏程度时，直接将该桥定为D级，Ⅰ类养护的城市桥梁定为不合格桥。

桥面系各要素权重值 表5-2

评估要素	权重	评估要素	权重
桥面铺装	0.3	排水系统	0.1
桥头平顺	0.15	人行道	0.1
伸缩装置	0.25	护栏	0.1

(3)桥梁上部结构的技术状况采用上部结构状况指数 BCI_s 表示；BCI_s 可根据桥梁各跨的技术状况指数 BCI_k 按下式计算：

m k = 1

$$BCI_k = \sum_{l=1}^{n_s}(100 - SDP_{kl}) \cdot W_{kl}$$

$$SDP_{kl} = \sum_{x} DP_{klx} \cdot W_{klx} \tag{5-2}$$

式中：x——桥梁第 k 跨上部结构中构件 l 的损坏类型；

W_{klx}——桥梁第 k 跨上部结构中构件 l 的损坏类型 x 时的权重，由式 $w = 3.0\mu^3$ 3.5μ计算而得，μ 根据第 x 项损坏的扣分 DP_{klx} 占构件 l 所有损坏扣分值的比例，由 $\mu = \frac{DP_{klx}}{\sum_{x} DP_{klx}}$ 计算而得；

DP_{klx}——桥梁第 k 跨上部结构中构件 l 的损坏类型 x 时的扣分值；

SDP_{kl}——构件 l 的综合扣分值；

W_{kl}——构件 l 的权重，见表5-3；

n_s——第 k 跨上部结构的桥梁构件数；

BCI_k——第 k 跨上部结构技术状况指数；

m——桥梁跨数；

BCI_s——桥梁的上部结构技术状况指数。

(4)桥梁下部结构技术状况的评估应逐墩(台)进行，然后再计算整个桥梁下部结构的状况指数 BCI_x，应按下式计算：

$$BCI_x = \frac{1}{m+1}\sum_{\lambda=0}^{m} BCI_\lambda$$

$$BCI_{\lambda}=\sum_{I=1}^{n_{\lambda}}(100-IDP_{\lambda I})\cdot W_{\lambda I}$$

$$IDP_{\lambda I}=\sum_{y}DP_{\lambda Iy}\cdot W_{\lambda Iy} \tag{5-3}$$

式中：y——桥梁第 λ 墩(台)中构件 l 的损坏类型；

$DP_{\lambda Iy}$——桥梁第 λ 墩(台)中构件 l 的损坏类型 y 时的扣分值；

$W_{\lambda Iy}$——桥梁第 λ 墩(台)中构件 l 的损坏类型 y 时的权重，由式 $w=3.0\mu^3$ 计算而得，μ 根据第 y 项损坏的扣分 $DP_{\lambda i}$ 占构件 l 所有损坏扣分值的比例，按 $\mu=\frac{DP_{\lambda Iy}}{\sum_{y}DP_{\lambda Iy}}$ 计算而得；

$IDP_{\lambda I}$——构件 l 的综合扣分值；

$W_{\lambda I}$——构件 l 的权重，见表 5-4；

n_{λ}——第 λ 墩(台)的构件数；

BCI_{λ}——第 λ 墩(台)的技术状况指数；

BCI_x——桥梁的下部结构技术状况指数。

桥梁上部结构各构件权重 表 5-3

	构件类型	权重		构件类型	权重
梁桥	主梁	0.6	桁架桥	桁片	0.5
	横向联系	0.4		主节点	0.1
悬臂+挂梁	悬臂梁	0.6		纵梁	0.2
	挂梁	0.2		横梁	0.1
	挂梁支座	0.1		联结件	0.1
	防落梁装置	0.1	拱桥	主拱圈(桁)	0.7
				横向联系	0.3
			刚构桥	主梁	0.8
				横向联结	0.2

桥梁下部结构各部件权重 表 5-4

	构件类型	权重		构件类型	权重
桥墩	盖梁	0.1	桥台	台帽	0.1
	墩身	0.3		台身	0.3
	基础	0.3		基础	0.3
	冲刷	0.2		耳墙(翼墙)	0.1
	支座	0.1		锥坡	0.1
				支座	0.1

(5)整个桥梁的技术状况指数 BCI 根据桥面系、上部结构和下部结构的技术状况指数，由下式计算：

$$BCI=BCI_m\times w_m+BCI_s\times w_s+BCI_x\times w_x \tag{5-4}$$

式中：w_m、w_s、w_x——桥面系、上部结构和下部结构的权重，见表 5-5 所示。

桥梁结构组成部分的权重 表5-5

桥梁部位	权重	桥梁部位	权重
桥面系 w_m	0.15	下部结构 w_x	0.45
上部结构 w_s	0.40		

●第三节 桥梁上部结构的养护●

桥梁上部结构通常包括桥面铺装、防水和排水设施、伸缩缝、支座、栏杆和桥跨结构等。上部结构是养护维修的重点,因为其大部分构造天然敞露,受车辆及大气影响十分敏感。本节主要介绍上部结构养护、维修与加固的有关内容。

一、桥面的养护

桥面铺装材料主要有水泥混凝土和沥青类材料两种。由于使用材料的不同,产生缺陷形式也不一样。沥青类铺装层的缺陷主要有:泛油、松散、露骨、裂缝及高低不平,产生"跳车"。普通水泥混凝土铺装层的缺陷主要有:磨光、裂缝、脱皮、露骨及高低不平。

(1)桥面的养护除应符合道路养护的有关标准规定外,还要满足以下要求:

①不得随意增加荷载。老化的沥青混凝土桥面,应进行铣刨更新处理,严禁随意加铺沥青混凝土结构进行补强。严禁用沥青混凝土覆盖伸缩装置。

②桥面更新后的横坡和纵坡,应满足排水要求。

③架设在桥上的管线安全保护设施应完整、有效;线杆应安全、牢固;井盖应完好。

④桥面上人行道铺装、盲道和缘石应完好、平整。当有缺损时,应及时维修或更换。

(2)水泥混凝土铺装层如有磨光、脱皮、露骨或破裂等缺陷时,通常可用如下方法进行维修:

①原结构凿补。将原水泥混凝土铺装层的表面凿毛,并尽可能深一些,使骨料露出,用清水冲洗干净并充分润湿,再涂刷上同强度等级的水泥砂浆(或其他黏结材料),最后铺筑一层4~5cm厚的水泥混凝土铺装层(在桥梁荷载能力容许的前提下)。

②采用黑色路面改建桥面。采用黑色路面即沥青类修补桥面铺装,一般较水坝泥混凝土铺装容易,且上下结合也比较牢靠,施工期间对交通影响也比较小。但路面改变了原有结构且必须全桥加铺,否则影响美观。黑色路面修补的结构可采用沥青表面处治或沥青细砂罩面,也可加铺一层2~3cm的沥青混凝土。采用沥青细砂时,应先涂刷黏层沥青,使之与旧面层结合良好。

③全部凿除,重筑铺装层。桥面铺装层如已损坏严重,可采用全部凿除,重筑铺装层的方法修补。

新铺的面层可采用普通水泥混凝土,也可采用钢纤维混凝土等其他材料。沥青类桥面铺装层出现缺陷后,应及时处理,经常保持桥面完好平整。

桥面凸凹不平,如因构件连接处沉陷不均引起时,可采用在桥下以液压千斤顶顶升,调整构件连接处高程,使其顶面具有相同高度的方法进行维修。

(3)桥面卷材防水层养护:

①损坏的防水层,应及时进行修补。防水层维修应按施工要求进行。

②修补后的防水层，其防水性能、整体强度、与下层黏结强度和耐久性等指标，应满足原设计要求。

（4）防水混凝土结构层的养护：

①当防水混凝土表皮脱落或粉化轻微而整体强度未受影响，且防水混凝土层与下层连接牢固时，应彻底清除脱落表皮和粉化物。

②当防水混凝土受到侵蚀，表皮严重粉化且强度降低或防水混凝土层与下层已脱离连接时，应完全清除该层结构重新进行浇筑。

③清理表皮脱落层时，应清理至具有强度的表面完全露出。

（5）清除损坏的结构层时，应切割出清理边界，然后再进行清除作业。清除应彻底，不得留隐患，并应避免扰动其他完好部分。

（6）钢筋网结构的防水混凝土层清除作业时，应确保原钢筋结构的完整。

（7）在浇筑新混凝土前，作业面（包括边缘）应清洁、粗糙。

（8）选用的防水混凝土抗渗等级应高于P6，且不得低于原设计指标要求。在使用除雪剂的北方地区和酸雨多发地区，防水混凝土的耐腐蚀系数不应小于0.8。严禁使用普通配比混凝土替代防水混凝土。

二、桥面伸缩装置的养护

目前常用的桥面伸缩装置有锌铁皮伸缩缝、钢板式伸缩缝和橡胶伸缩缝3种。由于伸缩缝设置在桥梁梁端构造薄弱部位，直接承受车辆反复荷载作用，又多暴露于大自然中，受到各种自然因素的影响，因此，伸缩缝是易损坏、难修补的部位，经常发生各种不同程度的缺陷。

伸缩缝出现缺陷后会使车辆行驶出现跳车、噪声，甚至引起交通事故。同时缺陷不及时修补会向结构主体进一步发展。因此，对桥面伸缩缝要经常注意养护，经常检查，出现破坏后，要及时进行必要的修补或者更换。

1. 伸缩装置养护的一般要求

（1）伸缩装置应平整、直顺、伸缩自如，处于良好的工作状态。有堵塞时应及时清除，出现渗漏、变形、开裂、行车有异常响声、跳车时应及时维修。保养周期每年应有2次。

（2）橡胶板式伸缩装置的固定螺栓应每季度保养一次，松动应及时拧紧；橡胶板丢失应及时补上，弹簧（止退）垫不得省略。严重破损的橡胶板，应及时按同型号进行更换。图5-2为橡胶板伸缩缝示意图。

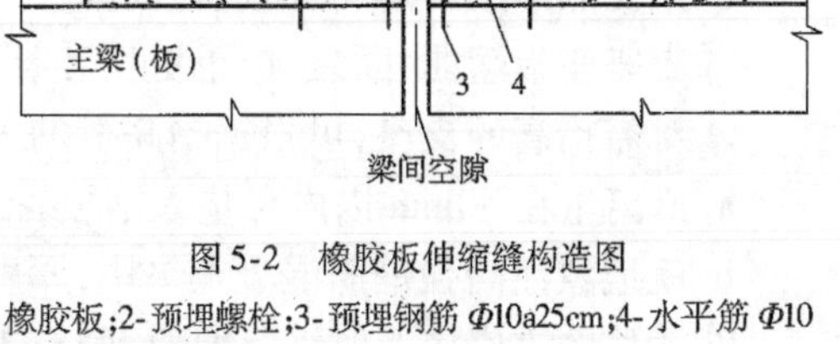

图5-2　橡胶板伸缩缝构造图

1-橡胶板；2-预埋螺栓；3-预埋钢筋 Φ10a25cm；4-水平筋 Φ10

（3）异型钢类伸缩装置的密封橡胶带（止水带），损坏后应及时更换。密封橡胶带的选择，应满足原设计的规格和性能要求。

（4）钢板伸缩装置的钢板开焊、翘曲和脱落时，应及时发现并及时补焊。

（5）弹塑体伸缩装置出现脱落、翘起时，应及时清除，并应重新浇筑弹塑体混合料。当槽口沥青混凝土塌陷、严重啃边或附近沥青混凝土平整度超过规范规定时，应清除原弹塑体混合料和周围沥青混凝土，重新摊铺、碾压，并应按新建工艺要求重新安装弹塑体伸缩装置。

2. 伸缩装置的更换

(1)伸缩装置的安装宽度,应根据施工时的气温计算确定。安装放线时间,应选择在一天中温差变化最小的时间段内。

(2)应满足新伸缩装置的安装技术要求。在安装连接点处,桥面板(梁)的锚固预埋件有缺损时,应打孔补植连接锚筋。

(3)伸缩装置在安装焊接时,连接筋与锚盘的搭接长度应符合焊接要求,严禁点焊连接。

(4)安装伸缩装置所使用的水泥混凝土保护带,其设计强度应符合设计要求,但不得小于C40,且应具有早强性能。保护带宜采用钢纤维混凝土。

(5)应保证伸缩装置中间和梁头与桥台(梁端头)之间充分隔离、封闭,宜采用硬塑料泡沫板进行充填。伸缩装置的型钢下部和后部,应保证混凝土完全充满。

(6)混凝土达到设计强度,且伸缩装置全部安装完好后,方可恢复交通。

三、桥梁支座的养护

桥梁支座是桥梁上下部结构的结合点,一有损坏将严重影响到桥梁承载能力和使用寿命,所以必须注意经常养护,保证其处于正常的工作状态。

(1)桥梁支座养护的一般要求:

①支座各部分应保持完整、清洁、有效,应每年检查保养一次,冬季应及时清除积雪和冰块,梁跨应活动自由。

②滚动支座滚动面上每年应涂一层润滑油。在涂油之前,应先清洁滚动面。

③支座各部分除钢辊和滚动面外,其余金属部分应定期保养,不得锈蚀。

④固定支座应每两年检查一次锚栓牢固程度,支承垫板应平整紧密,及时拧紧接合螺栓。

⑤板式橡胶支座恒载产生的剪切位移应在设计范围内;支座不得产生超过设计要求的压缩变形;支座橡胶保护层不应开裂、变硬、老化,支座各层加劲钢板之间的橡胶应均匀和正常;支承垫石顶面不应开裂、积水;进行清洁和修补工作时,应防止橡胶支座与油脂接触。

⑥滚动盆式橡胶支座,固定螺栓不得有剪断损坏,应及时拧紧松动的螺母。

(2)当支座出现缺陷故障,应及时维修或更换,并满足以下要求:

①滚动面不平整,轴承有裂纹、切口或个别辊轴大小不合适,应更换。板式橡胶支座损坏、失效应即时更换。

②梁支点承压不均匀,应进行调整。

③支座座板翘曲、断裂,应予更换和补充,焊缝开裂应予维修。

④对需抬高的支座,可根据抬高量的大小选用下列几种方法:

a. 抬离量在50mm以内可垫入钢板;抬高量在50~300mm的垫入铸钢板。

b. 就地灌注高强钢筋混凝土垫块,厚度不应小于200mm。

⑤滑移的支座应及时恢复原位;脱空支座应及时维修。

(3)辊轴支座的实际纵向位移,应与计算的正常位移相符。当纵向位移大于容许偏差或有横向位移时,应加以修正。当辊轴出现不允许的爬动、歪斜或摇轴倾斜时,应校正支座的位置。

(4)弧形钢板支座和摆柱式支座中的钢板不得生锈,钢筋混凝土摆柱不得脱皮露筋,固定锚销不得切断,滑动钢板不得位移,摆柱不得倾斜。对损伤和超过允许位移的支座钢板,应及时修理更换。

(5)球形支座应每年清除尘土，更换润滑油一次。支座地脚螺母不得剪断，橡胶密封圈不得龟裂、老化。支座相对位移应均匀，并记录位移量。支座高度变化不应超过3mm；应每两年对支座钢件(除不锈钢滑动面外)进行油漆防锈处理。

四、桥跨结构的养护

桥跨结构是桥梁的主要承重结构，除直接承受车辆荷载的作用外，还长期暴露在自然界中。如桥跨结构长期受到自然界的各种因素的影响出现的缺陷，势必会扩大、加深、发展，危及桥梁的安全。因此，发现桥跨结构出现缺陷后，必须及时进行调查研究，分析缺陷的产生原因、现状、发展趋势以及桥梁遭受破坏的程度，对使用的影响等，及时采取措施进行维修加固。

1. 钢筋混凝土及预应力混凝土桥梁

钢筋混凝土及预应力混凝土桥梁应每年进行一次结构裂缝和表面温度裂缝的观察；应重点检查受拉、受剪区域结构裂缝，表面温度裂缝应重点检查构件的较大面。

(1)钢筋混凝土及预应力混凝土桥梁裂缝应根据裂缝类型和构件抗裂等级分别采用不同的方法处理：

①对表面温度裂缝，可封闭处理。

②对结构裂缝，应根据抗裂等级的不同，分别采取下列措施：

a. 当裂缝宽度大于允许最大裂缝宽度时(表5-6)，应查明开裂原因，进行裂缝危害评估，确定处理措施。

恒载裂缝最大限值 表5-6

结构类别	裂缝部位			允许最大裂缝宽度(mm)
钢筋混凝土构件，精轧螺纹钢筋的预应力混凝土构件	A类(一般环境)			0.20
	B类(严寒、海滨环境)			0.20
	C类(海水环境)			0.15
	D类(侵蚀环境)			0.15
采用钢丝和钢绞线的预应力混凝土构件	A类和B类环境			0.10
	C类和D类环境			不允许
混凝土拱	拱圈横向			0.30(裂缝高小于截面高一半)
	拱圈纵向(竖缝)			0.50(裂缝长小于跨径1/8)
	拱波与拱肋结合处			0.20
墩台	墩台帽			0.30
	墩台身	经常受侵蚀性环境水影响	有筋	0.20
			无筋	0.30(不允许贯通墩台身截面一半)
		常年有水，但无侵蚀性影响	有筋	0.25
			无筋	0.30(不允许贯通墩台身截面一半)
		干沟或季节性有水河流		0.40(不允许贯通墩台身截面一半)
	有冻结作用部分			0.20

b. 预应力混凝土构件受压区，一旦发现裂缝，应立即封闭交通，严禁车辆和行人在桥上、下通行，并委托相应资质的检测部门进行结构可靠性评估，判别裂缝的危害程度，并提出相应的处理措施。

c. 预应力混凝土构件受拉区，出现结构性裂缝，应进行裂缝危害性评估，确定处理措施。

（2）钢筋混凝土及预应力混凝土结构发生混凝土剥落、露筋等现象时，应及时清除钢筋锈迹，凿去表面松动的混凝土后进行修补。对损坏面积较大的结构，凿除混凝土后不得明显降低结构的承载力，必要时宜采用分批修补。

（3）当预应力混凝土构件锚固端的封端混凝土出现裂缝、剥落、渗漏、穿孔、预应力锚具暴露时，应及时对预应力锚具刷防锈漆，重做封端混凝土。

（4）钢筋混凝土与预应力混凝土桥梁加固可采用下列方法：

①横向联系损伤、桥梁各构件不能共同受力的板梁桥，可通过桥面补强或修复加固横向联系，图5-3为粘贴钢板加固法，图5-4所示为横向收紧张拉法。

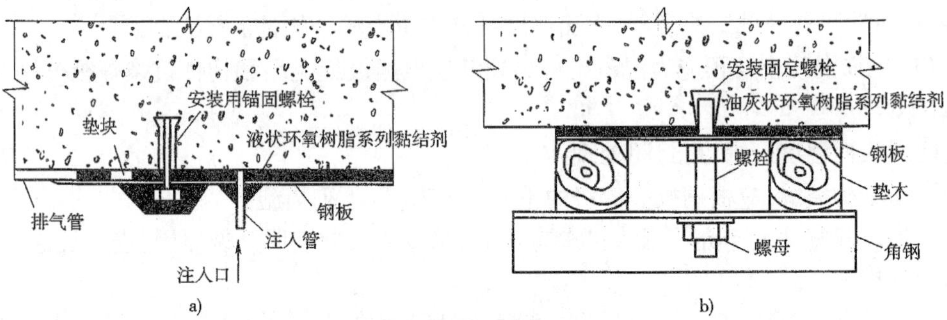

图5-3　粘贴钢板加固法

a）注入施工法；b）压贴施工法

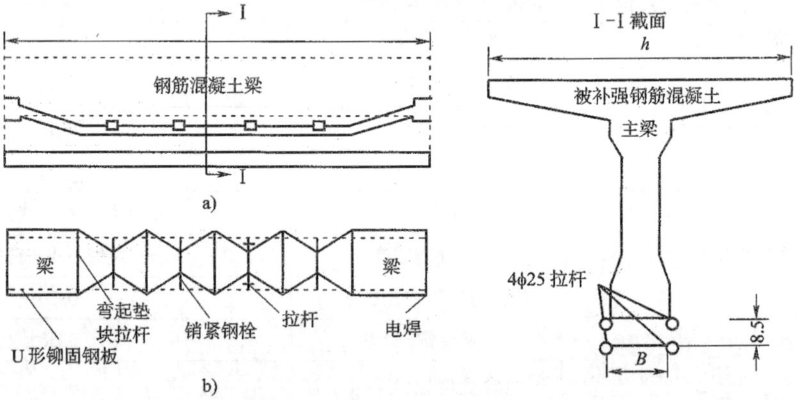

图5-4　横向收紧张拉法

a）梁底拉杆侧面示意图；b）梁底拉杆仰视示意图

②梁的刚度、强度、稳定性及抗裂性不足，可采用加大结构断面尺寸或增加钢筋数量等方法进行加固。加大断面及增加配筋数量应根据计算确定。

③采用体外预应力补强加固,如图5-5所示。

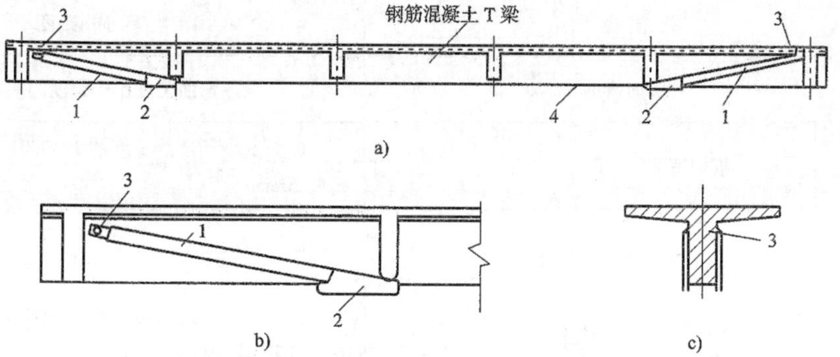

图5-5　施加体外预应力加固法

a)主T梁立面;b)预应力拉杆装置;c)主梁横剖面

(5)双曲拱桥横向联系不足,全桥承载力不足或横向失稳时,拱桥主拱圈强度或刚度不足时,应进行加固。钢筋混凝土拱桥拱圈开裂超过限值时,应限制或禁止通行,并应通过特殊检测查明原因,进行处理。

2.钢结构梁的养护

钢结构梁在使用运营中其刚度、强度和稳定性应符合设计要求。根据钢结构形式,应加强对各部分连接节点及杆件、铆钉、销栓、焊缝的检查、养护。对承载能力或刚度低于限值、结构不良的钢结构,应进行维修或加固。

(1)钢结构外观应保持清洁,冬季应及时除冰雪。泄水孔应畅通,桥面铺装应无坑洼积水现象,渗漏部分应及时修好。当桥面积水时,应设置直径不小于50mm的泄水孔,钻孔前应对杆件强度进行验算。

(2)钢结构应每年进行一次保养,每年作一次检测。检测时发现节点上的铆钉和螺栓松动或损坏脱落、焊缝开裂,应采用油漆标记并作记录。在同一个节点,缺少、损坏、松动和歪斜的铆钉超过1/10时,应进行调换。当焊接节点有脱缝,焊缝处有裂纹,应及时修补。对有裂纹及表面脱落的构件,应仔细观察其发展,做出明显的标记,注明日期,以备观察,必要时应补焊或更换。

(3)钢梁杆件伤损容许限度超过表5-7的规定时,应及时进行整修、加固或更换。

(4)钢梁有下列状态之一时,应及时维修:

①桁腹杆铆接接头处裂缝长度超过50mm;

②下承式横梁与纵梁加接处下端裂缝长度超过50mm;

③受拉翼缘焊接一端裂缝长度超过20mm;

④主梁、纵横梁受拉翼缘边裂缝长度超过5mm;焊缝处裂缝长度超过10mm;

⑤纵梁上翼缘角钢裂缝;

⑥主桁节点和板拼接接头铆栓失效率大于10%;

⑦主桁构件、板梁结合铆钉松动连续5个及以上;

⑧纵横梁连接铆钉松动;

⑨纵梁受压翼缘、上承板梁主梁上翼缘板件断面削弱大于20%;

⑩箱梁焊缝开裂长度超过20mm。

钢梁杆件伤损容许限度　　表 5-7

<table>
<tr><th>序号</th><th colspan="2">伤损类别</th><th>容许限度</th></tr>
<tr><td>1</td><td colspan="2">竖向弯曲</td><td>弯曲矢度小于跨度的 1/1000</td></tr>
<tr><td>2</td><td rowspan="5">板梁、纵梁、横梁及工字梁</td><td>横向弯曲</td><td>弯曲矢度小于自由长度的 1/5000，并在任何情况下不超过 20mm</td></tr>
<tr><td>3</td><td>上盖板局部垂直弯曲
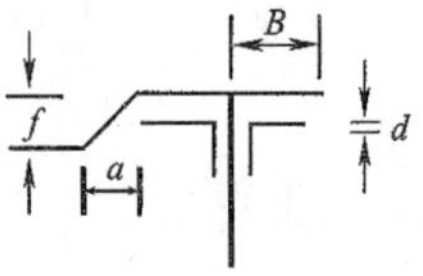
</td><td>$f<a$　或　$a<B/4$
d——钢板或钢板束的厚度
B——由腹板至盖板边缘的宽度</td></tr>
<tr><td>4</td><td>盖板上有洞孔
腹板上有洞孔</td><td>工字梁的洞孔直径小于 50mm，板梁小于 80mm，边缘完好</td></tr>
<tr><td>5</td><td>腹板受拉部位有弯曲</td><td>凸出部分直径小于断面高度的 0.2 倍或深度不大于腹板厚度</td></tr>
<tr><td>6</td><td>腹板在受压部位</td><td>凸出部分直径小于断面高度的 0.1 倍或深度不大于腹板厚度</td></tr>
<tr><td>7</td><td rowspan="4">桁梁</td><td>主梁压力杆件弯曲</td><td>弯曲矢度小于杆件自由长度的 1/1000</td></tr>
<tr><td>8</td><td>主梁拉力杆件弯曲</td><td>弯曲矢度小于杆件自由长度的 1/500</td></tr>
<tr><td>9</td><td>主梁腹杆或连接杆件弯曲</td><td>弯曲矢度小于杆件自由长度的 1/300</td></tr>
<tr><td>10</td><td>洞孔</td><td>洞孔直径小于杆件宽度的 0.15 倍并不得大于 30mm</td></tr>
</table>

第四节　桥梁下部结构的养护

一、桥梁墩台的养护

1. 墩台的保养、小修

(1)墩台表面应保持清洁，并及时清除青苔、杂草、荆棘和污秽。

(2)当圬工砌体表面部分严重风化和损坏时，应清除损坏部分后用原结构物相同材料补砌，应结合牢固，色泽和质地宜与原砌体一致。

(3)圬工砌体表面灰缝脱落时应重新勾缝。

(4)当混凝土表面发生侵蚀剥落、蜂窝麻面等病害时，应及时将周围凿毛洗净后做表面防护。

(5)当立交桥墩靠近机动车道时,宜在桥墩四周浇筑混凝土护墩。

2. 墩台的维修与加固

(1)当表面风化剥落深度在30mm及以内时,应采用M10以上的水泥砂浆修补;当剥落深度超过30mm,且损坏面积较大时,应增设钢筋网浇筑混凝土层,浇筑混凝土前应清除松浮部分,用水冲洗,并采用锚钉连接,如图5-6所示。

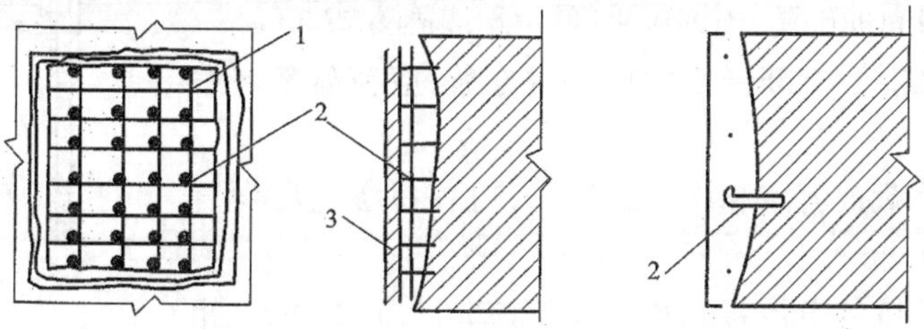

图5-6　混凝土缺损修补

1-钢筋网 $\Phi8\sim12$mm;2-牵钉间距≤50cm;3-模板

(2)墩台出现变形应查明原因,采取针对性措施进行加固。

(3)当墩台裂缝超过规范限值时,应查明原因,采取下列措施进行加固:

①裂缝宽度小于规定限位时,应进行封闭处理;

②裂缝宽度大于规定限值且小于0.5mm时,应灌浆;大于0.5mm的裂缝应修补;

③当石砌圬工出现通缝和错缝时,应拆除部分石料,重新砌筑;

④当活动支座失灵造成墩台拉裂时,应修复或更换支座,并维修裂缝;

⑤基础不均匀沉降产生的自下而上的裂缝,应先加固基础,并应根据裂缝发展程度确定加固方法。图5-7所示为常用的围带加固法。

(4)桥台发生水平位移和倾斜,超过设计允许变形时,应分析原因,确定加固方案。

(5)桩或墩台的结构强度不足或桩柱有被碰撞折断等损坏应查明原因,进行加固处理。

(6)桥台锥坡及八字翼墙在洪水冲击或填土沉落的作用下容易产生变形和勾缝脱落,修复时应夯实填土,常水位以下应采用浆砌片(块)石,并勾缝。

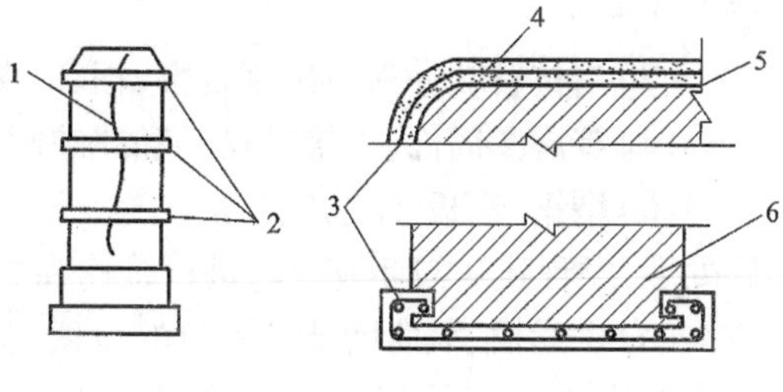

图5-7　围带加固法

1-桥墩裂缝;2-钢筋混凝土围带;3-钢筋;4-桥墩环形围带;5-牵钉;6-桥台U形围带

二、桥梁基础的养护

桥梁的基础及地基的养护是为了使结构物保持完整、牢固、稳定、不发生倾斜,并减少行车振动和基础冲刷。

1. 日常养护要求

(1)跨河桥梁上下游50~500m范围内的河床应稳定,并随时清理河床上的漂浮物和沉积物。不得在河床内建构筑物称挖砂、采石。

(2)桥桩和桥梁浅基础的边缘埋设的地下管线、各种窨井、地下构筑物,应经计算后采取加固措施,并应先加固、降水,再施工。

2. 基础的维修与加固

(1)当基础局部被冲空时,应及时填补冲空部分。当水深大于3m时,除应及时填塞冲空部分,并应比从基础宽0.2~0.4m。

(2)基础周围冲空范围较大时,除填补基底被冲空部分外,并应在基础四周加砌防护设施,如图5-8加固方式。

(3)严寒地区对浅桩冻拔或深桩环状冻裂,应在冰冻开始前进行保温防护。

(4)为防止桥墩被流冰和漂浮物撞击,可在桥墩上游设置菱形破冰体。

(5)当简支梁桥的墩台基础均匀总沉降值大于2.0cm、相邻墩台均匀总沉降差位大于1.0cm或墩台顶面水平位移值大于0.5cm时,应及时对简支梁桥的墩台基础进行加固。

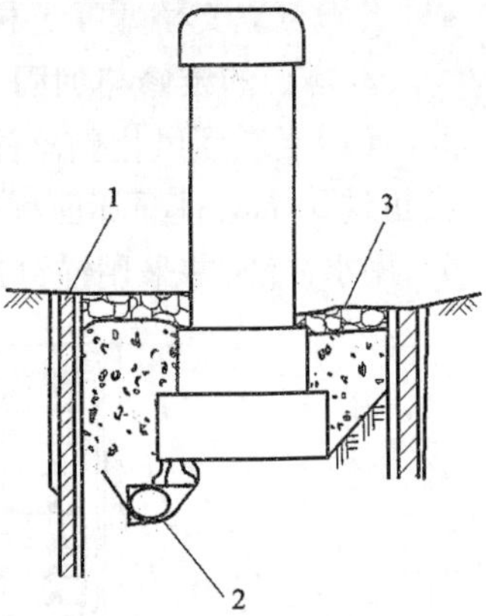

图5-8 板桩及填补混凝土防护

1-板桩;2-抛石或水下混凝土;3-表面浆砌片石

三、城市桥梁抗震设施的养护

1. 桥梁抗震设施的小修、保养

(1)桥梁的抗震设施应每年进行一次检查和养护,使其各部件(或构件)保持清洁、干燥及完好。在震后应及树检查抗震设施的工作状态。

(2)当混凝土抗震设施出现裂缝、混凝土剥落及混凝土破碎等病害时,应及时进行养护、修补或更换。

(3)当抗震缓冲材料出现变形、损坏、腐蚀、老化等病害时,应及时进行维修或更换。

(4)抗震紧固件、连接件松动和残缺时,应及时紧固或补齐,并涂刷防锈涂层。

(5)型钢、钢板、钢筋制作的支撑、支架、拉杆、卡架等桥梁加固构件,应及时进行除锈和防腐处理,发现残缺损坏应及时进行维修和更换。

(6)桥梁横、纵向联结和限位的拉索,应完好、有效;高强钢丝绳、绳卡等应每2年进行一次涂油防锈处理,当发现松动时,应及时对高强钢筋绳进行紧固。

2. 地震区的桥梁,在修建时未考虑地震因素的桩柱、墩台及基础,应验算在地震作用下的拆断倾覆及抗滑的稳定性,不能满足要求时,应进行加固。上部结构未设置抗震设施的,应增设防震设施。

第五节 桥梁附属设施的养护

一、栏杆的养护

栏杆是桥上的一种安全防护设施,是桥梁上部结构一个不可缺少的组成部分,也是桥梁美化的一种艺术装饰。

公路桥梁栏杆的缺陷主要有撞坏、缺损、裂缝。栏杆损坏虽然不妨碍交通,但能丑化桥容,便桥上交通缺少安全感,降低交通安全的舒适水平。因此,桥梁栏杆应经常保持完好状态,对损坏的桥梁栏杆应及时修理。栏杆养护应满足以下要求：

(1)当金属或非金属防护栏杆褪色严重或有表皮脱落现象时,应清除并维修。

(2)涂料性能应符合原设计的要求,表面涂层均匀、不漏刷、不流淌。

(3)弯道部分、分流和合流口处的栏杆,宜刷涂一段警示图案,以辅助交通指示标志。

(4)当栏杆被撞有严重变形、断裂和残损现象时,应及时按原结构进行恢复,并应安装整齐、牢固。

(5)伸缩装置处的栏杆或护栏维修后满足桥梁随温度变化的位移,不得将套筒焊裂。

(6)采用的临时防护措施应牢固、醒目,使用时间不得超过两周。

二、排水设施的养护

桥面排水设施主要有泄水管道和引水槽两种,这两种排水设施的常见缺陷有：

(1)泄水管管道破坏、损伤。在外界作用影响下而产生局部破裂、损伤,出现洞穴而产生漏水等。

(2)管体脱落。主要由于接头连接不牢而产生掉落,失去排水作用。

(3)管内有泥石杂物堆塞,从而排水不畅,甚至水流不通。

(4)管口有泥石物堆积。

(5)引水槽有堆泥、堵塞、水流不畅、槽口破裂损坏而出现漏水、积水等。

桥面排水设施出现缺陷会招致桥面积水,给行车带来不利影响,降雨时引起车辆滑移,成为交通事故的一个原因,严重的还会损坏桥梁结构本身的安全。当雨水由伸缩缝进入支座时,将会使支座的功能恶化。在城市桥梁或立交跨线桥中,由于桥面积水,车辆过桥时污水四溅,殃及行人和破坏周围环境,使桥下居民受害,所以,必须加强对桥面排水系统的维修养护。

(1)桥面的泄水管、引水槽要及时清扫、疏通。缘石的横向泄水孔道,不够长的要加以接长,避免桥面流水沿梁侧流泻。桥面泄水管、排水槽在每年雨季前应全面检查、疏通,跨河桥梁泄水管下端露出不应少于10cm,立交桥泄水管出口宜高出地面50~100cm或直接接入雨水系统。

(2)泄水管损坏要及时修补,接头不牢已掉落的要重新安装接上,损坏严重的要予以更换。

(3)引水槽已破裂的要重新修理,长度不足时应予以接长。当槽口太小,不能满足排水需要时要扩大槽口重新修筑。

(4)立交桥除泄水管排水外,其他地方不得往桥下排水,冬季北方立交桥不得有冰凌悬挂。

三、防护设施的养护

桥梁的防护栏杆、防护栅、防护栏、防护网、隔离带、防撞墩、防撞护栏、遮光板、绿色植物隔离带等防护设施应完整、美观、有效,有断裂、松动、错位、缺件、剥落、锈蚀等损坏现象应及时维修。防护设施应色彩鲜艳醒目。桥内绿化不得腐蚀桥梁结构和影响桥梁安全,不得影响桥梁养护、检查和行车安全。遮光板及其指示标志应完整、有效,不得误挂和缺项,遮光板变形后应立即恢复。

快速路两侧应放置防护网，上跨快速路及铁路的天桥、有人行步道的立交桥两侧应设防护网，防护网应完整、美观、有效。损坏、变形修复期不得超过7天。防撞墩、防撞栏杆不得有缺损、变形；被撞损后，宜在3~7天内恢复。防撞墩、防撞栏杆养护应满足以下要求：

（1）防撞墩混凝土裂缝大于3mm小于5mm，可灌缝封闭。

（2）表面露筋、钢筋未变形拉断的，可做防腐处理后，用水泥砂浆修补。

（3）防撞墩混凝土裂缝大于5mm，可清除被撞坏的混凝土，重新浇筑混凝土。

（4）严禁使用砖砌筑代替原结构；被毁钢结构，应原样恢复，严禁使用塑料管仿制。

四、挡墙、护坡的养护

挡墙应坚固、耐用、完好。挡墙应每季度检查一次，中雨以上降雨时巡检。挡墙倾斜超过20mm或鼓胀、位移，下沉超过20mm时，应进行维修加固。挡墙拆断应及时加固，开裂超过10mm，应进行封闭。

护坡应完好，下沉超过30mm、残缺超过$0.2m^2$，应及时维修。

五、声屏障、灯光装饰的养护

声屏障应干净、有效、完整。损坏、缺失应在一周内修补。声屏障应每季度冲洗一次，吸声孔不得堵塞，应每年补充和更换老化的填充物。新增设声屏障不得影响桥梁结构安全，并应安装牢固。桥梁安装灯光装饰，应设3道漏电保护装置，专人维护保养，开彩灯期间宜有专人值班，关闭彩灯后应拉闸断电。彩灯装饰应完整、美观，缺损应及时恢复。安装彩色灯光装饰不得影响桥梁结构的完整耐久性，不得影响桥梁养护维修。

六、超重车辆过桥措施

当车辆荷载超过桥梁限载的车辆通过桥梁时，应采取相应技术措施，由城市桥梁主管部门的专门技术人员组织指挥，并应详细记录存档。当需要过桥时，应选用多轴多轮的运载车辆，并选取桥梁技术状况较好、加固工程费用较省的路线通过，且由桥梁养护管理部门进行评估、加固，并经养护管理单位审核后实施。

当车辆荷载超过桥梁限载的车通过桥梁时，应满足以下要求：

（1）应临时禁止其他车辆过桥。

（2）车辆应沿桥梁的中心行驶，车速不得超过5km/h。

（3）车辆不得在桥上制动、变速、停留。

当车辆荷载超过桥梁限载的车辆通过桥梁时，城市桥梁管理部门应检查，观察记录桥梁位移、变形、裂缝扩张。同时应选择不同桥型，进行挠度、应力、应变观测。

●第六节　立交桥和人行天桥的养护●

一、立体交叉桥梁的养护

立体交叉桥梁多数采用梁式结构，也有钢结构和钢筋混凝土结构，其正常维修养护如下：

(1)道路下穿立交的跨线桥,其桥下净空应保持道路规定的净空限界,不得有任何部件等侵入。如跨线桥下净空不够,可采用下列方法改善:

①在两侧桥基深度许可的条件下,可将道路路面高程降低至符合标准为止。排水有困难者,宜增设机械排水,并在桥下一定范围内改建成水泥混凝土路面。

②可将原跨线桥的桥面结构改为建筑高度较低的桥面结构,以增加桥下净高。如跨线桥下净宽不足,在原桥处扩宽有困难时,可在附近另辟桥孔,分向行驶。

(2)道路下穿式立交对地势较低、排水困难的,如条件许可采取自然排水,其排水的沟管一般较长,纵坡偏小,容易积水和淤砂,应经常养护清理。特别是进水口的窨井和出水口,必须保持完好状态,使水流畅通。

(3)道路下穿式立交如因地形限制必须增设机械排水设施的,设备房址应选择在地势较高的位置,防止受淹。排水泵阀和动力设备、排水管道应保持功能完好、运转正常,并作定期检修。备用的动力设施也应定期维修保养,并至少每月发动一次检查其功能。其他配套设备如窨井、沉淀池(井)应经常清淤,排除污杂物,以防堵塞管道。

(4)道路上跨式立交的桥梁,应保持桥面及排水系统的完好。保证桥面水按规定的方向和地点排出,防止桥面水向下行道任意溢流、渗漏。应经常对上跨式立交桥的沟渠管道和窨井进行疏通清淤和维修保养,确保完整无缺。

(5)立交桥的桥头,设有踏级、阶梯以及人行天桥或地道的,应保持其完好状态。如有积水应及时排除;如踏级砌体缺损,阶梯构件松动或短缺,应及时修理;在有积雪和积冰时,应采取防滑措施。

(6)立交的照明设施和反光标志,应随时检查照明器具和输电路线有无损坏或短缺现象,灯柱是否完好,照明灯和反光标志是否正常。若有灯泡不亮、反光膜(漆)脱落等缺损时,应及时修理和更换。桥头设有立面标记的,应同时检查养护,保证其正常完好。

(7)道路与电讯线、电力线、电缆、管道、渠道等相交,各种管线均不得侵入道路限界,也不得妨碍公路交通,并不得损坏公路的构造物和设施。

(8)各种管线工程设施与道路交叉或接近时,除满足公路管理条例的有关规定外,并应符合表 5-8 规定的要求。

(9)用来制止行人或动物进入立体交叉的栅栏,应定期检查、修理,防止人为破坏和自然损蚀。栅栏附近的垃圾、杂物应随时清理,禁止就地焚烧垃圾,以防损伤栅栏。

二、人行天桥的养护

1. 人行天桥的日常养护

城市人行天桥的日常保养主要有如下内容:

(1)桥面要及时排水,保持泄水孔的通畅,及时清扫桥面的各类脏物。小修小补应及时进行,如桥面面砖脱落,应马上落实修补措施。

(2)钢质或木质栏杆的油漆剥落、钢筋混凝土栏杆的裂缝及破损应及时修补。

(3)钢质扶梯一旦发现锈斑,应及时除锈重刷油漆。对于混凝土扶梯脱落的嵌条要及时补上,对于少量破损踏步,可采用超早强快硬混凝土进行快速修补。

(4)钢支座要定期除锈、除尘、上油养护。

各种管线与道路交叉或接近的基本要求　　表5-8

项目	电讯线		电力线					管道		渠道	
			配电线路		送电线路						
	明线线路	埋式电缆	低压（1kV以下）	高压（1~10kV）	35~110kV	154~220kV	330kV	地上管道	地下管道	地上渠道	地下渠道
交叉角	应尽量正交 斜交时≥45° 条件受限制不得已时≮30°		应尽量正交 斜交时≥45° 条件受限制不得已时≮30°					一般采用正交 斜交时一般≥60°，受限制时≥45° 山岭地区特殊困难的个别地段≮30°		应尽量正交 斜交时≥45°	
最小垂直距离（m）	距路面≥5.5	一、二级道路：用管道保护，管道距路面基底≥1 受到限制时≥0.8 三、四级道路：缆顶距路面基底≥0.8；受限制时≥0.7 距边沟底≥0.5	距路面≥6	≥7	距路面≥7	≥8	≥9	石油管道底距路面≥5 天然气管道底距路面≥5.5	管顶距路面基底≥1 管顶距边沟底≥0.5	渠道底距路面≥5	按涵洞要求设计
最小水平距离（m）	距路基边缘：≥5；条件受限制时应设在公路用地范围以外	应尽量设在公路用地范围以外；条件受限制时距路基边缘≥1.0	应尽量设在道路用地范围以外；条件受限制时距路基边缘≥1.0	≥1.5	杆、塔外缘距路基边缘交叉时：8；平行时，最高杆、塔高当受条件限制时：5.0	5.0	6.0	油气管道的防护带至道路用地范围边缘间的安全距离： （1）石油气管道≥10； （2）天然气管道≥20； （3）地形受限制地段或四级道路，上述距离可适当减小。地形特别困难的个别地段当对管道采取安全保护措施后，最小不得小于1m； （4）油气管道距大中桥≮100m，距小桥≮50m。天然气管道不得利用桥梁或隧道通过，特殊情况须经双方协商同意，并采取必要的保护措施		一般设在路基范围以外，并不致影响路基稳定	

（5）梁体及墩柱要根据所用的材料，采用不同的方法养护。如为钢结构的梁体，主要是除锈、油漆养护；如为钢筋混凝土结构，主要是各种裂缝的修补。

（6）基础要专门养护。及时排除桥墩基础处积水。对具有推力结构型的桥梁，应避免钢腿浸在水中。

2. 人行天桥的养护周期

影响人行桥有关项目养护周期的因素有：过桥人流情况、桥梁材料类型、桥梁周围的自然环境等。根据上述因素可确定养护周期。表5-9为有关项目养护周期参考表。各地可因地制宜，根据当地的具体情况制定养护周期。

人行天桥有关项目养护周期参考表　　表5-9

结构＼周期	桥面及泄水孔	栏杆	扶梯	钢支座	基础
钢结构	1~7d	60d	60d	1y	1y
混凝土结构	1~7d	180d	30d		1~2y

人行天桥的维修根据其选用材料的不同,参照钢桥及钢筋混凝土桥的维修方法进行。

复习思考题

1. 城市桥梁养护分哪几类?
2. 城市桥梁检查包括哪些内容?如何进行检查?
3. 怎样进行桥梁技术状况的评定?
4. 如何进行桥面伸缩装置的更换?
5. 当桥梁墩台表面出现风化时应如何处理?
6. 如何进行人行天桥的日常养护?

第六章

人行道及附属设施的养护

知识目标

1. 描述人行道及其附属设施的检查方法；
2. 描述人行道及其附属设施的病害原因；
3. 描述人行道与侧平石的养护方法；
4. 描述路名牌的养护内容；
5. 描述开设人行道口的形式。

能力目标

进行路名牌的安装与养护。

•第一节　人行道及附属设施养护状况检查•

一、人行道及附属设施的日常检查

1. 人行道检查的内容

(1)道面及侧石顶面是否完整,道面有无积水。

(2)道面砌块及侧石是否牢固,砌块间缝宽及相邻砌块间高差是否符合要求。

(3)道面纵横坡是否符合原设计要求,侧石外边线是否直顺。

(4)道面铺砌块及侧石是否完整。

(5)道面上的树穴位置是否正确。

2. 附属设施检查的内容

(1)附属设施的位置是否正确,有无被路树遮蔽的现象。

(2)附属设施的表面是否清洁、齐整。

(3)各种立柱是否竖直并稳定。

(4)金属构件表面的油漆是否完好。

(5)绿带式隔离带的侧石是否稳固、直顺、完整,绿带内是否整洁,树枝有无影响行车或遮挡交通标志。

(6)墙式及垛式防护栏的结构是否稳固、有效。

(7)各类交通标牌字迹是否清晰、完整。

3.其他设施检查的内容

(1)场内各种设备及设施是否齐全完好，其性能是否符合设计要求。

(2)场内道面是否坚固平整，场内排水是否通畅，地面有无积水。

(3)场内的绿地、绿树和花坛的布置是否合适，是否美观大方。

二、人行道及附属设施的定期检查

对城市人行道及附属设施的定期检查属详细检查，每月进行一次。定期检查要使用测量工具详细地检查人行道及附属设施的病害，并同时做好检查内容的记录，发现病害应及时修复。定期检查的内容及其标准如下：

(1)人行道面上的坑槽(包括树穴边缘人行道缺损)，其深度大于20mm就要修复。

(2)人行道面上的$1m^2$范围内深度大于20mm时，则要及时修复。

(3)人行道上的错台、预制板与侧石、板与板之间的高度大于10mm时要修复。

(4)人行道上拱起，低点与高点之差大于30mm时要及时修复。

(5)人行道上的各类井框高于或低于人行道20mm时应进行修理。

(6)人行道路面残缺损坏长度超过400mm时要进行修复。

(7)侧平石的损坏长度超过400mm时应及时修复。

(8)各类路(名)牌的垂直偏差超过50mm，字迹不清晰，玻璃钢路名牌脱落，混凝土路名牌等严重缺损、露筋时，应及时修复。

(9)护栏的垂直偏差超过50mm、油漆大面积脱离时需要修复。

第二节　人行道及附属设施病害原因

一、人行道病害原因

预制混凝土板常见病害有坑槽、沉陷、高低差、平整度、井框高差；整体铺装人行道常见病害有坑槽、沉陷、井框高差、脱皮、裂缝等。人行道病害的主要原因是：

(1)预制块混凝土人行道板受雨水冲刷，嵌缝料流失造成板块的松动以及由基层土壤流失造成的沉陷、坑槽、板块出现高低差及井框高差等。

(2)整体铺装的人行道板受雨水冲刷造成基层土壤流失，在水的不断侵蚀下，面层产生裂缝。裂缝扩大后造成坑槽、沉陷。

(3)施工期间因基层没有夯实，密实度达不到要求，造成路面沉降，形成沉陷、裂缝和高低差。

(4)各类井框周围，因施工覆土没有达到标准密实度，发生局部沉降形成井框高差。

(5)整体铺装，人行道板因抹面等工序没有处理好而造成裂缝、脱皮等现象。

(6)在人行道上停放重车，堆积重物而形成人行道坑槽和裂缝。

二、侧平石病害原因

(1)施工过程中因侧平石不牢固，使用后造成倾倒、沉降。

(2)在使用过程中因重型车辆撞击造成侧平石的沉降、残损、断裂等。

(3)由于侧平石成品质量有问题而出现的裂缝、蜂窝等病害。

三、路名牌病害原因

(1)路名牌因遭日晒雨淋或受烟熏造成字迹模糊,难以辨认。

(2)路名牌因施工中不牢固,没有达到规定要求而造成倾斜或倒落。

(3)路名牌在使用中因悬挂重物或受车辆碰撞造成损坏及倾倒。

第三节　人行道与侧平石的养护

一、人行道与侧平石的日常养护

(1)应经常保持人行道的平整,及时清除人行道上的尘土及杂物。两侧建筑物的管道排水不得漫流于地面。

(2)禁止机动车在人行道上行驶。防止机动车上人行道的措施如下:

①在人行道上安装防护栏或布置绿化带,且在进出口坡度两侧安装反光立杆(间距1m),以防止机动车辆驶入人行道。

②提高侧石及整个人行道的高度,一般以22~30cm为宜(图6-1),以阻止机动车辆驶入人行道上。

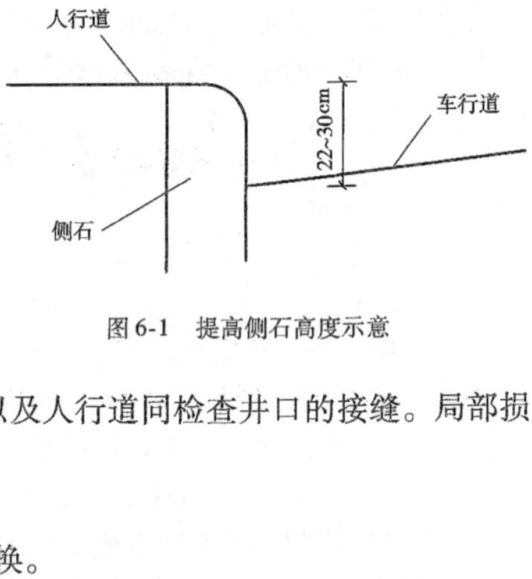

图6-1　提高侧石高度示意

③加强人行道的整体强度,铺设水泥混凝土人行道。提高人行道基础和面层的强度,使得人行道停放机动车后不致损坏。

(3)经常保持块料铺装人行道块体的稳定,发现松动及时补充嵌缝材料,充填稳固。若垫层不平,应重新铺砌。

(4)应保养好整体铺装人行道的伸缩缝和施工缝以及人行道同检查井口的接缝。局部损坏要及时修补。

(5)侧石及平石的接缝,要定期清缝及勾缝。

(6)对损坏或歪斜的侧石及平石,应及时调整或更换。

(7)因树根挤坏人行道及侧石而影响行人和排水时,应同园林部门联系解决。

(8)发现人行道和附属设施被占压和破损应及时处理。

二、预制块人行道板的养护

预制块人行道板的规格有490mm×490mm×65mm和490mm×245mm×65mm表面滚花道板及250mm×250mm×60mm压纹道板。预制块人行道质量标准见表6-1。

人行道道面如有破损,应用同种颜色的材料修复。修复时应根据损坏情况采取局部调整或重新翻排。

预制块人行道质量标准 表 6-1

项 目	允 许 偏 差
抗折强度(MPa)	不低于设计要求
对角线长度(mm)	大方砖,±5;小方砖,±2
厚度(mm)	大方砖,±5;小方砖,±2
边长(mm)	大方砖,±3;小方砖,±2
缺边掉角长度(mm)	大方砖不大于 10;小方砖不大于 5
其他	颜色一致,无蜂窝、露石、脱皮、裂缝等现象

1. 局部调整

对于人行道板的高低差及局部损坏采用局部调整,主要内容是翻挖有高低差或损坏的道板、整理垫层、铺填黄沙找平、放置新道板、灌缝、扫净余砂等。

2. 翻排

(1)翻挖坑槽、沉陷范围内的道板。翻挖时应按砌块接缝线留 100mm 进行开挖。

(2)清除所有尘土杂物,人行道基层如有松土也应该挖除。

(3)整理夯实,回填土及基层压实度不小于 90%。

(4)用黄砂等细粒材料垫压,垫层需拍实刮平,铺层应铺足。

(5)挂线定位。以一条横缝为基准线向前或双向铺筑(一般以侧石顶面和原有混凝土板为基准线)。在人行道边线距离基准横线一块预制板铺筑宽度处用钉钉一杆,用麻线的一端套结在钉杆上,其高度与放样麻线相平。另一端拴一垂球,骑挂在侧石外侧,并使此线平行于基准横道。

(6)在麻线与侧石顶面之间垫一厚度为 5mm 的垫块,沿挂放麻线从侧石边起逐排顺序铺筑预制道板。

(7)预制道板铺筑完成后应用丁字镐轻击板面,但不得撞击板的四角。

(8)扫缝。道板铺筑完毕后,即用垫层材料嵌相邻道板间的缝隙,扫缝 2 ~ 3 次。

三、彩色和盲人人行道板的养护

彩色和盲人人行道板常用规格有 250mm × 250mm × 60mm 彩色压纹道板及其他镶嵌式道板。彩色和盲人人行道板基层一般采用刚性或半刚性基层及水泥砂浆黏结层,因此一般采用砂浆调整和翻挖维修。

1. 砂浆调整

砂浆调整适用于较小面积的修补,一般采用 1:2 水泥砂浆填充于彩板或盲板下来进行调整。

2. 翻挖重排

(1)清除面层杂物,翻挖损坏的彩色或盲人人行道板(采用“挂线定位法”)沿原有彩板或盲板边缘横向设定一条定位线。

(2)将损坏基层中的混凝土破碎至一定深度后作为填充材料铺筑并且夯实。

(3)基层混凝土铺筑强度应达到设计强度 75% 方可进行铺筑面层工作。

(4)在混凝土基层上用 1:2 比例的水泥砂浆做黏结层,厚度控制在 3 ~ 4cm。

(5)将修补处人行道板或需要更换的人行道板,按所放定位线逐块铺于黏结层上,板底应完全坐实,上下结成一体。相邻板块紧贴,表面平整,线条顺直。

(6)铺设彩色或盲人人行道板应根据原有图案规格进行修补,以保证色彩、图像的完整。

四、整体铺筑人行道的维修

1.表面补修

整体铺筑人行道的表面出现脱皮和细小裂缝,一般采用表面补修,其主要补修方法如下:

(1)首先敲除脱皮面层,并清扫干净。

(2)挖除裂缝中的杂物及松动的混凝土,并用清水冲洗和毛刷轻刷。

(3)用42.5级的水泥拌成水泥浆嵌补并抹平裂缝或脱皮部分。修补部位的新旧接茬应密实平整。

(4)养生期为3天,完毕才能开放交通。

2.挖补方法

(1)沿损坏范围边缘放大10cm画线框,呈矩形。用切割机或人工切缝,刀割深度一般在5cm左右。

(2)将损坏的混凝土道板用空压机或风镐破碎至一定细度后作为碎石基层。

(3)铺筑基层和夯实,并用3m直尺检验平整度,误差控制在5mm范围内。

(4)铺筑面层应从四角开始,同时用插入式振捣器振实。新铺的混凝土强度和厚度应不低于原混凝土面层。

(5)混凝土面层振实后,用平板振捣器及振动夯板整平,抹面。

(6)收水抹面后,应及时分块滚花、压线。滚花应清晰,花眼深度一致,并防止将泥浆带起。

(7)铺筑、振实、收水、抹面、压线等工序应连续施工,不宜间隔过长。施工时中断时间不得超过0.5h。

(8)修补成型后应遮盖湿法养生3天后开放交通。

五、侧石及平石的维修养护

平石应保护路面的完整,并应与侧石组合成偏沟,使雨水流入雨水井。侧石及平石所用水泥混凝土或花岗石等材料要考虑耐磨损、抗撞击的性能。水泥混凝土的抗压强度应采用25~30MPa,花岗岩石不低于二级。预制侧石及平石的质量标准见表6-2。

预制侧石及平石质量标准　　表6-2

项　目	允许偏差	项　目	允许偏差
抗折强度(MPa)	不低于设计要求	掉角塌边(mm)	不大于20,外露面边棱完整
不低于设计要求	±5	其他	颜色一致,无蜂窝、露石、脱皮、裂缝等现象
宽度及厚度(mm)	±2		

侧石及平石表面风化剥落,或有少量破损可采用表面补修方法,如侧平石倾斜、沉降或侧平石大面积缺损应进行翻修。

1.表面修补

表面修补的方法同整体铺筑修补。

2. 翻挖重砌

(1)将损坏的侧平石用空压机及风镐挖除,翻挖时应注意避免破坏道路面层。

(2)侧平石基础如有松动应予挖除,翻挖后应及时用混凝土填补、整平。

(3)在翻挖两侧的原侧石缝中插入铁钎,并在铁钎上拉一麻线与原侧石顶面高程一致。

(4)排砌侧平石,侧石顶面应与麻线一致。然后再用1m直尺检验后及时进行侧石坞塝。

(5)侧石坞塝符合强度要求后,铺筑平石混凝土基础。平石基础铺筑完及时排砌平石,平石内侧应紧靠侧石外侧或直线,相邻平石应紧靠,且无倒落水现象。

(6)平石排砌完毕后,进行混凝土坞塝,并用水泥砂浆进行侧平石灌缝,灌缝必须饱满嵌实。水泥砂浆强度达到10MPa后采用平缝或凹形缝勾缝,见图6-2、图6-3。

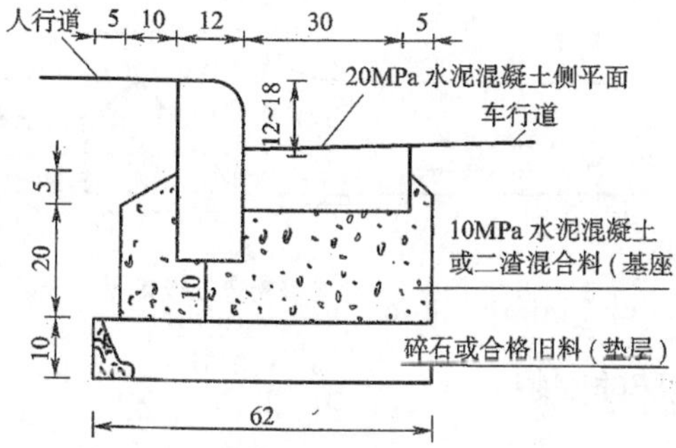

图6-2 侧石柔性路面坞塝(尺寸单位:cm)

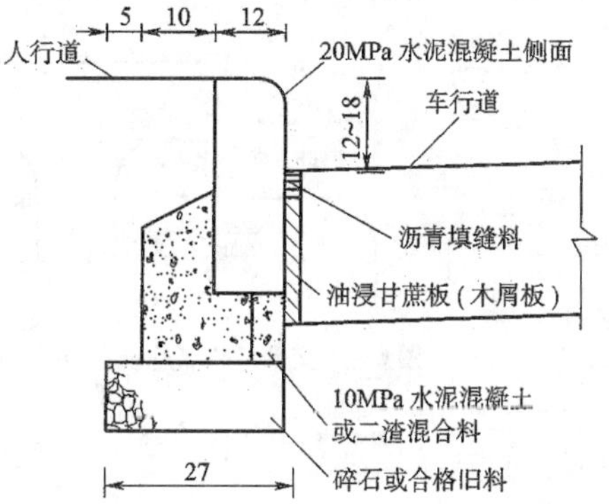

图6-3 侧平石刚性路面坞塝(尺寸单位:cm)

(7)侧平石修补完毕后,应用护栏围护,同时进行湿法养生。

人行道、侧石和平石补修质量标准见表6-3。

人行道、侧石和平石的补修质量标准 表6-3

类别	内容	养护标准		附注
		主次干道	其他道路	
块料铺砌	平整度	±10mm	±15mm	3m直尺检查
	道板高差	小于10mm	小于15mm	
	道板平稳度	不活动	不活动	
	完整	无缺块	无缺块	
	井框与面层高差	±10mm	±15mm	
整体铺筑	平整度	±7mm	±15mm	3m直尺检查
	宽度	不小于设计规定	不小于设计规定	
	横坡	±0.3%	±0.3%	
	边沿	不露土基	不露土基	
侧石、平石	线形顺直	小于20mm	小于30mm	20m直线检查
	相邻高差	小于5mm	小于5mm	
	完整	无缺损	无缺损	

第四节　路名牌的养护

一、路名牌的设置

路名牌设置在道路起止点的通视的路口斑马线前，离侧石40cm，见图6-4。

当路线较长（超过2km）可在中间干道路口增设路名牌。

同一路名的道路在转弯角大于45°时应在转弯角前进方向曲线拐点处人行道上设路名牌，如图6-5所示。

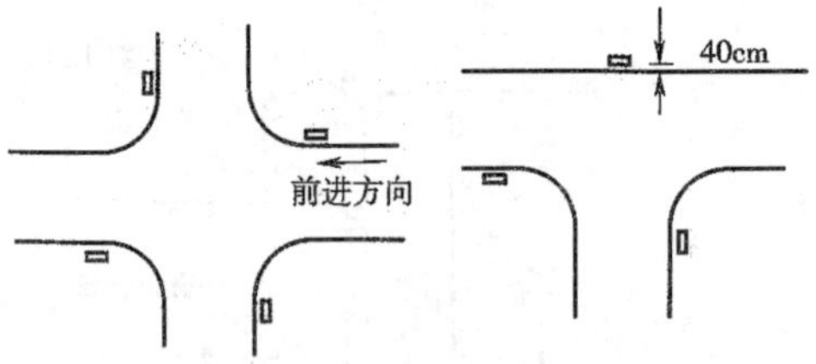

图6-4　交叉口路名牌设置

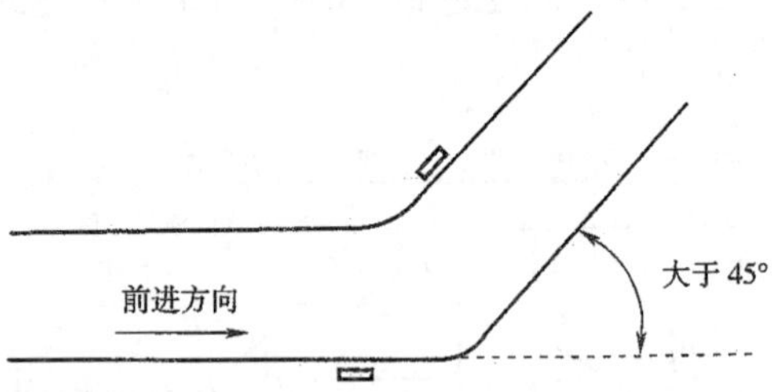

图6-5　路名牌转弯处设置

二、路名牌的安装

城市路名牌面底至地面高度一般为2m，埋入地下深度为0.5m。玻璃钢路名牌的规格见图6-6。路名牌埋入地下部分应用抗压强度为10MPa的水泥混凝土坞脚，并捣实。

路名牌安装质量标准见表6-4。

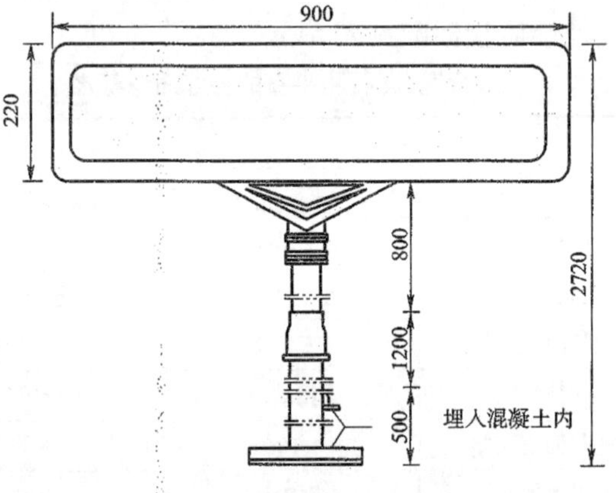

图6-6　玻璃钢路名牌规格（尺寸单位：mm）

路名牌安装质量标准　表6-4

项　目	标准及允许偏差	检验频率		检验方法
		范围	点数	
高度（mm）	20	块	2处	用尺量
垂直偏差（mm）	10	块	1处	用垂线吊量
位置（mm）	30	块	2处	用尺量

三、路名牌的养护

路名牌的养护工作,主要有如下内容:

(1)应经常清除路名牌周围杂草、阻碍视线的枝杈树叶,其他堆积及时清理,并清洗立杆上的污秽部分。

(2)路名牌应保持其特有的色泽和字迹鲜明与清晰。

(3)路名牌有变更时,应及时更换新的路名牌。

(4)路名牌发生挤弯、变形、倾斜时,应尽快修复或更换。立杆锈蚀应按护栏原漆及养护要求及时油漆。

第五节 开设人行道口

一、开设人行道口形式及前期准备

1. 人行道口的形式

在城市道路养护工作中,为满足道路沿线的单位、街坊里弄的车辆和行人出入而需要在人行道开设道口,人行道口一般采取以下三种形式:

(1)通道式道口。其形式见图6-7a)所示,顺道两侧设置等高侧石,适用于较大的道口,而转弯的半径一般在2~5m之间。

(2)过渡式道口。其形式见图6-7b)所示,顺道两侧设置不等高侧石,适用于一般的道口,而转弯的半径一般在0.7~2.0m之间。

(3)敞开式道口。其形式如图6-7c)所示,它的路边侧石降平,人行道面成斜坡式,适用于较小道口或无障碍路口。

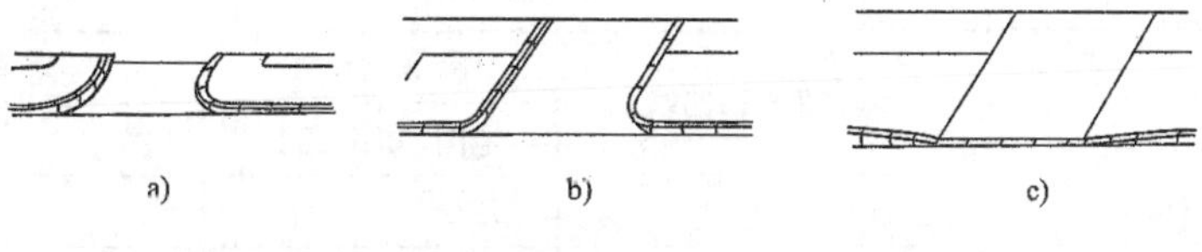

图6-7 人行道口形式

a)通道式;b)过渡式;c)敞开式

2. 开设人行道口的前期准备

开设人行道口前应做如下的准备工作:

(1)使用单位应向市政部门及公安交通部门提出申请,并取得同意。

(2)联系好施工用水、用电,以及材料堆放和搅拌混凝土场地等。

(3)协调解决在施工期间车辆的出入问题。

(4)在行人及交通较繁忙的地区和商业街应采取夜间施工的方法,白天用护栏进行维护。

二、开设人行道口的施工方法

1. 铺筑碎石基层

开设人行道口时的具体施工方法如下:

(1)采用挖掘机或推土机等机械设备,将原人行道翻挖至土基,并把挖出的废土及时运走。

(2)基层用碎石(或砾石)粒径为0~79mm,超过最大粒径的石子含量不得超过10%,且不得大于10mm,在5mm以下的颗粒含量不得大于20%~25%。

(3)碎石(砾石)经摊铺后应先达到设计要求的厚度,并且进行认真夯实,用3m直尺检验其平整度,应符合设计要求。

2. 铺筑侧石

铺筑侧石应将侧石按进出口斜坡宽度降低,一般比平石高出2~3cm,两端接头应作成斜坡。

3. 铺筑面层

(1)选用材料。水泥混凝土的强度不得低于42.5MPa,砂、碎石的尺寸及质量要符合要求。在工期短的情况下尽可能地使用外加剂。

(2)混凝土摊铺必须达到其设计厚度,摊铺从边角开始。用插入式振捣器初步振实后,接着再用平板振捣器振实整个浇筑面。

(3)振实及整平工作必须在混凝土初凝之前完成,否则无效果。

(4)抹平道路表面的施工应在振平后立即进行,否则抹面的工作不能起到应有的作用。

(5)第二次抹面应在混凝土泌水基本结束,处于初凝状态但表面尚湿润时进行。

(6)养生期一般为8天,使用外加剂可大大缩短养生期。用草包进行湿法养生,并用护栏维护,防止行人进入而破坏路面。

(7)道口与车行道和人行道接茬应平顺。斜坡与人行道接茬的过渡段坡度不宜大于20%。

道口施工质量应符合表6-5的施工质量标准。

道口施工质量标准 表6-5

项	标准及允许偏差	检验频率		检验方法
		范围	点数	
土基压实度(%)	≥90	每个	1	用环刀法
基层压实度(%)	≥95	每个	1	用灌砂法
沥青混凝土面层压实度(%)	≥95	每个	1	蜡封法
水泥混凝土强度	不低于设计规定	每个	1	
平整度(mm)	5	每个	1	用3m直尺量取最大值
厚度(mm)	+10,-5	每个	2	用钢尺量

• 第六节 广场与停车场的养护 •

一、广场的养护

城市广场是指城市中由建筑物、构筑物、道路或绿地等围合而成的开敞空间,是城市公共社会的中心。广场又是集中反映城市历史的文化的空间和城市建筑艺术的焦点，是最具艺术魅力，最能反映现代都市文明的开放空间。

广场按其主要性质、用途及在道路网中所处的地位分为5类：公共活动广场、集散广场、纪念广场、交通广场和商业广场(有的广场兼有多种功能，也可成为综合性广场)。

(1)作好广场的绿化。随着生活水平的提高和生活节奏的加快，人们对广场和公共绿地希望它成为舒适、方便、卫生、空间构图丰富，充满阳光、绿化和水的富有生气的优美的休闲场所，来满足人们日益提高的生理上和心理上的需求。因此，要派专人经常检查与维修，定期修剪植物的枝叶，达到完美的视觉效果。

(2)保持广场的整洁。派专门的保洁人员保持公共设施的干净、整齐。

(3)在花坛或绿地上树立警示牌，提醒行人或游人注意自己的言行，维护广场的优美环境。

二、停车场的养护

停车场是指城市中露天集中停放车辆的场所。城市公共停车场是指在道路外独立地段为机动车和自行车设置的露天场地。

(1)停车场管理得当对提高道路服务能力，保障行车安全和交通畅通具有重要意义。要派专人进行管理，使车辆有秩序地停放。

(2)经常检查停车场出入口及停车场内的交通标志、标线，若缺失应及时补充以指明场内的通道和停车车位。

(3)要确保场地平整、坚实、防滑。

复习思考题

1. 人行道常见的病害有哪些？
2. 人行道与侧平石日常养护的内容是什么？
3. 路名牌应进行哪些养护工作？开设人行道口应如何进行施工？
4. 停车场养护应注意哪些问题？

第七章 市政道路沿线设施的养护

知识目标

1. 描述道路交通标志的分类；
2. 描述交通安全设施的内容及养护方法；
3. 描述检查井、雨水口发生沉陷时的处理方法；
4. 描述涵洞检查的内容及维护措施。

能力目标

进行护栏横断面布设图的绘制。

• 第一节　交通安全设施的养护 •

一、概　　述

交通安全设施是用来标明道路边缘及线型，诱导驾驶员视线，防止车辆驶出路外，保护行人安全以及起隔音、遮光等作用的保证道路交通安全，提高道路服务质量的安全设施，主要包括护栏、标柱、隔离设施、防眩设施、视线诱导设施、震颠设施、照明设施、平曲线反光镜、安全岛、人行天桥、人行地道、分隔带等。

我国除少数的道路规定为汽车专用线外，其余的公路均是混合交通。汽车、拖拉机、马车、牛车、驴车、自行车、人力车等一并行驶，交通事故逐年增加，万车事故死亡率已达到100人，为发达国家的20多倍，每年死于道路车祸者达5万人以上。因此，做好交通安全设施的养护工作，具有十分重要的意义和作用。

二、护栏及其养护

1. 护栏的种类及形式选择

护栏是诱导驾驶员视线、防止运行中失控车辆驶出路外或驶入对向车道或人行道，增加驾驶员和乘客的安全感，减轻车辆、乘客和构造物的损坏程度，控制行人随意横穿道路，保障行人安全的设施。它设置在高等级道路的中央分隔带及高速、一级道路的路基边缘及其他各级道路的高路堤、桥头、极限最小半径平曲线、陡坡、依山傍水等路段的路基边缘。

(1)护栏按设置位置不同,可分为如下几类:

①路侧护栏:是指设置于公路路肩上的护栏,目的是防止失控车辆越出路外,避免碰撞路边其他设施。

②中央分隔带护栏:是指设置于道路中央分隔带内的护栏,目的是防止失控车辆穿越中央分隔带闯入对向车道,并保护中央分隔带内的构造物。

③桥梁护栏:是指设置于桥梁上的护栏,目的是防止失控车辆越出桥外。

(2)护栏按受力特点不同,又有如下分类:

①刚性护栏:是一种基本不变形的护栏结构。混凝土护栏是刚性护栏的主要形式,它是一种以一定形状的混凝土块相互连接而组成的墙式结构,它利用失控车辆碰撞其后爬高并转向来吸收碰撞能量。

②半刚性护栏:是一种连续的梁柱式护栏结构,具有一定的刚度和柔性。波形梁护栏是半刚性护栏的主要代表形式,它是一种以波纹状钢护栏板相互拼接并由立柱支撑而组成的连续结构,它利用土基、立柱、波形梁的变形来吸收碰撞能量,并迫使失控车辆改变方向。图 7-1、图 7-2 为路侧波形梁护栏的横断面结构图。

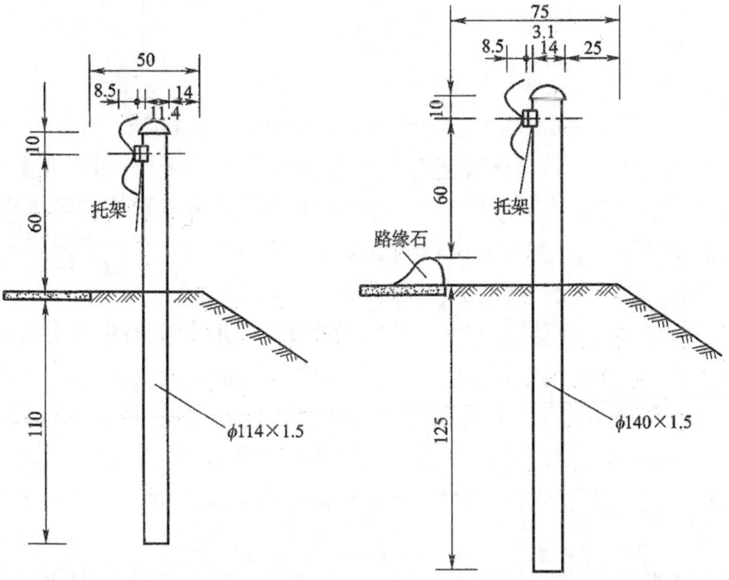

图 7-1　路侧波形梁护栏的横断布设图(无防阻块、圆形立柱)(尺寸单位:cm)

③柔性护栏:是一种具有较大缓冲能力的韧性护栏结构。缆索护栏是柔性护栏的主要代表形式,它是一种以数根施加初张力的缆索固定在立柱上而组成的结构,它主要依靠缆索的拉应力来抵抗车辆的碰撞,吸收碰撞能量。

(3)护栏形式的选择:护栏形式的选择,应针对每条道路的具体情况,充分比较各种护栏的性能,分析行驶安全感、压迫感、视线诱导、瞭望的舒适性,并考虑与道路周围环境的协调,结合经济性、施工条件及养护维修等因素,在综合分析的基础上确定。

①波形梁护栏刚柔相兼,具有较强的吸收碰撞能量的能力,具有较好的视线诱导功能,能与道路线形相协调,外形美观,可在小半径弯道上使用,损坏处容易更换。组合型波形梁护栏

可在窄的中央分隔带上使用。对于车辆越出路(桥)外,有可能造成严重后果的区段,可选择加强波形梁护栏。

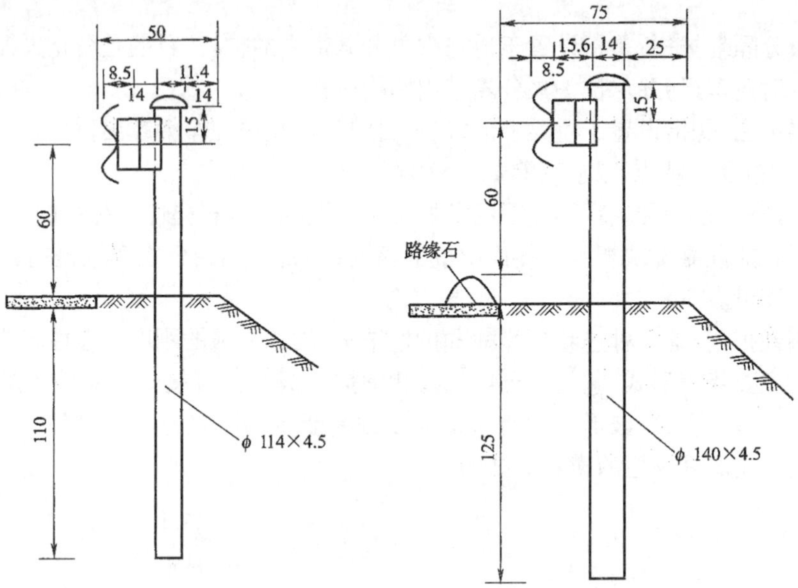

图 7-2　路侧波形梁护栏横断面布设图(有防阻块,圆形立柱)(尺寸单位:cm)

②缆索护栏属柔性结构,车辆碰撞时缆索在弹性范围内工作,可以重复使用容易修复。立柱间距比较灵活,受不均匀沉陷的影响小。风景区道路采用缆索护栏较为美观。积雪地区,缆索护栏对扫雪的障碍稍少。但缆索护栏施工复杂,端部立柱损坏修理困难,不适合在小半径曲线路段使用;同时它的视线诱导性较差,架设长度短时不经济。

③混凝土护栏防止车辆越出路(桥)外的效果好,适用于窄的中央分隔带。由于混凝土护栏几乎不变形,因而维修费用很低。但当车辆与护栏的碰撞角度较大时,对车辆和乘员的伤害大,因此这种护栏使得乘客的安全感和瞭望的舒适性较差,并有较强的行驶压迫感。

(4)桥梁护栏的形式选择,除必须满足防撞等级的要求外,还应考虑以下条件:

①当桥梁护栏的美观要求高,需要和周围景观协调配合时,宜采用梁柱式或组合式桥梁护栏。

②桥梁跨越大片水域(特大桥),桥下净空较高(一般大于等于 10m),宜采用组合式或钢筋混凝土墙式护栏。

③钢桥必须采用金属制(钢、铝合金)桥梁护栏。

④积雪严重的地区,宜采用梁柱式或组合式桥梁护栏。

⑤为减小桥梁自重和减轻车辆碰撞荷载对桥面板的作用,宜采用金属梁柱式护栏。

⑥全线的大中桥梁,尽可能选用同一构造形式的桥梁护栏。

2. 护栏的养护

(1)护栏养护除在日常巡回时检查护栏有无异常情况外,还应该在每隔 2 ~ 3 个月进行定期的检查,定期检查的主要内容如下:

①各类护栏的损坏或变形状况。

②立柱与水平构件的紧固状况，污秽程度及油漆损坏状况。

③拉索的松弛程度，护栏及反光膜的缺损情况。

(2)通过检查，发现护栏出现异常情况，应及时予以修复或调整、更换。主要的工作内容如下：

①经常清除护栏周围的杂草、杂物等。

②护栏表面油漆损坏、应及时修补。反光膜脱落，随时补贴。

③由于交通事故或自然灾害造成护栏缺损或变形，应及时修复或更换。

④由于道路标高调整，原护栏高度不符合规定时，应对护栏的高度予以调整。

⑤锈蚀严重的金属护栏应予以更换。

⑥在不能及时将损坏部位按原样修复，而又对交通安全威胁比较大的地段，宜采用应急材料临时修复。

(3)油漆是保证金属护栏正常工作、延长使用寿命的重要措施。护栏表面油漆损坏除应及时用速干油漆修补外，还应定期重新涂漆。重新涂漆的周期可根据当地气候特点、护栏污染褪色程度、油漆质量而定，一般每隔1～2年重新涂漆一次。在交通量大及容易受有害气体、盐腐蚀的路段的护栏，涂漆的周期应相应缩短。钢质护栏在涂漆前应将铁锈完全打磨干净，埋入地下部分用磷酸盐等进行覆膜处理。

三、标柱及其养护

标柱分为示警标柱和道口标柱两种：

(1)示警标柱是设置在漫水桥和过水路面两侧以及平原地区路堤高4m以上、山岭地区路堤高6m以上路段和危险路段，以标明道路边缘及线形的示警标志。

(2)道口标志是设在道路沿线较小交叉路口两侧标明平面交叉位置的设施。

标柱制作材料可采用金属、钢筋混凝土、混凝土、木料或石材等。标柱间距6～10m，断面15cm×15cm，高出地面80cm，高山地面部分一律涂以间距为20cm，顶端为红色的红白相间油漆，如图7-3所示。

对标柱的养护工作，应经常检查有无歪斜、变形、缺少、损坏，油漆有否剥落、褪色等。应经常保持标柱表面清洁，清除遮蔽标柱的杂草和树木。对于倾斜或松动的，应予以固定；如已变形、损坏或缺失，应尽快修复、更换或补上。

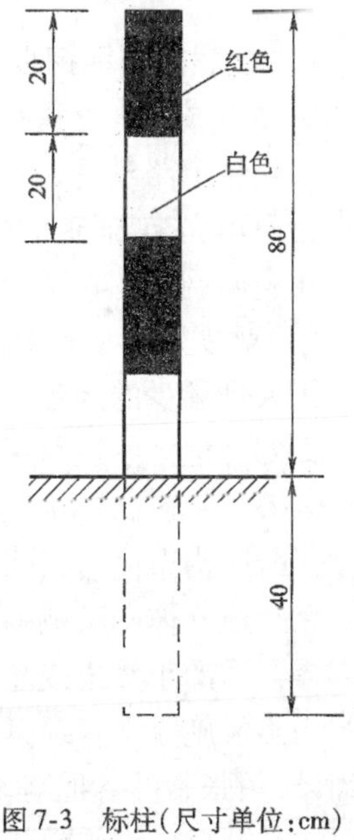

图7-3　标柱(尺寸单位：cm)

四、隔离设施及其养护

1. 概述

隔离设施主要是指隔离栅或称防护栅，是为防止牲畜、行人、非机动车等进入高等级道路、汽车专用道路或其他禁入区域，防止非法侵占道路用地的设施，如图7-4、图7-5所示。

隔离设施一般有金属网、钢板网、刺铁丝网和常青绿篱等几种形式，隔离栅的形式选择必须考虑隔离栅的性能、经济性、美观性、与道路周围环境的协调性，以及施工条件、养护维修等因素。

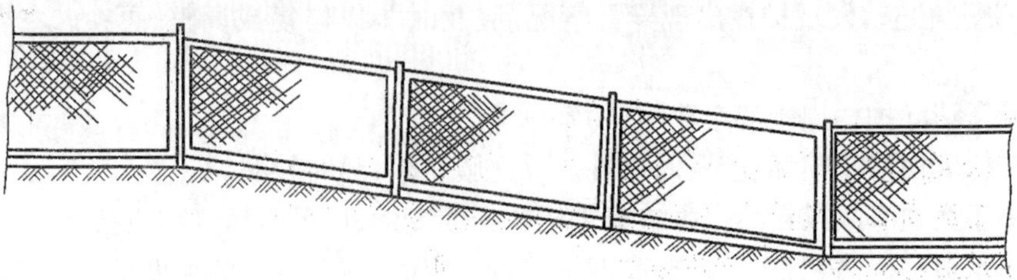

图 7-4　隔离设施顺坡设置的构造

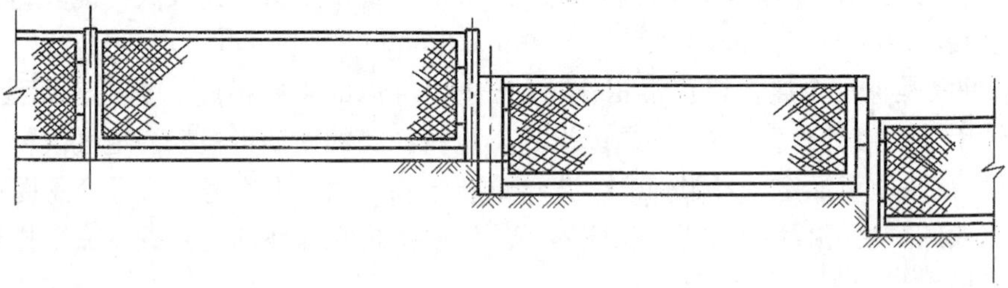

图 7-5　隔离设施成阶梯状设置的构造

(1)金属网型和钢板网型一般适用于下列情形：

①靠近城镇人烟稠密地区和可能有人、畜等进入的路段。

②配合道路景观，要求选择美观大方的隔离形式的风景区、旅游区、著名地点等路段。

③简单立交、通道的两侧。

④金属网型比较适合于地形起伏不平的路段，钢板网型适合于地形平坦路段。

(2)刺铁丝网型一般适用于下列情形：

①人烟稀少的地带、山岭地区。

②郊外地区的道路保留地。

③郊外地区高架构造物的下面。

④跨越沟渠而需封闭的地方。

在互通立体交叉范围和服务区、停车区、收费站管理所等处，隔离栅可考虑与绿化相配合，宜选择合适的小乔木或灌木，在管辖地界范围与刺铁丝配合形成绿篱。

隔离设施除常青绿篱外均由立柱、斜撑、隔离网连接件、基础等组成。可用整张隔离网连续铺设，用张紧设备把网绷紧。亦可以分片架设。架设时应根据养护管理的需要在适当地点开口。凡开口处均应设门，以便控制出入。

2. 隔离设施的养护

(1)对隔离设施除应日常巡回检查外，每季度还应进行一次定期检查。检查内容包括下列内容：

①隔离栅网及其他部位的损坏或变形情况，污秽程度；

②油漆损坏及金属锈蚀情况。

(2)隔离设施养护工作的主要内容为：

①污秽严重的,应定期清洗,2~4 年定期重新涂漆一次。

②损坏部分应及时修复或更换,对常青绿篱等植物性隔离设施,应加强抚育管理,及时松土、除草、浇水、施肥,定期修剪和防治病虫害,若有缺失或死亡,应立即更换补植。

五、防眩设施及其养护

防眩设施是指设置于道路中央以防止夜间行车不受对方车辆前照灯灯光炫目的构造物。防眩措施一般采用两种形式:

(1)采用防眩板(网)。防眩板可直接埋置于中央分隔带的土或混凝土中,也可与波形梁护栏相连接,或设置在混凝土护栏上,如图 7-6 所示。

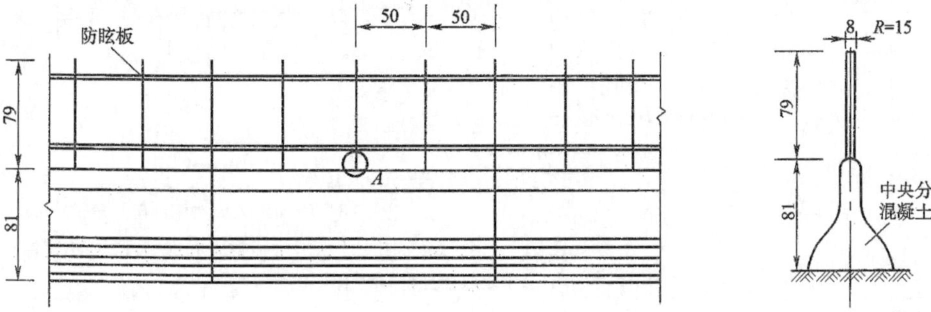

图 7-6 设置于混凝土护栏上的防眩板构造(尺寸单位:cm)

(2)种植植物(灌木)。植物可以一定间距种植,也可采用密集式种植。

防眩设施的养护工作,通常有以下内容:

对防眩板,应在日常巡回中经常检查有无缺损歪斜,有无油漆剥落、锈蚀,支柱有无变形。对损坏部分应及时修复,歪斜松动的应及时扶正固定。另外还应定期重新涂漆,锈蚀和变形严重的应予更换。

六、视线诱导设施及其养护

1. 视线诱导设施的组成

视线诱导设施是指沿车道两侧设置的,用以指示道路间、车行道边界及危险路段位置的设施的简称,包括跑边线轮廓标、分流诱导标、合流诱导标、指导性线形诱导标、警告性线形诱导标等。

(1)路边线轮廓标。路边线轮廓标有柱式和附着式两种,其构造组成如下:

①柱式轮廓标为直接埋置于土壤中的圆角三角形截面的空心柱体,柱身为白色,上方涂黑色的标记,黑色标记中间为用反光材料制作的矩形色块,红色色块表示道路右侧,黄色色块表示道路左侧,如图 7-7 所示。

②附着式轮廓标可附着于波形梁护栏、缆索护栏、挡墙、桥墩、隧道壁、混凝土护栏等各类建筑物上,其形状主要有三角形、梯形、圆形等多种形状,均由反射器、支架和连接件构成,如图 7-8 所示。其中图 a)为附着于波形梁护栏中间槽内的轮廓标,图 b)则为安装于波形梁护栏立柱顶端上的轮廓标。

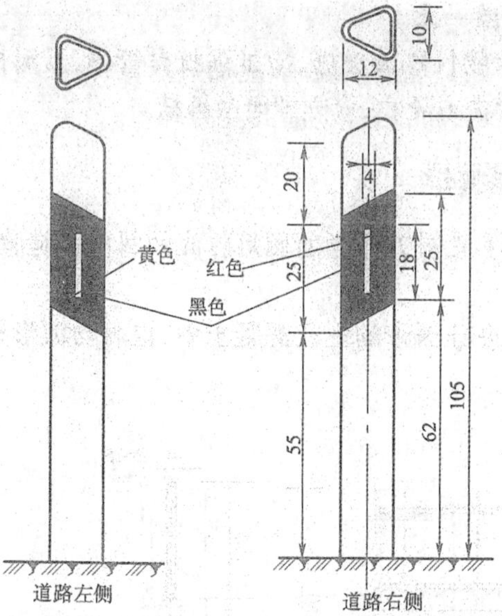

图 7-7　柱式轮廓标的构造图(尺寸单位:cm)

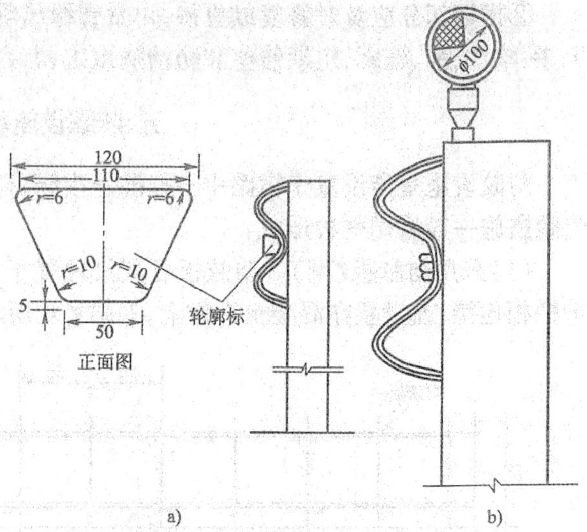

图 7-8　轮廓标的构造图(尺寸单位:cm)

a)轮廓标附着于波形梁护栏中间的槽内;b)轮廓标安装于波形梁护栏立柱上

(2)分、合流诱导标。分、合流诱导标的构造,由反射器、底板、立柱、连接件和基础等组成,如图 7-9 所示。反射器表面的图案见图 7-10,其颜色规定为:高速公路诱导标为绿底白符号,其他公路为蓝底白符号。

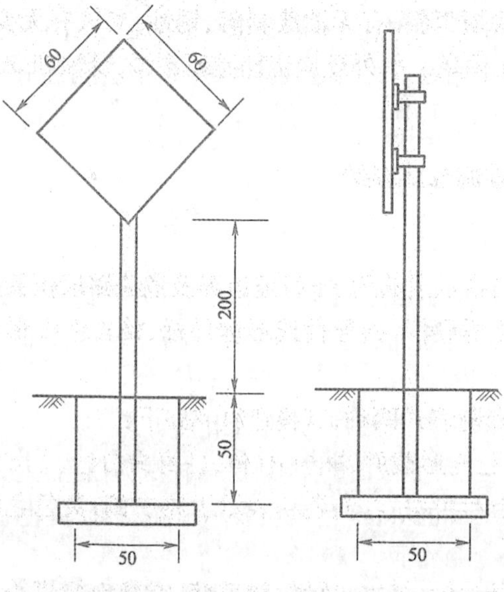

图 7-9　分、合流诱导标的构造(尺寸单位:cm)

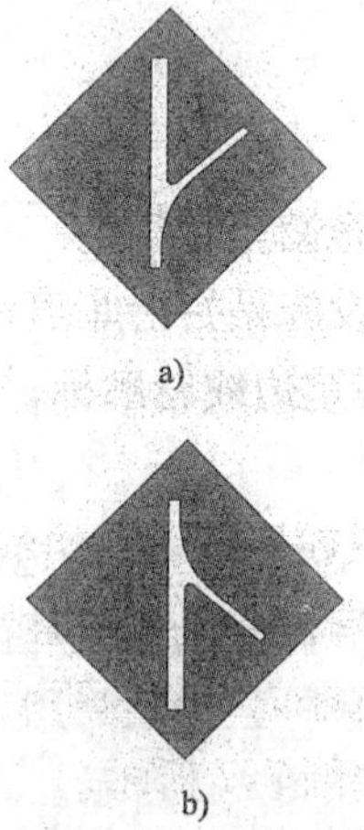

图 7-10　分流、合流诱导标的图案

a)分流诱导标的图案;b)合流诱导标的图案

(3)线形诱导标。线形诱导标可埋置于土中,如图 7-11 所示;也可附着于护栏立柱上,如

图 7-12 所示。其构造与分、合流诱导标相同。

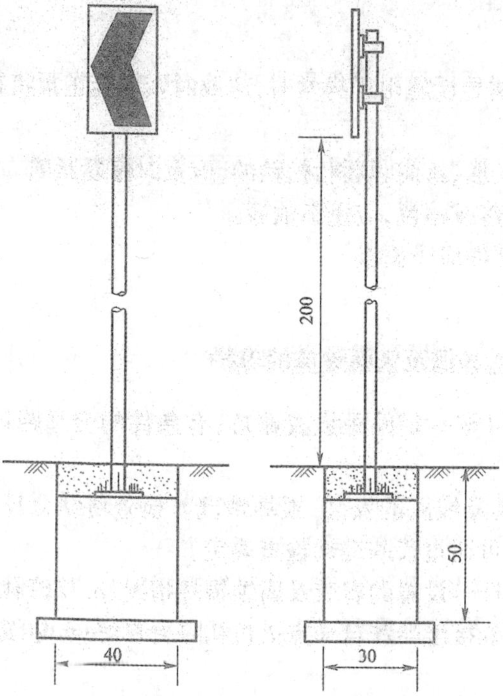

图 7-11 埋置于混凝土中的线形诱导标构造（尺寸单位：cm）

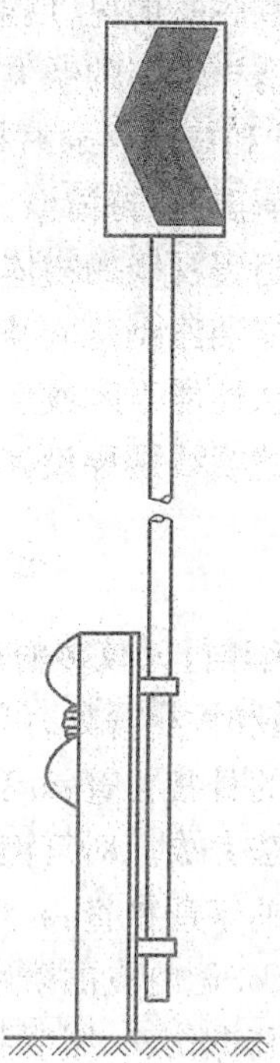

图 7-12 附着于护栏柱的线形诱导标

线形诱导标反射器表面图案的基本单元符号如图 7-13 所示，可以单独使用，也可把几个基本单元组合使用，见图 7-14。其颜色规定为：指示性线形诱导标为白底蓝图案，警告性线形诱导标为白底红图案。

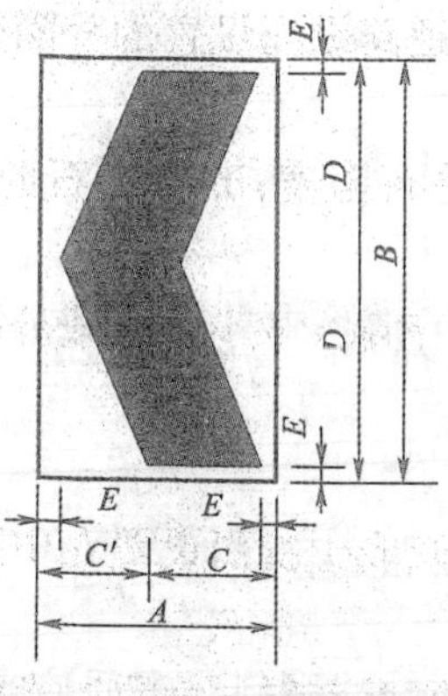

图 7-13 线形诱导标的符号

图 7-14 线形诱导标的组合

2. 视线诱导设施的养护

（1）检查。除日常巡回检查外还应定期检查。遇有暴风雨等异常气候及洪水、地震等自然灾害或交通事故时，应进行临时检查。检查包括下列内容：

①反射器、底板、支柱的变形、损坏、污秽及腐蚀情况。

②油漆及反光材料的褪色、剥落情况，反射器设置的角度及安装情况。

③基础或底座情况，反射器的反射性能。

④视线诱导设施的缺失情况。

（2）养护和修理。通过检查，发现路线诱导设施出现异常时，应及时恢复到正常状态：

①经常清洗，保持清洁。

②清除阻碍视线的物体，定期刷新，对变形、弯曲、倾斜、松动的，应及时修复紧固。

③小范围油漆剥落应补漆，油漆严重剥落或褪色，应重新油漆。

④对辨认性能下降或反光能力降低的部件应予更换。

⑤缺失的视线诱导设施应及时补充。

七、路灯、分隔带、遮光栅及震颠设施的养护

（1）车辆和行人较多的混合交通路段，可按一定间距设置路灯；有条件的交叉路口、立体交叉桥、隧道和大桥等处，可采用局部照明。

①路灯的日常检查：a. 亮灯情况；b. 灯具及线路的安装、损坏情况。检查可结合日常巡回采用目视方法完成。对灯泡照明是否完好，可通过夜间巡回检查确定。

②路灯的定期检查：a. 灯具、线路、电线杆等设置的安装及腐蚀损坏情况；b. 检修孔或探孔的排水情况；c. 配电盘的防水衬垫、开关、电磁接触器和自动点火机构是否良好；d. 电线杆的漆膜有否剥落和擦伤，e. 照明测定。

③路灯在台风、暴雨、地震等灾害后，还应对检修孔或探孔的排水情况，配电盘及电源线（高架线）的引入情况、油漆状况立即进行检查。

④路灯的保养维修：a. 根据各种设备的配线系统、器具的规格、数量及设置目的，订出保养检修计划，设法使照明设备经常处于完好状态；b. 不亮的灯泡，应尽快更换；c. 由于交通事故，照明设备遭受损坏时，应及时处理。

（2）中央分隔带以及在城镇附近混合交通量大的路段沿道路纵向设置的分隔行车道用的分隔带，应经常保持完好。

①分隔带的检查：a. 中央分隔带或分隔带的排水通道是否阻塞；b. 路缘石的变形、损坏情况。

②分隔带的养护与维修：a. 排水通道阻塞应及时疏通；b. 清除中央分隔带或分隔带内的杂物，修剪高草。

③修复变形的路缘石，更换损坏的路缘石。

（3）遮光栅是为使夜间行车的驾驶员免受对向来车前灯眩光干扰而设置在中央分隔带上的设施。

①遮光栅的检查：在日常巡回中应经常检查遮光栅有无缺损歪斜。钢质遮光栅有无油漆剥落、锈蚀，支柱有无变形。

②遮光栅的养护与维修：a. 损坏部分应及时修复，歪斜的应扶正；b. 定期重新涂漆，锈蚀和变形严重的应予更换。

（4）隔音墙是为减轻行车噪声对附近居民的影响而设置在道路侧旁的墙式构造物。

①隔音墙的检查：a. 排水通道是否阻塞；b. 变形或损坏情况。

②隔音墙的养护和维修：a. 经常清理隔音墙周围的杂草、垃圾和泥土等，疏通排水通道；b. 变形或损坏的隔音墙应及时修复。

（5）震颠设施是设在路面上并高出路面、用以警告驾驶人员减速的安全设施。一般设在进入主干线的次要道路的路口处、一般公路下坡路段急弯的前方和禁止超车的多车道公路的隔离区内。震颠设施一般为半球状体，也有其他如搓板、门槛等形式。当汽车通过震颠设施时受到冲击和振动，起到警告驾驶员和强制减速作用。

①震颠设施的检查：a. 震颠设施与路面的固定有无松动；b. 震颠设施本身有无事故，因此，应定期仔细检查。

②震颠设施的养护与维修：a. 经常清扫震颠设施上的杂物；b. 震颠设施损坏和磨损而影响震颠性能时，应予以更换或修复；c. 发现有松动，应立即将固定部件紧固，不易紧固时，应予以更换；d. 严重缺损的震颠设施，应拆除重新设置。

第二节　道路交通标志的养护

一、概　　述

道路交通标志是用图形符号和文字传递特定信息，用以管理交通，保证道路交通安全，协助车辆顺利通过的安全设施。道路交通标志包括：警告标志、禁令标志、指示标志、指路标志等主标志和为表示时间、车辆种类、区域或距离、警告、禁令理由等起辅助说明作用的辅助标志及其他标志。道路交通标志形状、颜色、尺寸、图案种类和设置地点均按现行《道路交通标志和标线》（GB 5768）的规定执行。

道路交通量大的道路，应尽量采用反光标志。属于国际道路和重要的旅游道路，宜同时标注汉英两种文字。

道路交通标志的设置，应按照各类标志的设置条件，根据实际需要，结合具体情况合理设置。总的来说，道路标志的设置应遵循下列原则：

（1）道路标志的设置，要以保证交通畅通和行车安全为目的。总体考虑布局，避免出现标志内容互相矛盾、重复的现象。尽量用最少的标志把必需的信息展现出来。

（2）道路标志应设在车辆行进方向最容易看见的地方。可根据具体情况设置在道路右侧、中央分隔带，或车行道上方。

（3）同一地点需要设置两种以上标志时，可以安装在一根标志柱上，但最多不应超过4种。解除限制速度标志、解除禁止超车标志、干路先行标志、停车让行标志、减速让行标志、会车先行标志、会车让行标志应单独设置。

（4）标志牌在一根支柱上并设时，应按警告、禁令、指示的顺序，先上后下，先左后右地排列。

（5）路侧式标志应尽量减少标志板面对驾驶员的眩光。在装设时，应与道路中线垂直或成一定角度：指路和警告标志为0°～10°，见图7-15a）；禁令和指示标志为0°～45°，见图7-15b）。

一般将交通标志的标志板安装于专门的交通标志立柱或门架上，也可将标志板安装在上跨桥和附近构造物上。

交通标志的标志板可用薄钢板、铁板、铝合金板、合成树脂类材料制作。标志板的尺寸和正面图案应严格按照国家标准制作,在需反光的部位漆反光油漆或贴反光薄膜。标志板的反面可选用美观大方的颜色,最好用乳白色或浅灰色。

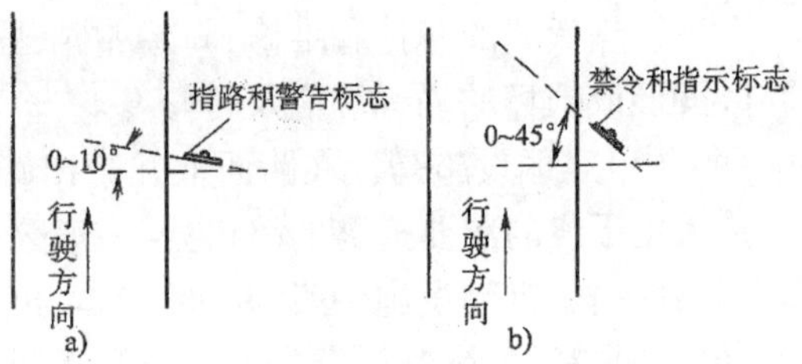

图7-15 路侧式标志应与道路中线垂直或成一定角度
a)指路和警告标志;b)禁令和指示标志

交通标志立柱可选用角钢、槽钢、钢管及钢筋混凝土等材料制作,断面尺寸应根据风力、板面大小及支持方式计算确定。标志立柱一般应浇筑混凝土基础,其埋设深度决定于地基承载力。

标志板和立柱的连接可采用多种方法。在设计连接部件时,应考虑安装方便、连接牢固,连接螺钉应进行强度验算。

二、道路交通标志的保养

(1)道路交通标志的检查,除在日常巡回检查其是否受到沿线树木等物的遮挡以及标志牌、支柱是否受到损坏外,一般还应进行定期检查。遇有暴风雨等异常气候及洪水、地震等自然灾害或交通事故时,应进行临时检查。检查包括下列内容:

①标志牌、支柱的变形、损坏、污秽及腐蚀情况。

②油漆及反光材料的褪色、剥落情况;标志牌设置的角度及安装情况。

③照明装置情况,基础或底座情况。

④反光标志的反射性能及交通标志的缺失情况。

(2)还需要根据道路条件(如新增或取消平面交叉、新建或改建桥梁、窄路拓宽、局部线形变更等)或交通条件(如增加或变更交通限制等)的变化,检查道路交通标志的设置地点、指示内容、各标志之间的相互位置、标志的高度和尺寸等是否适当。

(3)通过检查,发现道路交通标志出现异常时,应及时恢复到正常状态。其主要内容如下:

①交通标志的养护:a. 交通标志有污秽时,应及时进行清洗;b. 有树木等遮蔽时,必须清除阻碍视线的物体或在规定范围内变更标志的设置位置,并且要定期刷新。

②交通标志的维修:a. 标志牌变形、支柱弯曲、倾斜应尽快修复;b. 标志牌、支柱损伤、生锈引起油漆剥落,其范围不大时,可对剥落部分重新油漆,油漆严重剥落或褪色,应重新油漆。标志牌或支柱松动,应及时紧固。

③交通标志的更换:由于腐蚀(生锈)、破损而造成辨认性能下降或夜间反光标志反射能力降低的标志,应予以更换。缺失的应及时补充。

④交通标志设置位置的变更:设置的标志有类似、重复、影响交通的情况,或设置位置和指示内容不符合时,应进行必要的变更。

(4)为保证车辆、行人安全和施工正常进行,应按国家标准规定设置路栏、锥形交通路标、导向标等告示性和警告性标志。

①在施工作业、落石、塌方等危险路段两侧或周围应设置路栏。

②在指引车辆绕过的施工、维修作业区或其他障碍物路段，应设置锥形交通路标。

③在路线方向发生明显变化处，应设置指示性导向标，在施工或维修作业区两端应设置警告性导向标。

(5)路栏、锥形交通路标和导向标，有移动式临时性设施，也有固定的永久性设施，应分别采取不同的养护与修理方法：

①路栏、锥形交通路标和导向标的检查：

a. 表面污秽、油漆剥落或褪色情况及反光膜、牌面的损坏情况；

b. 支柱的倾斜、变形及损坏情况，有无被树木等遮蔽。

②路栏、锥形交通路标和导向标的养护与维修：

a. 及时清除和修剪导向标周围的杂草和树枝；

b. 保持表面、牌面清洁和油漆或反光材料的完好，损坏严重或缺失时，及时更换或补充。

(6)为预告前方公路阻断状况，指示车辆改变行车路线或提醒驾驶人员提高警惕的路段两端，应设置临时性的情报告示牌。

①当前方道路因路面翻浆、路基坍塌、桥梁破坏、隧道冒顶或水毁等原因发生阻断需指示车辆改变行驶路线时，宜采用“前方×公里处，因××不能通车，请从××公路绕行”标志的告示牌。设置位置在公路阻断处两端绕行公路的交叉路口前。

②当公路虽遭破坏，但尚能通过或因气候原因改变行车条件，需告示车辆注意行车安全时，宜采用“前方××，注意瞭望”、“××××，车辆慢行”等标志的告示牌。设置位置在需告示地点前100~200m处的右侧路肩上。

③情报告示牌应保持牌面清洁，字体工整、醒目。道路一旦修复、恢复正常行车后，应立即将情报告示牌撤除。

(7)道路上进行开挖沟槽等作业以及禁止车辆驶入的施工区，除按规定设置醒目的施工标志外，夜间应设置施工标志灯。施工标志灯光源可因地制宜选用，但必须具备夜间有足够的照明时间、亮度和不易被熄灭的功能。

(8)在高等级道路和一级道路上，宜设置因交通、道路、气候等状况变化可改变显示内容的可变信息标志。

(9)可变信息标志的养护与维修：

①可变信息标志的检查：除日常巡回检查外，还应该定期检查下列内容：

a. 显示器内照明器照明情况，电源工作状态；

b. 通过通话检查输送线路情况，显示器和支撑物等损坏情况。

②可变信息标志的动作检查：主控制机的动作状态，通过设在显示器旁的副控制机，检查显示器可动的机械部分动作是否正常。动作检查一般通过系统结构上的试验操作进行，每年检查2~3次。

③可变信息标志的保养：根据系统的形态或显示器种类、操作频度、机器设置地点周围环境等不同，按照各种机器说明书所规定的保养要点进行保养。

④可变信息标志的定期整修：根据显示器显示的方法不同，其整修的项目也不尽相同。一般应整修的项目有主控制机、电源、显示器和支撑物等安装部分的封闭及油漆状况，定期整修一般每年1次。

⑤由于各种机器内安装着大量的电子组件,整修时应使用特殊的测定仪器,由专职人员负责进行整修。

第三节　道路交通标线的养护

一、概　　述

道路交通标线是管制和引导交通的安全设施。道路交通标线包括:路面标线、箭头、文字、立面标记、凸起路标和路边线轮廓标等。它可以和道路交通标志配合使用,也可单独使用。道路交通标线的形状、颜色、尺寸和设置地点均按现行《道路交通标志和标线》(GB 5768)的规定执行。

所有高等级道路、一级道路和二级道路均应设置路面标线。其他等级的道路可根据需要设置。路面标线应采用耐磨耗、耐腐蚀、与路面黏着力强、具有较好的辨认性、便于施工、对人畜无害的路标漆、塑料标带、陶瓷和彩色水泥等材料制作。

二、道路交通标线的养护

道路交通标线的养护和修理应符合下列要求:

(1)路面标线、导向箭头、文字标记的养护和修理:

①路面标线污秽、影响辨认性能时,应及时进行清理或冲洗。

②路面标线磨损严重或脱落,影响辨认性能时,应重新喷刷或修复,并注意避免与原标线错位。

③进行路面局部修理使路面标线局部缺损或被覆盖,应在路面修理完工后予以修补或喷刷。

(2)立面标记应保持颜色鲜明、醒目。养护和修理的主要内容是清除表面污秽,如已褪色或油漆剥落,应及时重新涂漆。

(3)为辅助和加强标线,可设置固定于路面上的凸起路标。

①凸起路标的主要养护内容是保持其反射性能。应经常清扫凸起部位周围的杂物,清除反光玻璃球表面污秽。

②凸起路标的主要修理内容是保持完好的反射角度。发现松动的应予以固定;发现损坏或丢失的,应及时修复或更换。

(4)汽车专用道路和实施 GBM 工程的道路或路段,应设置路边轮廓标,其他道路可视实际需要设置。

(5)凡设置示警桩和护栏路段,以及路肩上已种植整齐的行列式乔木路段,可不再设置路边轮廓标。路边轮廓标与百米桩结合设置时,应在桩下部标明百米桩号。

(6)养护和修理包括下列内容:

①反光矩形色块剥落,应及时补贴;油漆剥落的,应重新涂漆。

②清除标柱表面污秽和遮蔽轮廓标的杂草、树木和物体。

③标柱倾斜或松动的,应予扶正固定;已变坏、损坏的,应尽快修复或更换;丢失的应及时

补充。

●第四节　检查井、雨水口的养护●

路面上的检查井盖、雨水口，应安装牢固并保持与路面平顺相接。检查井及其周围路面 1.5m×1.5m 范围内不得出现沉陷或凸起。检查井井座、雨水口出现松动，或发现井座、井盖、井箅断裂、丢失，应立即维修补装完整。在路面上设置的其他种类的检查井，应符合国家现行标准《铸铁检查井盖》CJ/T 3012 的规定。

一般情况检查井、雨水口的井座砌筑砂浆强度不应小于预制井筒的强度约 20MPa。在北方地区，为了不妨碍除雪机机械作业，道路上所有检查井的安装高度，都应不高于路面 5mm。当检查井低于或高于路面 10mm 以上时，高速行车会产生强烈的颠簸，同时，也会对检查井自身产生撞击，造成松动或安装破坏。

当检查井、雨水口发生沉陷时应按以下方法处理：

(1)井筒腐蚀、损坏或井墙塌帮，应拆除到完好界面重新砌筑；

(2)砌筑材料宜采用页岩砖、建筑砌块或预制混凝土；

(3)整平、调整井口高度时不得使用碎砖、卵石或土块支垫。

另外，对于维修后的检查井、雨水口，在养生期间应设置围挡和安全标志加以保护。维修后的检查井、雨水口在修补路面以前，井座周围、面层以下道路结构部分应夯填密实，其强度和稳定性应不小于该处道路结构的强度。

●第五节　涵洞的养护●

涵洞是道路上数量很多，形式多样且分布很广的一种构造物，是保证道路畅通无阻的环节之一，因此必须认真作好涵洞的养护工作。

一、涵洞养护的要求与检查内容

1. 涵洞养护的要求

涵洞养护的要求是确保涵洞行车安全、排水顺畅和排放适当；保持涵洞结构及填土完好；维护涵洞表面清洁、不漏水。

2. 涵洞检查内容

涵洞应定期进行检查。在洪水和冰雪季节前应对有缺陷和损坏的涵洞进行实地检查，主要检查下列内容：

(1)涵洞的位置是否恰当，孔径是否足够，洞内有无淤塞、冲刷。

(2)涵洞有无开裂，或其他破损，填土有无沉陷，涵底、涵墙有无漏水，八字翼墙是否完整。

(3)进水口是否堵塞，沉砂井有无淤积，洞口铺砌有无冲刷、脱落。

(4)涵洞内有无积水、积雪，洞身有否冻裂。

(5)现有涵洞设备是否能满足需要，是否需新建涵洞。

二、涵洞的日常养护

涵洞日常养护的主要任务与要求如下：

(1)及时清除洞口和洞内的淤积杂物和积雪，并将其抛弃到路基边以外的适当地点。

(2)洞口和洞底铺砌发生变形、沉陷、破损和漏水时，均须及时修理，并整理上下游沟槽，使水流的坡度保持顺适。

(3)涵洞出水口的跌水、急流坡，若与洞口结合发生裂缝时，应采用干燥麻絮浸透沥青后填实。构件亦应根据损坏程度及时修理或更换。

(4)木涵上的螺栓、铁件如有松动、锈蚀、失落、损坏，应当及时拧紧、更换或补充齐全。木构件亦应根据损坏的程度及时修理或更换。

(5)倒虹吸管易破裂、漏水，要认真检查。若虹吸管顶面出现湿斑，应及时停止使用，挖开修理，更换软化的路基填土和破裂的管节。接头处必须填塞紧密。

(6)管涵的接头处和四铰涵管铰点的接缝处，若发生填缝料脱落时，应用干燥麻絮浸透沥青后填实，不得采用灰浆抹缝的办法修理。

(7)砖、石涵洞的表面如发生局部风化、轻微裂缝时，一般可用水泥浆或环氧树脂封闭。灰缝脱落，应及时修补。

(8)涵洞上下游的路基护坡、引水沟、泄水槽、窨井和沉淀井发生变形或沉陷时，一般属设计和施工不良造成的，必须认真修复。

(9)砖石拱涵的洞顶漏水，应挖开填土，用高标号水泥砂浆修理损失部分，再衬铺胶泥防水层10～15cm，或用油毡防水层(两层毡三层油)，应认真重做，以防止渗漏。

(10)涵洞的日常养护维修，在开挖修理时，必须开设便道或采取半幅施工，设立标志、护栏，以保障施工和行车安全。

三、涵洞的雨季养护

在一年四季中，涵洞均有可能不同程度地遭受暴雨、洪水和风沙、冰雪等自然灾害，尤以雨季最为严重。因此，不同的季节养护应以雨季为重点。

1. 涵洞雨季养护的原则

涵洞雨季养护必须遵循“预防为主”的原则。因此，每年的汛前检查十分重要，必须认真做好涵洞的水毁预防。在检查中发现水毁隐患，应采取适当的工程技术措施，及时防治，并应注意提高其抗御的能力，以减少水害。

尤其对一些涵洞孔看其是否偏小，应验算其在设计洪水条件下是否具有充分的抗洪能力，作出评定，并提出处治办法。陡坡涵洞的上下游必须增设防护设施时，应采取适当的山坡排水工程技术措施。涵洞的孔径大多按无压力式计算，所以，对于无压力式涵洞，可根据洞内顶点至最高流水面净高，作出抗洪能力的评定。

2. 涵洞水毁的主要原因

防治水毁，均要做到有的放矢。涵洞水毁的主要原因大致归纳如下：

(1)抗御洪水能力极差的危险涵洞。

(2)进水口或洞孔淤积严重，甚至堵塞。

(3)洞口、洞底铺砌层破损,易被洪水冲刷破坏,基础冲空。

(4)进水口或洞孔被漂浮物堵塞。

(5)遭受大型漂浮物、流冰或波浪冲击。

(6)涵洞位置不当,其主要原因有二:一是设计、施工所致;二是后来沟床的不利演变,致使水流不顺畅,洪水冲击翼墙和周围路堤,进而造成水毁破坏。

(7)洞孔偏小,或发生超过设计频率的洪水,造成过高的涵前壅水,从而产生过大的动水压力的浮力,乃至水过涵顶,致使涵洞被推倒或冲移破坏。

(8)傍河路线上的涵洞,因河道的不利演变而造成的水毁破坏。

3. 涵洞雨季养护注意要点

(1)山区公路,因沟床坡度陡,流速大,洞口、洞底铺砌层和跌水、急流槽易受洪水或漂流的大块石冲击破坏。

(2)平原区公路,洞口、洞孔和上下游沟槽被泥沙杂物淤积,造成水毁。

(3)傍河路段的下游洞口易遭大河洪水冲击破坏。

4. 预防涵洞水毁的主要工作

在洪水来临之前,必须认真做好水毁预防,以保证涵洞具有良好的技术状况和抗洪能力。为此,在洪水来临之前必须做好以下工作:

(1)清除洞口和洞孔淤积杂物。

(2)整修沟床,使水道平整、顺畅,并注意清除涵洞上游有可能漂流的大块石,以免洪水冲击洞或堵塞洞孔。

(3)认真完成遗留病害的处治和拟建水毁预防工程。

(4)涵洞位置不当的,一般可改建上游沟槽,并用水泥砂浆砌片或混凝土预制块加固沟底和沟壁,使水流顺适,不漏水。

(5)山区涵洞,必须增设上游或下游陡坡排水设施时,应力争在洪水来临前修建。

(6)孔径偏小的涵洞,应按汛前检查时验算的结果,根据地形、地质情况进行设计,采取一侧或两侧加孔,或扩大孔径(尽可能利用一侧涵台)的办法。施工时要开设便道,或采取半幅施工,并设临时标志、护栏,以保证交通安全和施工安全。

5. 涵洞汛期养护

大雨或洪水期间,除组织昼夜巡视外,还必须有重点地加强养护。

(1)洪水期间,有些沟谷,往往有大量草木等漂浮物或漂流的大块石,在有些高寒地区会有流冰冲击或堵塞涵洞。傍河路线,因为河道的不利演变,洪水波浪和漂浮物也会冲击涵洞。因此,在大雨或洪水期间应做好下列主要工作:

①在涵洞上游及时打捞清除漂浮物。

②洞口发生堵塞现象时,必须立即排除。

③洞口及其周围路堤被洪水破坏时,应立即用草袋、麻袋、编织袋装土石防护,以免水毁扩大。

④当涵洞发生局部和全部水毁,危及行车安全或阻车时,必须立即在其两端竖立危险警告标志或停止通车标志,以保证行车安全。

(2)每次雨后或洪水以后,都要立即进行检查、维修,以减免水害。检查、维修内容有:

①清除沟槽、洞口和洞沟淤积杂物,尤其是要清除涵洞上游沟床里的可能漂流的大块石。

②进出水口或洞身、洞底的水毁破损处,均需及时修补,以防扩大。

③洞口、洞底已冲刷成深坑或基础冲空时,应及时加固。一般可用拌成半干湿的混凝土装入麻袋或草袋(约2/3),将冲空部位堆置密实,然后灌注混凝土。若冲空部位无水流或积水时,可用片石混凝土(或混凝土)填实。

④傍河路线,因河道的不利演变,危及涵洞安全或造成水毁时,应立即用装土石草袋(麻袋或各种编织袋)或石笼防护,待雨季后再按设计增设防护工程,修复水毁涵洞。

6. 涵洞水毁抢修

涵洞的局部或全部遭受水毁破坏,危及行车安全或阻车时,必须立即组织抢修,并尽量缩短阻车时间。根据"先抢通,后恢复"的原则,一般应采取以下抢修措施:

(1)开设便道或搭设便涵,以维持雨季交通。

(2)对于水毁破坏的部位,无法在雨季抢修恢复时,必须根据具体情况立即采取临时性的防护措施,以免继续扩大,如抛石、装土石草袋(麻袋或各种编织袋)和石笼防护等。

(3)在降雨量较少的地区,且地质情况较好的小涵洞,亦可在雨季抢修恢复,并应采取雨季施工的必要措施,免遭水毁。

7. 涵洞水毁恢复

涵洞遭受局部或全部水毁破坏后,进行恢复时应有充分的科学依据。因此,必须认真调查,分析发生水毁的原因,精心设计,精心施工,修一处,保一处,并提高其抗洪能力,逐步减少涵洞水毁。

四、涵洞的维护措施

1. 疏通清理

当涵洞进出口或洞身中淤积有泥沙或杂物、积雪时,应及时进行清理,疏通孔道,以保持流水畅通。洞底铺砌层、洞口上下游路基护坡引水沟、泄水槽、警井和沉砂井等处如发生淤积变形、坍陷,致使排水受阻,应及时清理,疏通所有排水设施,并对破损部分加以修理 。

2. 堵漏和修理

涵底和涵墙、出水口的跌水设施与洞口结合处开裂,管涵的接头处及四铰涵管铰点接缝处出现裂缝或填料脱落而发生露缝,浆砌砖石涵洞洞(底)顶漏水,管涵的管节由于基础沉落发生严重错裂等破损现象时,应根据具体情况,及时进行堵漏和修理。可以采用下述措施:疏整水道,使洞口铺砌与上下游水槽坡道平齐顺适;保持洞中底面平顺和一定纵坡,使水流不发生游涡,并用水泥砂浆勾缝、铺底;衬砌胶泥防水层等。

3. 加固

对有些破损,必须采取加固措施。木涵洞上的螺栓铁件如有遗失、损坏、松动、锈蚀,应分别拧紧或补充更新;有的部件损坏严重时应予更换。砖石、混凝土及钢筋混凝土端墙和翼墙,如有离开路堤向外倾斜或鼓肚现象,应视情况采取开挖填土更换,或加固基础等措施。管节因基础被压沉而发生严重错裂,则可采取挖开填土加固基础并重做砂垫层。砖石拱涵的加固,一般可采取拱圈上加拱的方法。对涵洞出水口处冲刷严重者,可以浆砌块石铺底,并加水泥砂浆勾缝,铺砌末端设置混凝土或浆砌块石抑水墙,或在出口加做缓流的消力槛、消力池等设施。

对涵洞开挖修理加固时,应采取边施工、边维持通车方式,并应设立标志、护栏以确保安全。

复习思考题

1. 交通安全设施有哪些?他们的作用是什么?
2. 视线诱导设施由什么组成?应如何进行养护?
3. 道路交通标志有哪些?他们各自的作用是什么?应怎样养护?
4. 道路交通标线包括哪些?养护要点是什么?

第八章

市政道路绿化

知识目标

1. 解释市政道路绿化的基本概念及养护范围；
2. 描述城市道路绿化横断面的类型及绿化特点；
3. 识别市政道路绿化的树种；
4. 描述市政道路绿化的施工工艺。

能力目标

进行道路绿带横断面简图的绘制。

•第一节 市政道路绿化的一般规定•

市政道路绿化直接形成城市的面貌、道路空间的性格、市民交往的环境，为居民日常生活提供长期的环境效益和生态效益。道路绿化具有狭义和广义之分。狭义仅指城市道路绿化，广义上则包括城市干道、居住区、公园绿地和附属单位等各种类型绿地中的道路绿化。

狭义道路绿化指道路两侧和立交桥四周的植物种植，即用乔、灌、地被和草坪科学合理的搭配，创造出优美的街道景观。城市道路绿化作为城市道路的重要组成部分，它改善城市气候、遮荫、防尘、降噪等，具有良好的生态功能，同时也赋予城市春、夏、秋、冬多样的季相变化，影响城市的景观面貌，直接反映了一个城市的政治、经济、文化总体水平。

一、市政道路绿化原则

(1)道路绿化应根据城市性质、道路功能、自然条件、城市环境等，合理地进行绿化。道路绿化应结合交通安全、环境保护、城市美化等要求，选择种植位置、种植形式、种植规模，采用适当树种、草皮、花卉。

(2)道路绿化应选择能适应当地自然条件和城市复杂环境的乡土树种。选择树种时，要选择树干挺直、树形美观、夏日遮阳、耐修剪，能抵抗病虫害、风灾及有害气体等的树种。

(3)道路绿化设计应处理好与道路照明、交通设施、地上杆线、地下管线等关系。

二、市政道路绿化的基本概念

(1)道路绿地:道路及广场用地范围内的可进行绿化的用地,可分为道路绿带(又包括分车带绿地、人行道绿地、路侧绿地、街道小游园绿地)、交通岛绿地、广场绿地和停车场绿地(图8-1)。

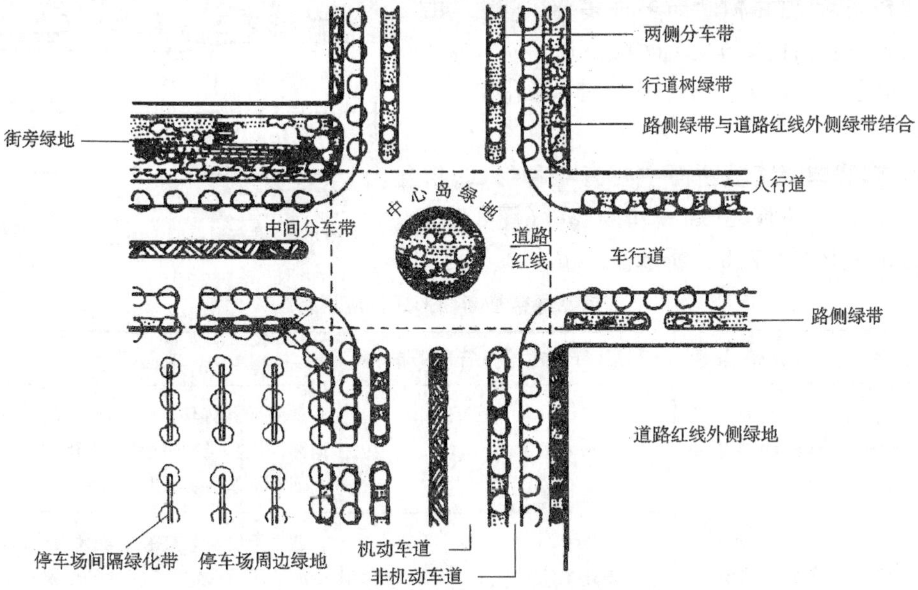

图 8-1　市政道路绿地名称示意图

(2)道路绿地率:道路红线范围内的各种绿带宽度之和占总宽度的百分比。

(3)分车绿带:车行道之间可以绿化的分隔带,其位于上下行机动车道之间的为中间分车绿带,位于机动车道与非机动车道之间或同方向机动车道之间的为两侧分车绿带。

(4)行道树绿带:布设在人行道与车行道之间,以种植行道树为主的绿带。

(5)路侧绿带:在道路侧方,布设在人行道边缘至道路绿线之间的绿带。

(6)交通岛及交通岛绿地:交通岛是为便于管理交通而改置的一种岛状设施,一般可用混凝土或砖石围砌,高出路面十余厘米,并可绿化。包括道路交叉口的中心导向岛、路口上分隔进出车辆的导向岛、高速公路上互通式立体交叉干道与匝道围合的绿化用地及宽阔街道中供行人避车的安全岛。交通岛绿地分为中心岛绿地、导向岛绿地和立体交叉绿岛。

(7)广场、停车场绿地:广场、停车场用地范围内的绿化用地。

(8)装饰绿地:以装点、美化街景为主,不让行人进入的绿地。

(9)开放式绿地:绿地中铺设游步道、设置座椅等,供行人进入游览休息的绿地。

三、我国城市道路的绿地率指标

根据《我国城市道路绿化规划与设计规范》规定,道路绿化应确保达到以下标准:

(1)园林景观路绿地率不得小于40%;

(2)红线宽度大于50m的道路绿地率不得小于30%;

(3)红线宽度在40～50m的道路绿地率不得小于25%；

(4)红线宽度小于40m的道路绿地率不得小于20%。

四、城市道路的绿化横断面类型及绿化特点

城市道路横断面组成是与道路的性质和功能密切相关的，道路横断面多种多样，一般是由车行道——包括机动车道（即快车道）和非机动车道（即慢车道）、人行道、分隔带（绿化带）等组成。

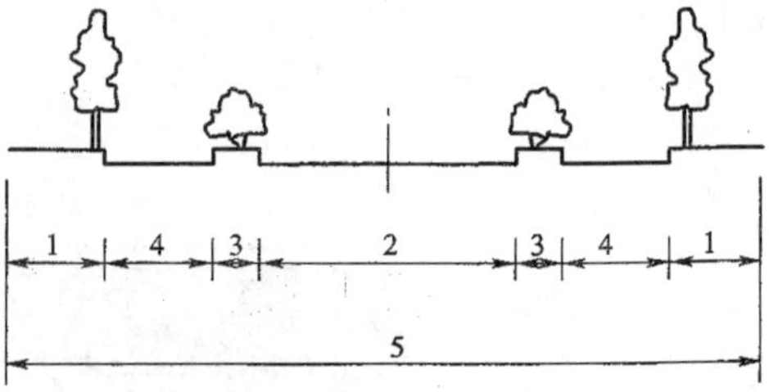

图8-2　城市道路横断面组成（尺寸单位：m）

目前，我国道路横断面主要有4种形式，俗称为一块板、二块板、三块板和四块板（图8-2）。相应的绿化形式如表8-1所示。

道路绿带横断面形式及应用特征　　表8-1

道路断面类型	车行道（条）	分隔绿带（条）	人行道绿带（条）	应用特征
一板二带式	1（机动车与非机动车道不分）	—	2	适用于机动车交通量不大的次干道和居住区道路，机动车与非机动车混行，以路面画线组织交通或不作画线标志
二板三带式	2（机动车与非机动车道不分）	1（道路中间）	2	适用于机动车交通量较大而非机动车流量较少的地段，可减少车辆对向行驶时相互的影响，但仍未解决机动车与非机动车的混行问题
三板四带式	3(1条机动车道，2条非机动车道)	2（机动车与非机动车之间）	2	有利于解决机动车道与非机动车道的混行问题，适用于机动车交通量大、车速要求高、非机动车多的地段，道路红线一般在40m以上
四板五带式	4(2条机动车道，2条非机动车道)	3（有时绿带被栏杆或隔离墩代替）		适用于大城市的交通干道，各种车辆均单向行驶，保证了行车安全，但用地面积较大，建设投资大。适用于机动车速度高、交通量大，非机动车多的情况。一般道路红线宽度在50m以上

(1)干道上，可采用规则式冠形，将树体修剪成杯状形或开心形。行道树的主干高度，在同一条道路上应保持一致，树体大小尽可能整齐划一，避免因高低错落不等、大小粗细各异而影响景观效果。

(2)快慢隔离带是道路绿化的重点，应结合自身宽度、有无地下管线进行规划设计。宽度为2m以下或有地下管网的，以色叶灌木和宿根花卉为主；宽度在2～4m且无地下管网的，可采用灌草结合的方式，做灵活多样的大色块；宽度为4m以上且无地下管网的，除灌草结合外，还可配以小型乔木。

(3)中央隔离带一般不成行种植乔木，避免干扰司机视线，树冠太大的树种也不宜选用。隔离带内可种植修剪整齐，具有丰富视觉韵律感的大色块模纹绿带，绿带内树种选择不宜过多，色彩搭配不宜过艳，以低矮花灌木配以草坪、花卉的种植为主。

(4)林阴带兼顾观赏和游憩功能,以方便市民步行和休息为前提,参照公园、游园、街头绿地进行乔、灌草、花的合理化配置,可设置园林游步道,点缀各种雕塑小品、坐凳等,充分发挥其观赏和休闲功能。

第二节　市政道路绿化的内容与要求

一、绿化布置要求

(1)道路绿化指路侧带、中间分隔带、两侧分隔带、立体交叉、平面交叉、广场、停车场以及道路用地范围内的边角空地等处的绿化。道路绿化是城市道路的重要组成部分,应根据城市性质、道路功能、自然条件、城市环境等,合理进行布置。

(2)道路绿化布置应结合交通安全、环境保护、城市美化等要求,选择种植位置、种植形式、种植规模,采用适当树种、草皮、花卉。

(3)道路绿化应选择能适应当地自然条件和城市复杂环境的乡土树种。选择树种时,要选择树干挺直,树形美观,夏日遮阳、耐修剪,并能抵抗病虫害、风灾及有害气体等的树种。

(4)道路绿化设计应处理好与道路照明、交通设施、地上杆线、地下管线等的关系。

二、绿化树种的选择

(1)适宜于各地区的树种见表 8-2。

适宜于各地区的树种　　表 8-2

地　区	平原(包括盆地及河谷地)		山　地	
	一般地区	水分较多地区	土层较厚	土层浅及石质山
华北、西北东南部、东北南部	毛白杨、加拿大杨、洋槐、香椿、桑、榆、槐、白蜡、楸、臭椿	柳、箭杆杨、加拿大杨、杞柳	核桃、板栗、梨、苹果、柿、枣、油松、洋槐、青杨	山杏、侧柏、元宝、枫、油松、紫穗槐
东北	小叶杨、大青杨、水曲柳、落叶松、榆、槭	柳、水曲柳	落叶松、红松、油松、水曲柳、黄波罗、椴	蒙古栎
华东、华中、贵州东南部	桑、樟、麻栎、梓、泡桐、香椿、重杨木、法桐、三角枫、楸、银杏	柳、枫杨、拣、乌桕、赤杨、水杉	杉木、擦树、栓皮栎、麻栎、锥栗、楠木、油茶、油桐、茶、核桃、板栗、棕榈、杏、杨梅、柑桔	马尾松、枫香、麻栎
四川、贵州北部	楠木、樟、香椿、柏木、桉树、喜树、梧桐、泡桐柳、枫杨、桤木		杉木、柏木、楠木、华山松、油桐、油茶、核桃、棕榈,柑桔、苹果	马尾松、柏木、麻栎、栓皮栎
云南、贵州西南部	杨、冲天柏、桉树、滇楸	杨、柳、水冬瓜、乌桕	华山松、楠木、滇楸、柏木、梨、桃	云南松、油松
华南	樟、桉树、红椿、楝榕树、石栗、凤凰树	木棉、水松、重阳木、岛柏	柑桔、乌榄、橄榄、荔枝、龙眼樟、酸枣杉木	马尾松、相思、木荷、枫香

续上表

地区	平原(包括岔地及河谷地)		山地	
	一般地区	水分较多地区	土层较厚	土层浅及石质山
内蒙古、西北西部	榆、小叶杨、胡杨、杏	柳、柽柳	榆、柽柳	山杏
西南高原高山	杨树、槭树	柳、榆、核桃	落叶松、云杉	冷杉

(2)适合于各种环境的树种见表8-3。

适合于各种环境的树种 表8-3

序号	环境分类	树种名称
1	最耐水湿的树种	河柳、旱柳、垂柳、夹竹桃、枝子花、石榴,其次为金银花、凌霄、毛白杨、水竹、乌柏等
2	比较耐水的树种	白杨、枫香、白蜡、喜树、枫杨、重阳木、南天竹、洋玉兰、水杉、落叶松、枇杷、樟树、水冬瓜、朋红、侧柏、三角枫、法桐、柑桔等
3	最不耐水的树种(一般渍水2~3d可死亡)	杨树、泡桐、女贞、刺槐、苦楝、臭椿、梧桐、马尾松、雪松、梅花、银杏、碧桃、丁香等
4	最耐干旱和瘠薄土壤的树种	马尾松、苦楝、乌柏、臭椿、黄山松、黑松等
5	比较耐旱和瘠薄土壤的树种	青冈栎、刺槐、紫穗槐、化香、胡桃、枣、榆、棠梨、构树、紫藤、紫荆、石楠、丝兰、猫儿刺、麻叶绣球等
6	耐盐碱的树种	中槐、柳、侧柏、刺槐、加拿大杨、毛台杨、柽柳、紫藤、合欢、水曲柳、洋槐、椿树、木麻黄、黑松等
7	能耐旱而怕浸水的树种	刺槐、梧桐、泡桐等
8	能耐旱且耐水湿的树种	夹竹桃、石榴、乌柏等
9	最能抗烟的树种	臭椿、加拿大白杨、中国槐、白蜡、石榴、夹竹桃、紫穗槐、榕树等
10	较能抗烟的树种	柳、榆、桑树、银白杨、洋槐、苦楝、杨树、胡桃、八角枫、芙蓉、香椿、枫杨等
11	防火能力较强的树种	油茶、海桐、女贞、大叶黄杨、楠木、悬铃木等
12	不耐火的树种	各种松类、柏类、芬香类树木等
13	抗风力强的树种	黑松、金钱松等
14	严冬需要保护幼苗的树种	在-5℃以下:桉树、楠木等 在-10℃以下:樟树、海桐、夹竹桃、柑桔等

(3)注意要点见表8-4。

树种选择注意要点 表8-4

项目	树种选择注意要点
按路段的不同更换种植树种	根据植树路段不同的特点,相应变动树种,以利绿化成活与繁殖。在市郊、风景区、疗养区路段,应尽可能选用常绿树种,栽植风景林,以增加美观感;工厂附近的沿线,宜植耐烟或耐废气的树种
保证公路建筑限界	在沥青路面两侧,可种一些树冠大的树种(如法桐、枫杨等),以保护路面。但必须按《公路工程技术标准》不得在路肩以内植树,以确保行车需要的规定净空高度与侧向净宽

续上表

项　目	树种选择注意要点
防止虫害	公路两旁不得栽植对当地农作物或果树等有传播病虫害的树种
注意绿化四季常青	选择树种应在可能条件下，使速生树与慢长树相结合。速生树绿化快，但寿命短，宜用慢长树来更新。常绿树与落叶树相结合，四季之中，均有绿化效果
树苗规格要求	绿化树苗，一般应栽种植已生长3年以上。胸径（距地面1.3m处）不小于3cm，高度在3cm以上，主干正直、发育正常、有良好顶芽、根系发达、未受虫害或严重损伤的树苗。如用插枝法（如杨、柳），其截取的树枝胸径为2cm上下、高2cm左右，完整，无虫害
常见树木体型图例	下图为主要从树干的直立、并立、丛生、攀缘，树枝的向上、向下、水平、下垂、匍匐、悬挂等来识别的常见树木体形图例（图注数字为树高） 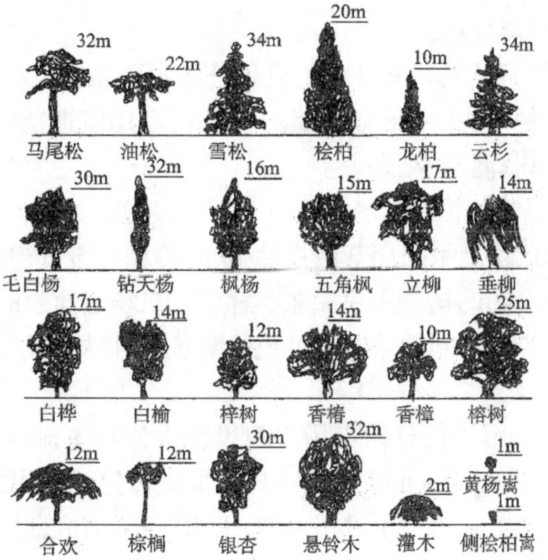
公路绿化还应考虑的树种要求	对于公路绿化植物品种的选择，还应考虑下列要求： （1）具有稳定公路力坡的能力； （2）容易繁殖、移植和管理，能抗御病虫害； （3）适于当地栽种； （4）具有良好的卫生要求和景观效果

三、绿化种植要求与标准

1. 综合考虑总体布置

（1）道路绿化设计应综合考虑沿街建筑性质、环境、日照、通风等因素，分段种植。在同一路段内的树种、形态、高矮与色彩不宜变化过多，并做到整齐规则和谐一致。绿化布置应注意乔木与灌木、落叶与常绿、树木与花卉草皮相结合，色彩和谐，层次鲜明，四季景色不同。

（2）城市道路绿化宽度宜为规划红线宽度的15%～30%。对游览性道路、滨河路及美化要求的道路可提高绿化比例。

(3)分隔带与路侧带上的行道树的枝叶不得侵入道路限界。弯道内侧及交叉口视距三角形范围内,不得种植高于最外侧机动车车道中线处路面标高 1m 的树木,弯道外侧应加密种植以诱导视线。快速路的中间分隔带上不宜种乔木。

(4)植树的分隔带最小宽度为 1.5m,较宽的分隔带可考虑树木、草皮、花卉等综合布置。当人流、车流较多或两侧有大型建筑物时,应采用既隔离又通透的开敞式种植。

(5)在通往风景区的游览性道路及有美化要求的重要路段应加强绿化,反映城市特色,在填方或挖方地段可在路堤或路堑边坡上种植草皮,在不影响视线地段可种灌木。

(6)绿化设计时,应注意保护古树名木,对现有树木、树林等应注意保存,以改善沿路环境,并考虑沿线风景点的组成。

2. 道路、广场、停车场绿化种植要求

(1)环形交叉口中心岛的绿化应在保证视距的前提下进行诱导视线的种植,并与城市景观结合,体现城市特点。

(2)根据互通式立体交叉各组成部分的不同功能进行绿化设计。沿变速车道及匝道应种植诱导视线的树木,并保证视距,此外应充分利用匝道范围内平缓的坡面布置草坪,点缀有观赏价值的常绿树、灌木、花卉等。

(3)广场绿化应根据广场性质、规模及功能进行设计。结合交通导流设施,可采用封闭式种植。对于休闲绿地可采用开敞式种植,并可相应布置建筑小品、坐椅、水池和林阴小路。

公共活动广场的集中成片绿地不宜少于广场总面积的 25%。

交通广场绿化必须服从交通组织的要求,不得妨碍驾驶员的视线,可用矮生常绿植物点缀交通岛。

集散广场可用绿化分隔广场空间以及人流与车流,集中成片绿地宜为总面积的 10% ~ 25%;民航机场前与码头前广场集中成片绿地可为总面积的 10% ~15%。

纪念性广场应利用绿化衬托主体,组织前景,创造良好环境。

(4)停车场绿化应有利于汽车集散、人车分隔、保证安全、不影响夜间照明,并考虑改善环境,为车辆遮阳。

停车场绿化布置可利用双排背对车位的尾距间隔种植乔木,树木分枝高度应满足车辆净高要求。停车位最小净高:微型和小型汽车为 2.5m,大、中型客车为 3.5m,载货汽车为 4.5m。此外,还应充分利用边角空地布置绿化。风景区停车场应充分利用原有自然树木遮阳,因地制宜布置车位。

(5)靠车行道的行道树应满足侧向净宽的要求。株距 4 ~ 10m,绿化带净宽度见表 8-5。树池宜采用方形,每边净宽度大于或等于 1.5m;采用矩形时,净宽与净长宜大于或等于 1.2m ×1.8m。

绿化带净宽度 表 8-5

绿化种植	绿化带净宽度(m)	绿化种植	绿化带净宽度(m)
灌木丛	0.8 ~ 1.5	双行乔木排列	2.5 ~ 4.0
单行乔木	1.5 ~ 2.0	草皮与花丛	0.8 ~ 1.5
双行乔木平列	5.0	—	

四、绿化与照明、交通等设施的关系

（1）绿化不得影响照明与交通信号及标志。

①绿化不应遮挡路灯照明，当树木枝叶遮挡路灯照明时，应及时合理予以修剪。

②在距交通信号灯及交通标志牌等交通安全设施的停车视距范围内，不应有树木枝叶遮挡。

（2）架空电力线与路树最小距离要求：架空电力线路的导线与路树树冠的最小垂直距离应根据电压的大小确定，见表8-6。

架空电力线与路树的最小垂直距离 表8-6

电压(kV)	1～10	35～110	154～220	330
最小垂直距离(m)	1.5	3.0	3.5	4.5

（3）路树与地下管线水平距离要求：树木中心与地下管线外缘的最小水平距离，见表8-7。

架空电力线与路树的最小垂直距离 表8-7

序号	管线名称	距乔木中心最小水平距离(m)	距灌木中心最小水平距离(m)
1	电力电缆	0.70	—
2	电讯电缆(市话)	0.75	0.75
3	给水管	1.50	—
4	雨水管	1.5～20	—
5	煤气管	1.20	1.20
6	热力管	1.50	1.50
7	消防龙头	1.20	1.20
8	排水盲沟	1.00	—

第三节 市政道路绿化施工与管理

一、绿化施工

道路绿化施工应由具备资质的建设队伍施工，由具备统一绿化资质审查通过的专业资质的建设队伍来承担，这些队伍技术力量雄厚，施工设备齐全，专业化水平较高，同时使用达到规范制订所要求的标准绿化用苗进入施工市场。这些队伍又能够遵守道路绿化招投标相关制度施工质量标准和规范及相应的监理制度，使道路绿化的施工质量从根本上得到保证，绿化施工中主要要解决以下问题：

（1）道路绿化施工前的场地清理：

道路绿化在施工前绿地内往往遗留大量的建筑垃圾、碱性灰土等不利于植物生长的土壤，或者回填土这样的地层深处的死板土。这就需要施工前测定土壤的理化性能，对土壤的理化性能，如酸碱性、有机质及土壤硬度等进行详细测定，以利于改良土壤，有利于绿化植物的成活和生长。增施有机肥、掺砂掺黏；清除绿带内的建筑垃圾；对土层的死板土换用客土；对酸性土壤，可采用大水浇灌或在土壤掺入一定比例的石灰予以解决。

(2)解决好行道树的营养面积和透气铺装问题。

城市道路两侧由于埋设有多种市政管线,因此给道路绿化尤其是行道树留的营养面积都较小。按照园林树木营养面积学说"树木的垂直投影面积是树木根系分布区,即营养面积"中年树木根系分布略大于此,老树则不及此面积。解决好这些矛盾,地面铺装应采用透气、渗水材质的铺装材料、嵌草铺装材料或增大树池的面积。为避免行人践踏,如树池略低于路面,可建设略高于路面的池墙,池墙可用铸铁栏杆,简洁美观大方。

(3)解决好苗木定向培育和新品种引种驯化问题。

道路绿化施工中往往需求苗木数量、苗木规格偏大、品种较多,因此可供道路绿化的品种、规格均不足。一条路的苗木往往因为买不到苗木而更改设计。即使有同一品种,也需不同规格、不同苗圃才能凑齐,由于苗木培养方法不同,生长势、颜色、分枝点等也不同,影响整个道路的施工质量和景观效果。解决好上述问题,就是按照城市道路绿化的需要调集科研人员搞好定向育苗,有计划地开发新品种,培养多品种大规格的苗木;并使用新方法搞好苗木储存,保证反季节施工,作到四季植树。同时做好新品种的引种驯化工作,使新品种适应城市道路绿化的新环境,做到品种多样化。

(4)确保道路绿化工程建设资金到位。

按城市规划的标准,道路中绿化用地通常达30% 以上,而绿化建设资金就大多数城市而言,往往占整条道路建设资金的5% ~10%,投入规模显然较少,因此确保道路绿化建设资金到位是有效保证施工质量的前提。

(5)设计与施工相衔接的问题:

①道路绿化实施必须与主体道路工程同时设计、同时施工、同时投入使用,即要符合国家有关"三同时"的原则。

②设计人员和施工人员必须坚持进行图纸会审和技术交底制度。施工人员充分领会设计人员的设计意图,严格按图纸施工,使设计意图能够很好地在施工和施工养护管理中得到体现,做到设计和施工无缝对接。

③设计与施工、管养一条龙服务。一些施工单位由于仅仅对道路绿化施工后期管理养护一年,他们进行道路绿化施工时,只考虑短期本单位的经济效益,不顾及施工质量,使用苗木规格小,种植密度低,养护管理水平差。而由于园林部门对道路绿化处于失控状态,使得绿化施工质量无论好坏,只要工程结束,均予以接收,这种局面必须改变。

针对道路绿化中存在的一些问题,应该实行设计、施工、养护一条龙服务制度,正如俗话所说"三分栽,七分管"。

设计人员应根据现有养护能力做设计,否则,道路绿化最终只能昙花一现,纸上谈兵。施工人员和管理人员要很好的衔接,施工和养护不能人为地脱节,也就是建设和管理要互相衔接一致。

施工管理人员应实行机械养护和科学管理。水肥管理是树木管理的核心,浇水一次要浇足浇透。早春根系生长之前,用肥效较长的有机肥做基肥并适当加入磷肥;芽叶抽期以氮肥为主;7 月以后控制氮肥的数量并以磷肥为主。

重视整形修剪、除杂草、中耕开盘、病虫害防治等日常养护管理工作,包括:生长季节修剪、冬季修剪、草坪的除杂和定期修剪,行道树的整形、抹芽、除萌发条,以及冬季的刷白和中耕开盘工作,病虫害及时发现,及时防治。日常养护管理及时,措施得当,苗木的成活率就高,生长势好，越能体现道路绿化的生态功能和景观效果。

二、绿化施工与立交桥

立交桥或平交道，都有分散的较大面积的地块需绿化，特别是大型立交桥，需要绿化的地块达到10块以上，总面积一般都在4ha以上。在绿化施工过程中，施工人员必须结合实际情况先进行有效整地，进行场地平整和彻底的清理，使场地内的平整度和土壤状况满足绿化要求。然后根据设计和现场情况灵活布局、放线。对要栽植的绿化品种必须心中有数，如品种位置、数量、规格、生长状况、栽植顺序。先挖好相应规格的树坑和开好带状种植沟，然后选择好较适宜的天气，突击完成栽植任务，同时浇足定根水。

三、绿化管理

1. 树木管理

（1）栽植绿化植物，应按照道路绿化工程设计及任务大小，合理组组和安排劳力、机具，做好整地、划线、定点、挖坑；及时选苗，随起苗随运输，在春、秋或雨季适当时期进行栽植。栽植应符合下列要求：

①选苗：应选择适合当地环境条件、观赏价值较高、发育正常的优壮苗木，要求具有良好顶牙，根系发达、有较多的须根，没有病虫害和机械损伤等。

②用乔木、灌木绿化道路，应采用明坑栽植。坑径比根幅大10cm，坑深比根长大20m以上，使苗根充分舒展。属于无性繁殖的树种，也可埋干栽植。

③防护林的栽植，应按因地制宜，因害设防的原则进行。用于防洪的林带应密植；防风、防雪林带的透风系数以30%为宜；防沙林带的透风系统不超过20%。护林带的垂直分布应保持一定的密度。防护路基、边坡的灌木丛或经济林应密植，或与小乔木混栽。

④移植较大苗木或珍贵树种、果树等，应带土球栽植。土球直径为苗木直径的10倍以上，并将土球包装整齐不松散，以保成活。

⑤栽植苗木时，在干旱季节或干燥地区，栽前应浇水洇坑，栽后立即浇透水，半月之内，再浇透水2～3次。

⑥乔木栽植后，应及时扶正，封土和刷白。

⑦当天栽不完的剩苗应假植好，注意多浇水的次数。

（2）绿化植物成活后到郁闭（绿化植物冠幅投影面积与绿化占地面积之比，达到0.6以上时为郁闭）前，应加强抚育管理。按下列规定及时检查、补植、浇水、除草、松土、施肥、修剪和防治病虫害等。

①在干旱季节和干燥地区，应及时进行人工浇水。浇水量和次数根据墒情确定。

②除草和松土：在春、夏植物生长旺盛季节，除草、松土应结合进行。松土深度随植物种类、大小而定，以5～6cm为宜，应除掉杂草根系，注意不损伤绿化植物根系。风沙较大的地区，可不松土。

③对土壤瘠薄、生长不良的绿化植物，尤其是那些果树和珍贵苗木种类，应分期施肥，以促进生长。

④各类苗木如栽后枯死，应及时补植。补植的苗木，应与原栽植苗木的种类相同，其规格

应大于原植苗木规格。对于已基本成材的行道树，除株距大于20m补栽后不影响生长者外，可不补栽。

⑤根据各类绿化植物病虫害发生、发展和传播蔓延的规律，及时进行检查，一旦发生病虫害，应采取相应防治措施，确保绿化植物正常生长。

(3)绿化植物郁闭后，为了促进其生长和发育健壮，形状优美，透光适度，通风良好，减少病虫害的发生，适时开花结果，应及时修剪抚育。修剪时期，应在秋季植物落叶后或春季萌芽前进行，并符合下列要求：

①修剪时，主要应将乔木、灌木的枯枝、病枝、弯曲畸形枝、过密枝以及已侵入公路建筑限界、遮挡交通标志、影响视距的枝条及时剪除。修枝切口应平滑，并与树干齐平，防止损伤树干、高杈突出和树冠大小不一。

②交通比较繁忙的路段以及风景游览区的绿化植物或风景林带，应根据不同树种及其特性进行修剪。大树应剪成伞形或椭圆形；靠近大城市及游览区，可剪成球形、搭形。在一定路段内树木冠形宜相同，使其整齐美观。绿篱应剪成长方形或梯形。对果树则应按其特性和要求进行修剪。

③分蘖强的灌木丛应每年割条一次，新植灌木，次年应全部割掉，以利分蘖。对有特殊防护作用的灌木或乔灌木混栽林，割条时不应削弱其防护功能。

④根据花卉植物的生长发育规律修剪，促进开花结果。

⑤草皮的修剪，随草的种类和生长环境不同而异。草高不超过15cm，以免叶茎过长，影响排水，遮挡阳光，通风不良，诱发病虫害。

(4)每年秋季或春季，可在树干上距地面1～1.5m高处刷上涂白剂(生石灰5kg＋石硫合剂原液0.5kg＋盐0.5kg＋动物油0.1kg＋水20kg)，以防病虫侵害。

(5)在靠近村镇、风景游览区和风沙较大路段的新植乔木类，应设置支撑架、护栏架(围)、树池和包扎树干等，防止人畜损坏、风摇，以保成活率和保存率。在采用各种保护方法时，都应注意与环境协调。

(6)防治绿化植物病虫害应以预防为主，开展以生物、化学防治与营林措施相结合的综合防治方法，如若发现病虫害，应贯彻“治早、治小、治了”的防治方针。严格苗木检疫制度，保持绿化地面卫生，坚决消灭越冬虫卵、蛹，烧毁落叶虫婴、虫茧，及时清除衰弱、病害绿化植物，更换新的绿化植物。

(7)绿化道路的乔木、灌木、花草及防护林、风景林等，不宜在较长路段中采用同一绿化植物品种，应根据情况分段轮换栽植不同品种，以减少病虫害的传播和蔓延。

(8)为了掌握道路绿化的发展变化情况，积累资料，应建立道路绿化档案。从绿化、美化工程竣工验收时开始，进行调查登记，统计养护里程、已绿化里程以及绿化植物栽植成活率、保存率。道路绿化美化工程档案，应由业务主管领导和专职技术人员审核并签字。

2.立交桥绿化的管理

对立交桥绿化的管理，应区别于道路绿化的管理。立交桥的绿化相对集中，数量较大，品种较多，管理相对方便。但因场地内植物品种丰富而管理难度更大。首先是要坚持中耕除草。原则上不使用除草剂化学药品除草，以免影响有关绿化植物的成活与生长。夏季抗旱是保证绿化质量的又一关键措施。由于立交桥各地块土壤状况不一致，管理过程中必须结合每块地的具体情况确定管理办法。如有的除草次数可少些，有的松土次数必须多一点，有的浇水抗旱次数要多点等等。总之,对立交桥绿化的管理必须加强,但为了减少人员进场次数,可将多种管理程序集中安排,尽量延长每天的工作时间,以减少进场天数,人员安排必须合理。

3. 绿化效果与管理

绿化效果的好坏与管理成正比关系,只有比较精细、认真的管理,才能保证有好的绿化效果。道路绿化效果与坚持不懈的集中管理分不开。在实施管理之前,工程技术人员必须对道路各段的树木生长状况、土质状况、气候情况、道路状况有明确的了解,确定恰当的有区别的管理方法。如填方护坡,受风多,树木、土壤失水较多,重点是抗旱和防寒害;挖方护坡受风少,树木较填方护坡和平地处的生长好,重点是防虫害;平地的居中,既要注意抗旱防寒,又要注意防虫害。另外,道路绿化还必须注意防止人为破坏,要加强宣传,多作解释。同时,或多或少的补栽也避免不了。

第四节　道路树木的采伐

《中华人民共和国森林法》把道路林列为防护林种。其主要作用是保护道路,改善环境条件,因此,不应进行采伐。

当道路路树过密时,应进行抚育采伐;当道路改善、路树过成熟、路树发生严重病虫害或其他原因急需采伐时,宜在冬、春季节采伐。路树采伐应符合下列规定:

(1)抚育采伐:风景林、防护林在郁闭度达 0.9 以上时,应进行透光伐,伐除过密、生长不良的树木。其原则是间密留匀、伐劣留优、伐密留稀,促进树木生长。

(2)更新采伐:道路改善需要采伐的路树,应先审批后采伐。对采伐后出现的空白路段应在工程竣工后的第一个绿化季节内及时绿化好。成段衰老路树的更新采伐问题,应该按批准的计划办理,不得另行改变。

(3)路树采伐前,应先写出更新采伐报告,经道路管理机构审核发放采伐许可证后方可采伐,未经批准,不得采伐。

苗圃是培育道路绿化所用苗木、花草的主要基地。道路管理机构应建立育苗基地,满足绿化、美化的需要。苗圃用地面积的大小应根据条件和任务确定。

苗圃用地应选择交通方便、水源充足、排水良好、地势平坦、土地肥沃的壤土、沙壤土或轻黏壤土。土壤酸碱度(即 pH 值)以 6.5 ~7.5 为宜。土层厚度不应小于 40 ~50cm,地下水位以 1.5 ~2.5m 为宜。土质不好的,应进行土壤改良。苗圃主要培育适合本地区栽植、又符合绿化设计要求的品种。

复习思考题

1. 道路绿地由哪些部分组成?
2. 市政道路绿化布置的要求有哪些?
3. 应如何选择道路绿化的树种?
4. 如何进行道路绿化的管理?

第九章

市政道路养护管理

知识目标

1. 解释预算定额及其编制原则；
2. 解释概算定额与概算指标的概念；
3. 描述施工组织设计的编制方法；
4. 描述路面养护管理系统及其系统结构；
5. 解释路政管理的概念并描述路政管理的实施要求。

能力目标

1. 计算预算定额；
2. 进行定额的换算。

第一节　定额与概预算

一、预算定额

1. 预算定额的概念

预算定额，是规定消耗在合格质量的单位工程基本构造要素的人工、材料和机械台班的数量标准。

所谓工程基本构造要素，即通常所说的分项工程和结构构件。预算定额按工程基本构造要素规定人工、材料和机械台班的消耗数量，以满足编制施工图预算、确定和控制工程造价的要求。

预算定额的各项指标，反映了符合设计标准和施工及验收规范要求的分项工程消耗的活化劳动和物化劳动的数量限度。这种限度最终决定着单项工程和单位工程的成本和造价。

在我国，现行的工程建设概、预算制度，规定通过编制概算和预算确定造价，概算定额、预算定额等为计算人工、材料、机械（台班）的消耗量提供了统一的、可靠的参数。同时，现行制度还赋予概、预算定额相应的权威性，这些定额和指标成为建设单位和施工企业间建立经济关系的重要基础。

现行市政工程的预算定额，由于编制与使用范围不同，有全国统一使用的预算定额，如建设部编制的《全国统一市政工程预算定额》;也有各省、市编制的地区的预算定额,如《上海市市政工程预算定额》;对同样一种市政工程预算定额,由于编制的时间不同,也可分为不同时期所使用的预算定额,如《上海市市政工程预算定额》,在"文革"以后,先后使用的有1981年版预算定额、1987年版预算定额、1993年版预算定额和直至现在仍在使用的2000年版预算定额。

2. 预算定额的作用

(1)预算定额是编制施工图预算、确定和控制建筑安装工程造价的基础。

施工图预算是施工图设计文件之一,是控制和确定建筑安装工程造价的必要手段。编制施工图预算,除设计文件决定的建设工程功能、规模、尺寸和文字说明是计算分部分项工程量和结构构件数量的依据外,预算定额是确定一定计量单位分项工程人工、材料、机械消耗量的依据,也是计算分项工程单价的基础。所以,预算定额对建筑安装工程的直接费影响很大。依据预算定额编制施工图预算,对确定建筑安装工程费用会起到很好的作用。

(2)预算定额是对设计方案进行技术经济比较、技术经济分析的依据。

设计方案在设计工作中居于中心地位。设计方案的选择要满足功能、符合设计规范,既技术先进又要经济合理。根据预算定额对方案进行技术经济分析和比较,是选择经济合理设计方案的重要方法。对设计方案进行比较,主要是通过定额对不同方案所需人工、材料和机械台班消耗量等进行比较。这种比较可以判明不同方案对工程造价的影响。

对于新结构、新材料的应用和推广,也需要借助于预算定额进行技术经济分析和比较,从技术与经济的结合上考虑普遍采用的可能性和效益。

(3)预算定额是施工企业进行经济活动分析的依据。

实行经济核算的根本目的,是用经济的方法促使企业在保证质量和工期的条件下,用较少的劳动消耗取得较大的经济效果。目前预算定额仍决定着企业的收入,企业必须以预算定额作为评价企业工作的重要标准。企业可根据预算定额,对施工中的劳动、材料、机械的消耗情况进行具体的分析,以便找出低工效、高消耗的薄弱环节及其原因,为实现经济效益的增长由粗放型向集约型转变,提供对比数据,促进企业提高在市场上的竞争能力。

(4)预算定额是编制施工组织设计的依据。

施工组织设计的重要任务之一是确定施工中所需人力、物力的供求量并做出最佳安排。施工单位在缺乏本企业的施工定额的情况下,根据预算定额,亦能够比较精确地计算出施工中各项资源的需要量,为有计划地组织材料采购和预制件加工、劳动力和施工机械的调配,提供了可靠的计算依据。

(5)预算定额是工程结算的依据。

工程结算是建设单位和施工单位按照工程进度对已完成的分部分项工程实现货币支付的行为。按进度支付工程款,需要根据预算定额将已完成分项工程的造价算出。单位工程竣工验收后,再按竣工工程量、预算定额和施工合同规定进行结算,以保证建设单位建设资金的合理使用和施工单位的经济收入。

(6)预算定额是编制招标标底、投标报价的基础。

在深化改革中,在市场经济体制下预算定额作为编制标底的依据和施工企业报价的基础性的作用仍将存在,这是由于它本身的科学性和权威性决定的。

(7)预算定额是编制综合预算定额、概算定额和概算指标的基础。

综合预算定额、概算定额和概算指标是在预算定额基础上经综合扩大编制的,也需要利用预算定额作为编制依据,这样做不但可以节省编制工作中大量的人力、物力和时间,收到事半功倍的效果,还可以使综合预算定额、概算定额和概算指标在水平上与预算定额相配套,以避免造成执行中的不一致。

3. 预算定额的种类

(1)按专业性质分,预算定额有建筑工程预算定额和安装工程预算定额两大类。

建筑工程预算定额按专业对象又分建筑工程预算定额、市政工程预算定额、铁路工程预算定额、公路工程预算定额、房屋修缮工程预算定额、矿山井巷预算定额等。

安装工程预算定额按专业对象又分为电气安装工程预算定额、机械设备安装工程预算定额、通信设备安装工程预算定额、化学工业设备安装工程预算定额、工业管道安装工程预算定额、工艺金属结构安装工程预算定额、热力设备安装工程预算定额等。

(2)从管理权限和执行范围分,预算定额可分为全国统一定额、行业统一定额和地区统一定额等。

全国统一定额由国务院建设行政主管部门组织制定发布,行业统一定额由国务院行业管理部门制定发布,地区统一定额由省、自治区、直辖市建设行政主管部门制定发布。

(3)预算定额按物资要素区分为劳动定额、机械台班使用定额和材料消耗定额,但它们相互依存形成一个整体,作为编制预算定额依据,各自不具有独立性。

4. 预算定额编制的原则

为保证预算定额的质量,充分发挥预算定额的作用,使之在实际使用中简便、合理、有效,在编制工作中应遵循以下原则:

(1)按社会平均水平确定预算定额的原则:预算定额是确定和控制建筑安装工程造价的主要依据。因此,它必须遵照价值规律的客观要求,即按生产过程中所消耗的社会必要劳动时间确定定额水平,也就是按照“在现有的社会正常的生产条件下,在社会平均的劳动熟练程度和劳动强度下制造某种使用价值所需要的劳动时间”来确定定额水平,所以预算定额的平均水平,是在正常的施工条件,合理的施工组织和工艺条件、平均劳动熟练程度和劳动强度下,完成单位分项工程基本构造要素所需的劳动时间。

预算定额的水平以施工定额水平为基础。二者有着密切的联系。但是,预算定额绝不是简单地套用施工定额的水平。首先,这里要考虑预算定额中包含了更多的可变因素,需要保留合理的幅度差,如人工幅度差、机械幅度差、材料的超运距、辅助用工及材料堆放、运输、操作损耗和由细到粗综合后的量差等。其次,预算定额是社会平均水平,施工定额是平均先进水平,所以两者相比预算定额水平要相对低一些。

(2)简明适用原则:编制预算定额贯彻简明适用原则是对执行定额的可操作性便于掌握而言的。为此,编制预算定额时,对于那些主要的、常用的、价值量大的项目,分项工程划分宜细。次要的不常用的、价值量相对较小的项目则可以放粗一些。

要注意补充那些因采用新技术、新结构、新材料和先进经验而出现的新的定额项目。项目不全,缺漏项多,就使建筑安装工程价格缺少充足的、可靠的依据,即使使用补充的定额,一般因受资料所限,且费时费力,可靠性较差,也容易引起争执。同时要注意合理确定预算定额的计量单位,简化工程量的计算,尽可能避免同一种材料用不同的计量单位,以及尽量少留活口减少换算工作量。

(3)坚持统一性和差别性相结合原则:所谓统一性,就是从培育全国统一市场规范计价行为出发,计价定额的制定规划和组织实施由国务院建设行政主管部门归口,并负责全国统一定额制定或修订,颁发有关工程造价管理的规章办法等。这样就有利于通过定额和工程造价的管理实现建筑安装工程价格的宏观调控。通过编制全国统一定额,使建筑安装工程具有一个统一的计价依据,也使考核设计和施工的经济效果具有一个统一的尺度。

所谓差别性,就是在统一性基础上,各部门和省、自治区、直辖市主管部门可以在自己的管辖范围内,根据本部门和地区的具体情况,制定部门和地区性定额、补充性制度和管理办法,以适应我国幅员辽阔,地区间、部门间发展不平衡和差异大的实际情况。

二、预算定额的编制

1. 预算定额编制的依据

(1)现行的施工定额。预算定额是在现行施工定额的基础上编制的。预算定额中劳动力、材料、机械台班消耗水平,需要根据劳动定额或施工定额取定;预算定额的计量单位的选择,也要以施工定额为参考,从而保证两者的协调性和可比性,减轻预算定额的编制工作量,缩短编制时间。

(2)现行设计规范、施工及验收规范、质量评定标准和安全操作规程。预算定额在确定劳动力、材料和机械台班消耗数量时,必须考虑上述各项法规的要求和影响。

(3)具有代表性的典型工程施工图及有关标准图。对这些图纸进行仔细分析研究,并计算出工程数量,作为编制定额时选择施工方法、确定定额含量的依据。

(4)新技术、新结构、新材料和先进的施工方法等。这类资料是调整定额水平和增加新的定额项目所必需的依据。

(5)有关科学试验、技术测定和统计、经验资料。这类资料是确定定额水平的重要依据。

(6)现行的有关文件规定等。包括过去定额编制过程中积累的基础资料,也是编制预算定额的参考依据。

2. 预算定额编制的步骤

预算定额的编制,大致分为准备工作、收集资料、编制定额、报批和修改定稿整理资料 5 个阶段。各阶段工作互有交叉,有些工作还要多次反复。

(1)准备工作阶段:

①拟定编制方案。

②抽调人员根据专业需要划分编制小组和综合组。

(2)收集资料阶段:

①普遍收集资料。在已确定的编制范围内,采用表格化收集定额编制基础资料,以统计资料为主,注明所需要的资料、填表要求和时间范围,便于资料整理,并具有广泛性。

②专题座谈。邀请建设单位、设计单位、施工单位及其他有关单位有经验的专业人员开座谈会,就以往定额存在的问题提出意见和建议,以便在编制新定额时改进。

③收集现行规定、规范和政策法规资料。

④收集定额管理部门积累的资料。主要包括:日常定额解释资料,补充定额资料,新结构、新工艺、新材料、新机械、新技术用于工程实践的资料。

⑤专项配合比及试验。主要指混凝土配合比和砌筑砂浆试验资料。除收集实验试验资料外,还应收集一定数量的现场实际配合比资料。

(3)定额编制阶段:

①确定编制细则。主要包括:统一编制表格及编制方法;统一计算口径、计量单位和小数点位数的要求;有关统一性规定,如:名称统一、用字统一、专业用语统一、符号代码统一,文字要简练明确。

②确定定额的项目划分和工程量计算规则。

③定额人工、材料、机械台班耗用量的计算、复核和测算。

(4)定额报批阶段:

①审核定稿。

②预算定额水平测算。新定额编制成稿,必须与原定额进行对比测算,分析水平升降原因。一般新编定额的水平应该不低于历史上已经达到过的水平,并略有提高。在定额水平测算前,必须编出同一人工工资、材料价格、机械台班费的新旧两套定额的工程单价。定额水平的测算方法一般有以下两种:

a. 按工程类别比重测算。在定额执行范围内,选择有代表性的各类工程,分别以新旧定额对比测算并按测算的年限,以工程所占比例加权以考察宏观影响。

b. 单项工程比较测算法。以典型工程分别用新旧定额对比测算,以考察定额水平升降及其原因。

(5)修改定稿、整理资料阶段:

①印发征求意见。定额初稿编制完成以后,需要征求各有关方面意见和组织讨论反馈意见。在统一意见的基础上整理分类,制定修改方案。

②修改整理报批。按修改方案的决定,将初稿按照定额的顺序进行修改,并经审核无误形成报批稿,经批准后交付印刷。

③撰写编制说明。为顺利地贯彻执行定额,需要撰写新定额编制说明。其内容包括:项目、子目数量;人工、材料、机械的内容范围;资料的依据和综合取定情况;定额中允许换算和不允许换算规定的计算资料;人工、材料、机械单位的计算和资料;施工方法、工艺的选择及材料运距的考虑;各种材料损耗率的取定资料;调整系数的使用;其他应说明的事项与计算数据、资料。

④立档、成卷。定额编制资料是贯彻执行定额中需查对资料的唯一依据,也为修编定额提供历史资料数据,应作为技术档案永久保存。

3. 预算定额编制的方法

在定额基础资料完备可靠的条件下,编制人员应反复阅读和熟悉并掌握各项资料,在此基础上计算各个分部分项工程的人工、机械和材料的消耗量。包括以下几部分工作:

(1)确定预算定额的计量单位。预算定额和施工定额计量单位往往不同。施工定额的计量单位一般按工序或工作过程;而预算定额的计量单位,主要是根据分部分项工程的形体和结构构件特征及其变化确定。预算定额的计量单位具有综合的性质,所选择的计量单位要根据预算定额的计量单位按公制或自然计量单位确定。一般说来，结构的3个度量都经常发生变化时，选用立方米作为计量单位，如砖石工程和混凝土工程；如果结构的3个度量中有两个度量经常发生变化，选用平方米为计量单位，如地面等；当物体截面形状基本固定或无规律性变化，采用延长米、千米作为计量单位，如管道、线路安装工程等；如果工程量主要取决于设备或材料的重量时，还可以按吨、千克作为计量单位。

预算定额中各项人工、机械和材料的计量单位选择，相对比较固定。人工和机械按“工日”、“台班”计量（国外多按“工时”、“台时”计量）。各种材料的计量单位应与产品计量单位一致。

预算定额中的小数位数的取定，主要决定于定额的计算单位和精确度的要求。

(2)按典型设计图纸和资料计算工程数量。计算工程量的目的，是为了通过分别计算典型设计图纸所包括的施工过程的工程量，以便在编制预算定额时，有可能利用施工定额或劳动定额的人工、材料和机械台班消耗指标确定预算定额所含的消耗量。

(3)人工工日消耗量的计算方法。人工的工日数的计算有两种方法可供选择，一种是以施工定额的劳动定额为基础确定，一种是采用计时观察法测定。

①以劳动定额为基础计算人工工日数的方法：

a. 基本工：指完成单位合格产品所必须消耗的技术工种用工。按技术工种相应劳动定额工时定额计算，以不同工种列出定额工日。

b. 其他工：指技术工种劳动定额内不包括而在预算定额内又必须考虑的工时。如机械土方工程的配合用工，包括辅助用工、超运距用工和人工幅度差。其中，超运距用工是指预算定额的平均水平运距超过劳动定额规定水平运距部分。

$$超运距 = 预算定额取定运距 - 劳动定额已包括的运距 \tag{9-1}$$

人工幅度差是指在劳动定额作业时间之外而预算定额应考虑的在正常施工条件下所发生的各种工时损失。内容如下：

(a)各工种间的工序搭接及交叉作业互相配合所发生的停歇用工；

(b)施工机械在单位工程之间转移及临时水电线路移动所造成的停工；

(c)质量检查和隐蔽工程验收工作的影响；

(d)班组操作地点转移用工；

(e)工序交接时对前一工序不可避免的修整用工；

(f)施工中不可避免的其他零星用工。

人工幅度差计算公式如下：

$$人工幅度差 = (基本用工 + 辅助用工 + 超运距用工) \times 人工幅度差系数 \tag{9-2}$$

人工消耗量计算公式如下：

$$人工消耗量 = (基本用工 + 辅助用工 + 超运距用工) \times (1 + 人工幅度差系数) \tag{9-3}$$

②以现场测定资料为基础计算人工工日数的方法：遇劳动定额缺项，需要进行测定项目，可采用现场工作日写实等测时方法来计算定额的人工耗用量。

(4)材料消耗指标的计算方法：完成单位合格产品所必须消耗的材料数量。

①按用途划分为以下4种：

a. 主要材料：指直接构成工程实体的材料，其中包括成品、半成品等。

b. 辅助材料：也是构成工程实体除主要材料外的其他材料，如垫木、钉子、铅丝等。

c. 周转性材料：指脚手架、模板等多次周转使用的不构成工程实体的摊销性材料。

d. 其他材料：指用量较少，难以计量的零星用料，如棉纱、编号用的油漆等。

②材料消耗量计算方法主要有：

a. 凡有标准规格的材料，按规范要求计算定额计量单位耗用量，如砖、块料面层等。

b. 凡设计图纸标注尺寸及有下料要求的，按设计图纸尺寸计算材料净用量，如板料等。

c. 换算法：各种胶粘剂、涂料等材料的配合比用料，可以根据要求条件换算，得出材料用量。

d. 测定法：包括试验室试验法和现场观察法。指各种强度等级的混凝土及砌筑砂浆配合比的计算，需按规范要求试配经过试压合格以后并经必要的调整后得出水泥、沙子、石子、水的用量。对新材料、新结构又不能用其他方法计算定额耗用量时，需用现场测定来确定，根据不同条件可以采用写实记录法和观察法，得出定额的消耗量。

材料损耗量，指在正常施工条件下不可避免的材料损耗，如在现场材料运输损耗及施工操作过程的损耗等，其关系式如下：

$$\text{材料损耗率} = \frac{\text{损耗量}}{\text{净用量}} \times 100\% \tag{9-4}$$

$$\text{材料损耗量} = \text{材料净用量} \times \text{损耗率} \tag{9-5}$$

$$\text{材料消耗量} = \text{材料净用量} + \text{损耗量}$$

$$\text{或材料消耗量} = \text{材料净用量} \times (1 + \text{损耗率}) \tag{9-6}$$

其他材料的确定，一般按工艺测算并在定额项目材料计算表内列出名称、数量，并依编制期价格以主要材料的比率计算，列在定额材料栏之下，定额内可不列材料名称及消耗量。

(5)机械台班消耗指标的确定方法：

①根据施工定额确定机械台班消耗量的计算。这种方法是指施工定额中的机械台班量加上机械幅度差计算预算定额的机械台班消耗量。其计算式为：

$$\begin{matrix}\text{预算定额}\\ \text{机械耗用台班}\end{matrix} = \begin{matrix}\text{施工定额}\\ \text{机械耗用台班}\end{matrix} \times \left[1 + \begin{matrix}\text{机械幅}\\ \text{度差率}\end{matrix}\right] \tag{9-7}$$

②以现场测定资料为基础确定机械台班消耗量。如遇施工定额缺项时，则需依单位时间完成的产量测定。

三、市政工程预算定额的组成内容及应用示例

1. 市政工程预算定额的组成内容

1)组成内容

不同时期、不同专业和不同地区的预算定额，在内容上虽不完全相同，但其组成和基本内容变化不大，主要包括：目录、总说明、分部(章)说明(或分册、章说明)、分项工程表头说明、定额项目表、定额附录或附件组成。

有些定额为方便使用，将工程量计算规则编入定额，作为确定预算工程量的依据，与预算定额配套应用。

(1)目录：主要便于查找，把总说明、各类工程的分部分项定额的顺序列出并注明页数。

(2)总说明:是综合说明定额的编制原则、指导思想、编制依据、适用范围以及定额的作用,定额中人工、材料、机械台班耗用量的编制方法,定额采用的材料规格指标与允许换算的原则,使用定额时必须遵守的规则,定额中说明在编制时已经考虑和没有考虑的因素和有关规定、使用方法。因此,在使用定额时应当先了解并熟悉这部分内容。

(3)分部(章)说明(或分册、章说明):是预算定额的重要内容,是对各分部工程的重点说明,包括定额中允许换算的界限和增减系数的规定等。

(4)定额项目表及分项工程表头说明:分项工程表头说明列于定额项目表的上方,说明该分项工程所包含的主要工序和工作内容;定额项目表是预算定额最重要部分,包括分项工程名称、类别、规格、定额的计量单位以及人工、材料、机械台班的消耗量指标,供编制预算时使用。

有些定额项目表下面还有附注,说明设计与定额不符时如何调整,以及其他有关事项的说明。

(5)定额附录及附件:包括各种砂浆、各种标号混凝土配合比表,人工、各种材料、机械台班的单价计算方法、工程施工费用计算规则等。

另外,在量价分离的定额中,还包括相应的人工、各种材料、各类机械台班的市场价信息,以供参考。

2)《上海市市政工程预算定额》(2000 版)简介

为了更详尽了解市政工程预算定额的组成内容,特对《上海市市政工程预算定额》(2000 版)(以下简称 2000 市政定额或本定额)作一简介,使学生尽快了解预算定额。

2000 市政定额包括两部分。第一部分为工程量计算规则,第二部分为预算定额,其中预算定额共分为 7 册,其定额总目录为:

上海市市政工程预算定额工程量计算规则

总说明

第一册 通用项目

第二册 道路工程

第三册 道路交通管理设施工程

第四册 桥涵及护岸工程

第五册 排水管道工程

第六册 排水构筑物及机械设备安装工程

第七册 隧道工程

该定额的最大特点,就是实现量价分离后的一种新的计价模式,即定额的消耗量和工程量计算规则相对固定(工程量的计算规则是市政建设市场参与各方必须遵守的规则),并与市场的动态价格信息及相应费率相配套,运用计算机及市政预算软件进行计算,从而编制市政工程造价。

下面对有关内容分别进行说明介绍:

(1)市政定额总说明介绍

2000 市政定额中的总说明是对各分册定额中带有共性问题的规定说明,对于正确应用定额具有重要作用,要想熟练而准确地运用定额,必须透彻地理解这些说明。

定额总说明涉及定额使用方面的全面性的规定和解释,共有 22 条,其大致内容如下:

第一条　定额为量价分离的预算定额

定额的表现形式是量价分离，本定额是市政工程预算定额。本定额是在九三市政定额以及全国统一市政工程预算定额的基础上，结合这些年以来，四新技术广泛应用于市政工程，按量价分离表现形式，只编制工料机消耗量，定额消耗量相对固定，而价格参照市场价格，使定额能真正适应市场经济的需要。

第二条　定额适用范围

本定额是上海市市政工程（不包括公路工程）专业统一定额，适用于新建、扩建、改建及大修工程，不适用于中小修及养护工程。

工厂、居住小区、开发区范围内的道路、桥梁、排水管道，采用市政工程设计、标准、施工验收规范及质量评定标准时，也可套用本定额。

在城市建成区道路上，如需掘路铺设雨污水管道及其他公用管线时，道路开挖执行本定额，而道路掘路修复应套用《上海市城市道路掘路修复工程结算标准》（1998），按此结算标准所列出同路面结构的平方米综合单价计算。此结算标准只适用掘路修复工程，而不适用于大型市政综合工程（即新建、改建、扩建及大修工程）。

第三条　定额作用

本定额是完成规定计量单位分项工程所需的人工、材料、施工机械台班消耗量标准。是统一本市市政工程预结算工程量计算规则、项目划分、计量单位的依据，定额中的工程量计算规则是建设市场参与各方必须遵守的规则。本定额是编制施工图预算、办理竣工结算的基础，是编制招标标底及投标报价的基础，也是编制市政概算定额、估算指标的基础。

第四条　定额包括内容

本定额包括预算定额和工程量计算规则二部分，预算定额分七册，第一册“通用项目”、第二册“道路工程”、第三册“道路交通管理设施工程”、第四册“桥涵及护岸工程”、第五册“排水管道工程”、第六册“排水构筑物及设备安装工程”、第七册“隧道工程”。工程量计算规则是确定预算工程量的依据，与预算定额配套执行。

第五条　定额反映市政工程社会平均消耗水平

本定额是按正常施工条件，合理的施工工期、施工工艺和劳动组织，目前大多数施工企业施工机械装备程度进行编制的，所以定额反映的是本市市政工程的社会平均消耗水平。

第六条　定额编制依据

本定额是在九三市政定额、全国统一市政定额基础上，依据国家及本市强制性标准、推荐性标准、设计规范、施工验收规范、质量评定标准、安全操作规程编制的，并参考有代表性施工实测资料及其他资料编制的。

第七条　定额人工

本定额人工不分工种、技术等级，均以综合工日表示。定额中人工包括基本用工、辅助用工、超运距用工及人工幅度差。基本用工就是根据施工工序套用劳动定额计算的工日数（包括 50m 的材料场内运输）。超运距用工就是材料场内超过 100m 所增加的工日数。所以定额中人工已包括基本用工、辅助用工、材料 150m 的场内运输和人工幅度差。

第八条　定额计算的工作时间

定额中人工都是按每工日 8 小时工作制计算，但隧道掘进及垂直顶升按每工日 6 小时工作制。

第九条 定额中材料及损耗计算

本定额中的材料分为主要材料、辅助材料、周转性材料、其他材料。定额中的材料、成品、半成品均按品种、规格逐一列出用量,并已包括相应的损耗,因此不得再增加损耗。损耗的内容和范围包括:从工地仓库、现场集中堆放地点或现场加工至操作或安装地点的现场运输损耗、施工操作损耗、施工现场堆放损耗。至于材料场外运输损耗已包括在材料价格之中,因此不得单独计算场外运输损耗。

第十条 周转性材料

周转性材料(钢模板、钢管支撑、木模板、脚手架等)已按规定的周转次数所计算的摊销量计入定额中,并包括周转性材料回库维修。

第十一条 定额材料场内运输

隧道盾构掘进定额中已包括管片的场内运输,排水管道铺设定额中已包括成品管的场内运输,桥涵及护岸工程预制构件的场内运输按该册"预制构件场内运输"定额子目计算,但小型预制构件要超出150m才能计算场内运输。其他材料、成品、半成品定额中均已包括150m场内运输。

第十二条 定额中的机械消耗量

本定额中机械类型、规格是在正常施工条件下,按常用机械类型确定的。机械台班消耗量中已包括机械幅度差。

第十三条 其他材料费及其他机械费

对难以计量的零星材料综合为其他材料费,对小型施工机械综合为其他机械费,分别以该项目材料费之和、机械费之和的百分率计算。

第十四条 定额包括的工作内容

定额子目中的工作内容,不可能列出所有的工序,只是扼要说明主要工序,但已包括该子目的全部施工过程。

第十五条 定额中混凝土及砂浆强度等级换算

定额中的混凝土及砂浆均采用强度等级计算,混凝上采用"C"表示,砂浆用"M"表示,如定额中强度等级与设计强度等级不同时,可按设计强度等级进行换算。但实际施工配合比的材料用量与定额配合比用量不同时,不得换算。当设计图纸要求采用抗渗混凝土(P6及以上者),可按原混凝土强度等级增加C5计算,抗渗混凝土即原防水混凝土,抗渗等级P6即原标准S6。

例如:现浇混凝土柱式墩台身(S4—6—23)子目现浇混凝土为(5~40mm)C20,表示混凝土强度等级为C20,碎石粒径为5~40mm,若设计图纸为C25,碎石粒径为5~20mm时,可按(5~20mm)C25换算。又如:某泵站沉井井壁混凝土为(5~40mm)C25(抗渗等级为P8),则可按(5~40mm)C30计算。但定额中混凝土的消耗量1.015 m^3/m^3 不允许调整。

定额中混凝土的养护,除另有说明外,均按自然养护考虑。

第十六条 关于定额中的钢筋混凝土工程

定额中钢筋混凝土工程,按照混凝土、模板、钢筋分列子目,如现浇混凝土柱式墩台身,定额列有混凝土、商品混凝土、模板和钢筋四个子目,这是2000市政定额的较大变化。2000定额混凝土分为现浇、预制混凝土、商品混凝土。根据实际浇灌混凝土时采用的是现场拌制还是商品混凝土分别套用子目。定额中列出混凝土消耗量,但未列出级配材料的用量,级配材料用量可根据定额配合比计算。

钢筋定额中已计入损耗。钢筋按设计图纸数量(不再加损耗)直接套用相应定额计算。施工用钢筋经建设单位认可后增列计算。预埋铁件按设计数量(不再加损耗)套用第一册"通用项目"预埋铁件定额。注意的是施工用"铁件"已包含在定额之中,不能再计算。

模板工程量除另有规定者外,均按混凝土与模板的接触面积以平方米计算。

第十七条　挖土土壤类别

按开挖的难易程度将挖土土壤类别划分为四类,即 I、II、III、IV 类土。定额中人工挖土分为 I、II 类土、III 类土、IV 类土。而机械挖土方则综合了土壤类别。

第十八条　土方体积计算

①挖土方按天然密实体积(即自然方)计算。

②填土方按压实后的体积计算。

③关于填土土方体积变化。

当填土有密实度要求时,土方挖、填平衡及缺土时外来土方,均应按填土土方体积变化系数(表 9-1)来计算回填土方数量。道路工程定额车行道填土方有密实度 90%、93%、95%、98% 四种,道路填土应按不同密实度要求依据表 9-1 填土土方体积变化系数计算土方数量,其他各册填土方定额中虽未列出密实度要求,当填土密实度要求≥90% 时,也应按表 9-1 计算土方数量。

填土土方的体积变化系数表　　表 9-1

土方密实度＼土类	填	天然密实方	松
90%	1	1.135	1.498
93%	1	1.165	1.538
95%	1	1.185	1.564
98%	1	1.220	1.610

单位工程中应考虑土方挖、填平衡。当挖方可以利用时,应作平衡处理。当挖土不能作为可利用土及土方平衡后发生余土时,可以作为外运处理。挖填平衡后,仍缺土时则需要计算外来土方数量。

挖土现场运输定额及填土现场运输定额中均已考虑土方体积变化。

【例 9-1】　市政某段道路车行道土路基工程:挖土 1300m³(天然密实),挖土可利用方量为 800m³;设计图纸路基填土数量为 2000m³(密实度为 98%);采用机械填筑,挖、填土采用现场平衡,其余采用外来土方。

要求计算土方平衡、外运土方、缺土外来土方的数量。

【解】　①填土数量为 2 000m³(密实度为 98%),查表 9-1,密实度 98% 填方与天然密实方的填土土方体积变化系数为 1.22,路基工程填土所需天然密实体积为 $2\,000 \times 1.22 = 2\,440\text{m}^3$,而可利用方为 800m³,则缺土外来土方数量 $= 2\,440 - 800 = 1\,640\text{m}^3$(天然密实方)。

②外运土方数量 $= (1\,300 - 800) \times 1.8 = 900\text{t}$

③套用道路定额时,机械挖土 1 300m^3,车行道填土方(密实度为98%)2 000m^3,土方外运500m^3。另按实计算 1 640m^3 外来土方的费用。

第十九条　土方场外运输

土方场外运输按吨计算,外运土方的堆积密度(容重)按天然密实方(即自然方)为1.8t/m^{3}计算。

第二十条　泥浆外运工程量计算

①钻孔灌注桩按成孔实土体积计算

②水力机械顶管、水力出土盾构掘进按掘进实土体积计算。

③水力出土沉井下沉按沉井下沉挖土数量的实土体积计算。

④树根桩按成孔实土体积计算。

⑤地下连续墙按成槽土方量的实土体积计算。地下连续墙废浆外运按挖土成槽定额中护壁泥浆数量折算成实土体积计算。

第二十一条　关于大型机械安拆、场外运输

本定额中未包括大型机械安拆、场外运输、路基及轨道铺拆等。可参照工程造价管理机构发布的有关市场价格信息,在合同中约定。

第二十二条　本定额中,凡注明"××以内"或"××以下"者均包括××数本身,注明"××以外"或"××以上"者均不包括××数本身。

(2)册、章说明

2000 市政定额册、章说明对于正确运用定额也具有重要作用,由于册、章说明内容繁多,无法全部介绍,现摘录道路工程这一册中的有关册、章说明。

道路工程册说明

①本册定额由路基、基层、面层、附属设施共四章组成。

②本册定额中挖土、运土按天然密实方体积,填方按压实后的体积计算。

③基层及面层铺筑厚度为压实厚度。

④机械挖土不分土壤类别已综合考虑。

道路工程第一章路基工程说明

①碎石盲沟的规定

A:横向盲沟规格选用如表 9-2。

(单位:cm)　表 9-2

路幅宽度	$B \leq 10.5$	$10.5 < B \leq 21.0$	$B > 21.0$
断面尺寸(宽度×深度)	30×40	40×40	40×60

B:横向盲沟长度按实计算,二条盲沟的中间距离为 15m。

C:纵向盲沟按批准的施工组织设计计算,断面尺寸同横向盲沟。

②道砟间隔填土和粉煤灰间隔填土的设计比例与定额不同时,其材料可以换算。

③袋装砂井的设计直径与定额不同时,其材料可以换算。

④铺设排水板定额中未包括排水板桩尖,可按实计算。

⑤二灰填筑的设计比例与定额不同时,其材料可以换算。

道路工程第二章道路基层说明

本章定额厂拌石灰土中石灰含量为10%;厂拌二灰中石灰∶粉煤灰为20∶80;厂拌二灰土中石灰∶粉煤灰∶土为1∶2∶2。如设计配合比与定额标明配合比不同时,材料可以调整换算。

道路工程第三章道路面层说明

①混凝土路面定额中已综合了人工抽条压缝与机械切缝、草袋养生与塑料薄膜养生、平整与企口缝。

②混凝土路面的传力杆、边缘(角隅)加固筋、纵向拉杆等钢筋套用构造筋定额。

③混凝土路面纵缝需切缝时,按纵缝切缝定额计算。

道路工程第四章附属设施说明

①升降窨井、进水口及开关箱和调换窨井、进水口盖座、窨井盖板定额中未包括路面修复,发生时套用相关定额。

②铺筑彩色预制块人行道按路基、基础、预制块分别套定额。现浇彩色人行道按路基、基础、现浇纸膜(压膜)分别套用定额。

③现浇人行道及斜坡定额中未包括道渣基础。

④升高路名牌套用新装路名牌定额,并扣除定额中的路名牌。

(3)定额项目表

定额项目表是各类定额的最基本的组成部分,是定额指标数额的具体表现,其式样可见表9-3、表9-4。

沥青混凝土面层　　表9-3

工作内容:清扫浮松杂物、放样、凿边、烘干工具、涂乳化沥青、遮护各种井盖、铺筑、碾压、封边、清理场地。

定额编号			S2—3—16	S2—3—17	S2—3—18	S2—3—19
项		单位	人工摊铺细粒式		人工摊铺砂粒式	
			厚度2.5cm	每增减0.5cm	厚度2cm	每增减0.5cm
			$100m^2$	$100m^2$	$100m^2$	$100m^2$
人工	综合人工	工日	2.0900	0.1000	2.000	0.0810
材料	细粒式沥青混凝土(AC—13)	t	5.8362	1.1672		
	砂粒式沥青混凝土(AC—5)	t			4.6690	1.1672
	乳化沥青	kg	30.900		30.9000	
	重质柴油	kg	0.3937	0.0840	0.3150	0.0787
	水	m^3	0.0876	0.0126	0.0876	0.0126
	其他材料费	%	0.1100	0.1100	0.1000	0.1000
机械	液压振动压路机	台班	0.0357	0.0048	0.0357	0.0048

2. 市政工程预算定额的初步应用

在预算定额的初步应用中,要用到具体预算定额,现以《上海市市政工程预算定额》(2000版)为基础,来介绍定额的初步应用。

1)市政工程预算定额的项目划分及定额编号

项目的划分首先是根据工程类别来定,从第一册到第七册共七册内容来划分册;每册下面又根据此类工程的不同部位、性质等分成若干章;每章根据施工方法、规格、厚度等分成许多项目(子目)。

现浇人行道　表9-4

工作内容：人行道及斜坡：放样、混凝土配制、运输、浇筑、抹平、粉面滚眼、养护、清理场地。

纸模：铺纸模、撒料、抹平、揭模、清洗、封面养护、切缝、灌缝、清理场地。

压模：压模、撒料、抹平、清洗、封面养护、切缝、灌缝、清理场地。

定额编号			S2—4—16	S2—4—17	S2—4—18
项		单位	人行道		斜坡
			厚度6.5cm	厚度15cm	每增减1cm
			100m²	100m²	100m²
人工	综合人工	工日	13.3000	24.5000	1.0400
材料	现浇混凝土(5～20mm)C20	m³	6.5975		
	现浇混凝土(5～40mm)C25	m³		15.2250	1.0150
	草袋	只	47.8400	47.8400	
	水	m³	14.7000	15.0412	0.9800
机械	400L双锥反转出料搅拌机	台班	0.2167	0.5000	0.0333
	1t机动翻斗车	台班	0.5242	0.2097	0.0806
	平板式混凝土振动器	台班	0.2167	0.5000	0.0333

即：S册—章—子目

【例9-2】 据定额编号S2—3—30说出各编号意义及项目名称：

答："S"表示市政工程

"2"表示第二册道路工程

"3"表示第三章道路面层

"30"表示第30个子目　即：现场拌制现浇水泥混凝土道路面层(厚度为22cm)

【例9-3】 据项目名称"人工摊铺细粒式沥青混凝土道路面层(厚度为2.5cm)"查找定额编号

答：道路工程为第二册

道路面层为第三章

然后再查找具体子目

即定额编号为S2—3—16

在实际使用中可以根据施工图纸列出工程项目，然后查找定额编号，并查出该定额的数量消耗标准；也可以根据定额编号，核对工程名称及校核定额是否套用正确。

2)预算定额的直接套用

定额的直接套用，即施工图中的项目名称、规格、施工方法与定额项目中的名称规格、施工方法完全相同，可直接应用定额进行有关计算。

【例9-4】 某工程需人工摊铺细粒式沥青混凝土道路面层($h=2.5$cm)

已知：定额项目表(表9-3)

请问：

(1)定额编号是多少？定额单位是什么？

答：定额编号为S2—3—16，定额单位为100m²。

(2)定额中的工作内容

答:本定额的工作内容为:清扫浮松杂物、放样、凿边、烘干工具、涂乳化沥青、遮护各种窨井、铺筑、碾压、封边、清理场地。

(3)定额中综合人工的时间定额是多少?产量定额是多少?

答:其时间定额为2.0900(工日/100m^2)

产量定额为47.8469(m^2/工日)

(4)定额中需消耗哪些主要材料?其数量消耗标准为多少?

答:需消耗的主要材料及其消耗量为:细粒式沥青混凝土(AC—13)5.8362(t/100m^2)

乳化沥青　30.9000(kg/100 m^2)

重质柴油　0.3937(kg/100 m^2)

水　0.0876(m^3/100 m^2)

(5)定额中使用哪种机械?该机械的时间定额?产量定额?

答:该项目使用液压振动压路机,其时间定额为　0.0357(台班/100 m^2)

产量定额为　2801.1204(m^2/台班)

为了正确应用预算定额,必须注意以下事项:

首先要学习预算定额的总说明、分章说明等。对说明中指出的编制原则、依据、适用范围、已经考虑和没有考虑的因素,以及其他有关问题的说明,都要通晓和熟悉。

还要了解定额项目中所包括的工程内容,人工、材料、机械台班耗用数量与计量单位,以及附注的规定,要通过日常工作实践,逐步加深理解。

定额项目套用,必须根据施工图纸、设计要求、操作方法,确定套用项目。套用时,工程项目的内容与套用定额项目必须完全相符,否则应视不同情况,分别加以换算。在换算时,必须符合定额中有关规定,在允许的范围内进行。

注意区别定额中的"以内"、"以上"、"以下",按照习惯,凡定额中注有"以内"、"以下"都均包括其本身在内,而注有"以外"、"以上"者,则不包括其本身。

3)定额的换算

在定额的应用中,如工程项目与定额项目名称相同,但其厚度、材料规格等不同时,定额中又允许调整的,便可以对定额进行换算,现通过几个例子加以说明定额的几种换算方法。

(1)厚度增减的换算

【例9-5】 已知:某工程需人工摊铺细粒式沥青混凝土道路面层(厚度为3cm),求其定额消耗量。

【解】 据定额S2—3—16和S2—3—17(表9-3)将2.5cm厚再增加0.5cm厚的消耗量,求得此施工项目的消耗量指标:

综合人工:　2.0900 + 0.1000 = 2.1900(工日/100m^2)

细粒式沥青混凝土(AC-13):5.8362 + 1.1672 = 7.0034(t/100m^2)

乳化沥青:　30.9000 + 0 = 30.9000(t/100m^2)

重质柴油:　0.3937 + 0.0840 = 0.4777(kg/100m^2)

水:　0.0876 + 0.0126 = 0.1002(m^3/100m^2)

液压振动压路机:0.0357 + 0.0048 = 0.0405(台班/100m^2)

(2)水泥混凝土强度调整后的换算

【例9-6】 某工程需现浇人行道斜坡50m²,厚度15cm,原定额中使用C25(5~40mm)混凝土,现据实际需求改用C30(5~40 mm)混凝土。求级配调换后:

1)该项目的人、材、机消耗量。

2)如采用现场拌制,需要的水泥、砂、碎石、水的数量。

【解】 1)据定额S2—4—17(表9-4)可知,虽混凝土强度变化,但其定额中的量没有变化,即:

综合人工: $0.5\times24.50=12.25$(工日)

现浇混凝土(5~40mm)C30: $0.5\times15.225=7.6125$(m^3)

草袋: $0.5\times47.84=24$(只)

水: $0.5\times15.0412=7.5206$(m^3)

2)如采用C30(5~40mm),虽然混凝土消耗量没有变,但混凝土的配合比已变化,据《上海市建设工程普通混凝土、砂浆强度等级配合比表》(2000版)(表9-5)可求出各自消耗量,即

普通混凝土、砂浆强度等级配合比表(单位:m^3) 表9-5

编号		35	36	37	38
项	单位	碎石(最大粒径:40mm)			
		混凝土强度等级			
		C25		C30	
		数量	数量	数量	数量
32.5级水泥	kg	388.00		446.00	
42.5级水泥	kg		300.00		344.00
中砂	kg	630.00	747.00	574.00	681.00
5~40mm碎石	kg	1271.00	1248.00	1265.00	1266.00
水	m^3	0.19	0.19	0.19	0.19

32.5级水泥: $7.6125\times446.00=3395.18$(kg)

砂(中砂): $7.6125\times574.00=4369.58$(kg)

碎石(5~40mm): $7.6125\times1265.00=9629.81$(kg)

水: $7.6125\times0.19=1.45$(m^3)

(3)设计配合比与定额标明配合比不同时定额的换算:

【例9-7】 某工程需进行道砟间隔填土,其道砟:土的设计比例为0.5:2.5,求按此比例的定额消耗量。

【解】 从定额S2—1—26可知,道砟间隔填土中的道砟:土的定额中的配合比为1:2,其道砟(30~80mm)和土(松方)的消耗量分别为$0.6227t/m^3$、$1.0766m^3/m^3$,设计配合比改变后,道砟的标准消耗量设为X,则$\frac{1}{0.5}=\frac{0.6227}{X}$

$$X=0.6227\times0.5/1=0.3114(t/m^3)$$

土(土方)的标准消耗量设为 y,则 $\frac{2}{2.5}=\frac{1.0766}{y}$

$$y=1.0766\times2.5/2=1.3458(m^3/m^3)$$

而其他综合人工、机械台班的消耗量标准不变,仍为:

综合人工:0.4310(工日/m^3);轻型内燃光轮压路机 0.0016(台班/m^3),重型内燃光轮压路机 0.0051(台班/m^3)。

(4)定额中规定可以乘以系数的有关换算

【例 9-8】 某排水管道工程需开挖直沟槽,现需翻挖 8 粗 2 细沥青混凝土路面,求此项目的定额消耗量标准。

【解】 据市政工程预算定额第一册第三章说明:开挖沟槽或基坑需翻挖道路面层及基层时,人工数量乘以 1.20 系数。

根据:S1—3—1 翻挖沥青油类路面(厚 10cm)

综合人工消耗量为 $0.0647\times1.20=0.0776$(工日/m^2)

而其他消耗量不变,即:风镐凿子为 0.0200(根/m^2),6m^3/min 内燃空气压缩机为 0.0063(台班/m^2),风镐为 0.0126(台班/m^2)。

四、概算定额与概算指标

1. 概算定额

1)概算定额的概念和作用

概算定额,是在预算定额基础上以主要分项工程为准综合相关分项的扩大定额,是按主要分项工程规定的计量单位及综合相关工序的劳动、材料和机械台班的消耗标准。

例如,在概算定额的"开槽埋管工程"项目中,综合了沟槽挖土及支撑、铺筑垫层及基础、铺设管道、砌筑一般窨井、土方场内运输、沟槽回填土及施工期间沟槽排水费用等分项。

概算定额有以下作用:

(1)概算定额是初步设计阶段编制建设项目概算的依据。建设程序规定,采用两阶段设计时,其初步设计必须编制概算;采用三阶段设计时,其技术设计必须编制修正概算,对拟建项目进行总评估。

(2)概算定额是设计方案比较的依据。设计方案比较,目的是选择出技术先进可靠经济合理的方案,在满足使用功能的条件下,达到降低造价和资源消耗。概算定额采用扩大综合后可为设计方案的比较提供方便条件。

(3)概算定额是编制主要材料需要量的计算基础。根据概算定额所列材料消耗指标计算工程用料数量,可在施工图设计之前提出供应计划,为材料的采购、供应做好施工准备。

(4)概算定额是编制概算指标的依据。

(5)概算定额也可对实行工程总承包时作为已完工程价款结算的依据。

2)概算定额的编制原则和依据

(1)概算定额的编制原则:概算定额应该贯彻社会平均水平和简明适用的原则。

由于概算定额和预算定额都是工程计价的依据,所以应符合价值规律和反映现阶段生产力水平。在概算定额水平之间应保留必要的幅度差,并在概算定额的编制过程中严格控制。

(2)概算定额的编制依据:由于概算定额的适用范围不同,其编制依据也略有不同,一般有如下几种:

①现行的设计标准规范;

②现行的预算定额;

③国务院各有关部门和各省、自治区、直辖市批准颁发的标准设计图集和有代表性的图纸等;

④现行的概算定额及其编制资料;

⑤编制期人工工资标准、材料价格、机械台班费用等。

3)概算定额的编制步骤

概算定额的编制一般分为3个阶段:准备阶段、编制阶段、审查报批阶段。

(1)准备阶段

主要是确定编制机构和人员组成,进行调查研究,了解现行概算定额执行情况与存在问题,以及编制范围。在此基础上制定概算定额的编制细则和概算定额项目划分。

(2)编制阶段

根据已制订的编制细则、定额项目划分和工程量计算规则,调查研究,对收集到的设计图纸、资料进行细致的测算和分析,编出概算定额初稿,并将概算定额的分项定额总水平与预算定额水平相比控制在允许的幅度之内,以保证二者在水平上的一致性。如果概算定额与预算定额水平差距较大时,则需对概算定额水平进行必要的调整。

(3)审查报批阶段

在征求意见修改之后形成报批稿,经批准之后交付印刷。

2. 概算指标

1)概算指标的概念和作用

概算指标通常是以整个建筑物和构筑物为对象,以面积、体积或台数等为计量单位而规定的人工、材料和机械台班的消耗量标准和造价指标。概算指标比概算定额具有更加概括与扩大的特点。概算指标的作用主要有以下几点:

(1)概算指标可以作为编制投资估算的参考;

(2)概算指标中的主要材料指标可作为匡算主要材料用量的依据;

(3)概算指标是设计单位进行设计方案比较,建设单位选址的一种依据;

(4)概算指标是编制固定资产投资计划,确定投资额的主要依据。

2)概算指标的编制原则

(1)按平均水平确定概算指标的原则,即必须按照社会必要劳动时间来进行编制,这样才能使概算指标充分发挥合理确定和控制工程造价的作用。

(2)概算指标的内容和表现形式,要贯彻简明适用的原则,即其内容和形式应简明易懂,要便于在使用时根据拟建工程的具体情况进行必要的调整换算,能在较大范围内满足不同用途的需要。

(3)概算指标的编制依据,必须具有代表性,即技术上是先进的,经济上是合理的。

3)概算指标的编制依据

(1)标准设计图纸和各类工程典型设计图纸;

(2)国家颁发的建筑标准、设计规范、施工规范等;

(3)各类工程造价资料;

(4)现行的概算定额和预算定额及补充定额资料;

(5)人工工资标准、材料价格、机械台班价格及其他价格资料。

4)概算指标的编制方法

(1)要根据选择好的典型设计图纸,计算出每一结构构件或分部工程的工程量。

(2)在计算工程量指标的基础上,确定人工、材料和机械的消耗指标并进行汇总,计算出人工、材料和机械的总用量。

(3)计算出每米道路或每米沟管的单位造价,计算出该计量单位所需的主要人工、材料和机械的实物消耗量指标,次要人工、材料和机械的消耗量,综合为其他人工、其他材料和其他机械,用金额"元"表示。

第二节　市政道路养护的施工组织

一、施工准备工作

1. 施工准备工作的重要性

施工准备工作的基本任务是为市政工程的施工建立必要的技术和物质条件,统筹安排施工力量和施工现场。施工准备工作是施工企业搞好目标管理,推行技术经济承包的重要依据,也是施工得以顺利进行的根本保证。因此,施工企业在承接施工任务后,要尽快做好各项准备工作,创造有利的施工条件,使工作能连续、均衡、有节奏、有计划地进行,从而按质、按量、按期完成施工任务。认真地做好施工准备工作,对于发挥企业优势、合理供应资源、加快施工进度、保证工程质量和施工安全、降低工程成本、增加企业经济效益,为企业赢得社会效益、实现企业管理现代化等都具有重要的意义。

以往的工程实践经验已经充分证明:项目领导重视,施工准备工作做得好,施工就能顺利进行,工程的成本就能得到有效控制,质量和安全就有保证;而思想上不重视,准备工作做得不好的工程项目,则往往会造成施工混乱,进度上不去,因而难以保证工程质量和施工安全,会因资源的浪费而导致增大工程成本,甚至给工程带来灾难性的后果。

根据施工阶段的不同,可将施工准备工作分为两类:

(1)工程项目开工前的施工准备。这是在工程正式开工之前所进行的一切施工准备工作,其目的是为工程正式开工创造必要的施工条件。

(2)各个施工阶段前的施工准备。这是在工程项目开工之后,每个施工阶段正式开工之前所进行的一切施工准备工作,其目的是为施工阶段正式开工创造必要的施工条件。如一座简支梁桥的施工,一般可分为基础、墩台身、盖梁、梁的预制和安装、桥面工程等施工阶段,而每个施工阶段的施工内容都是不同的,所需要的技术条件、物资条件、组织要求和现场的布置等也各不相同,因此在每个施工阶段开工之前,都必须认真做好相应的施工准备工作。

从上述的分类可以看出:不仅在工程项目开工之前要做好施工准备工作,而且随着工程施工的进展,在各个施工阶段开工之前同样也要做好施工准备工作。施工准备工作既要有阶段性，又要有连贯性，必须有计划、有步骤、分期分阶段地进行，要贯穿于工程项目施工的整个过程。

2. 施工准备工作的内容

施工准备工作主要包括：技术准备、劳动组织准备、物资准备和施工现场准备等。

1）技术准备

技术准备是施工准备的核心。由于任何技术的差错和隐患都可能引起人身安全和质量事故，造成生命、财产和经济的巨大损失，因此必须认真做好技术准备工作。技术准备的具体内容如下：

（1）熟悉设计文件，研究核对设计图纸。为使参与施工的工程技术人员充分地了解和掌握设计意图、结构和构造特点以及技术质量要求，能够按照设计要求顺利地进行施工，在收到拟建市政工程的设计图纸和有关技术文件后，应尽快组织技术人员熟悉、研究核对所有技术文件和图纸。通过熟悉和研究核对，全面领会设计意图，透彻地了解工程的设计标准、结构和构造细节，检查核对设计图纸与其各组成部分之间有无矛盾或错误，在几何尺寸、坐标、高程、说明等方面是否一致，技术要求是否正确等。在进行研究核对的同时，要将从设计文件和图纸中发现的疑问、问题或错误作出详细记录。当发现按设计要求进行施工确有在当时技术条件下难以克服的困难，或设计上确有不合理之处时，应尽早提出，及时与设计单位和监理工程师协商解决。

（2）进一步调查分析原始资料。尽管设计文件中已提供了有关的资料，在施工前仍应对施工现场进行实地勘察，以尽可能多地获得有关原始数据的第一手资料。这对于正确选择施工方案、制订技术措施、合理安排施工顺序和施工进度计划以及编制切合实际的施工组织设计都是非常必要的。

（1）自然条件的调查分析：

①地质。应了解的主要内容有：地质构造、基岩埋深、岩层状态、岩石性质、覆盖层土质、土的性质和类别、地基土的容许承载力、土的冻结深度、妨碍基础施工的地下障碍物、地震级别和烈度等。

②水文。主要应调查以下内容：河流的流量和水质、年水位变化情况、最高洪水位和最低枯水位的时期及持续时间、流速和漂浮物、地下水位的高低变化、含水层的厚度和流向；冰冻地区的河流封冻时间、融冰时间、流冰水位、冰块大小；受潮汐影响河流或水域中潮水的涨落时间、潮水位的变化规律和潮流等情况。

③气象。应调查的内容一般包括：气候、气温、降雨、降雪、冰冻；台风、龙卷风、雷雨大风、风向、风速等变化规律及历年记录；冬、雨期的期限及冬期地层冻结厚度等情况。

④施工现场的地形地物、工程所在地区的国家水准基点和绝对标高等情况。

（2）技术经济条件的调查分析：主要内容包括施工现场的动迁、当地可利用的地方材料、砂石料场、水泥生产厂家及产品质量、地方能源和交通运输、地方劳动力和技术水平、当地生活物资供应、可提供的施工用水用电条件、设备租赁、当地消防治安、分包单位的力量和技术水平等状况。

（3）施工前的设计技术交底。施工前的设计技术交底工作，通常由建设单位主持，设计、监理和施工单位参加。首先由设计单位的设计负责人说明工程的设计依据、意图和功能要求，并对特殊结构、新技术和新材料等提出设计要求,说明施工中应注意的关键技术问题等,进行设计技术交底。然后施工单位根据研究核对设计文件和图纸的记录以及对设计意图的理解,提出对设计图纸的疑问、建议或变更。最后在统一认识的基础上,对所探讨的问题逐一做好记录,形成“设计技术交底纪要”,由建设单位正式行文,参加单位共同会商盖章,作为施工合同的一个补充文本。这个补充文本是与设计文件同时使用的,是指导施工的依据,也是建设单位与施工单位进行工程结算的依据之一。

(4)确定施工方案,进行施工设计。在全面熟悉掌握设计文件和设计图纸,正确理解了设计意图和技术要求,以及进行了以施工为目的的各项调查之后,应根据进一步掌握的情况和资料,对投标时拟定的初步施工方法和技术措施等进行重新评价和深入研究,以制定出详尽的更符合现场实际情况的施工方案。

施工方案一经确定,即可进行各项临时性结构的施工设计。如桥梁工程的临时结构有:基础施工的围堰、沉井或钢围堰的制造场地及下水、浮运、就位、下沉等设施,钻孔桩水上工作平台,连续梁顶推施工的台座和浇筑场地,悬浇施工的挂篮,装配式桥梁的预制台座,安装导梁或架桥机,模板、支架和脚手架,自制起重吊装设备,施工便桥便道及装卸码头等等。施工设计应在保证安全的前提下尽量考虑使用现有的材料和设备,因地制宜,使设计出的临时结构经济适用、装拆简便、通用性强。

(5)编制施工组织设计和施工预算。施工组织设计是施工准备工作的重要组成部分,也是指导施工现场全部生产活动的基本技术经济文件。编制施工组织设计的目的在于全面、合理、有计划地组织施工,从而具体实现设计意图,优质高效地完成施工任务。因此,在施工之前,必须根据拟建市政工程的规模、结构特点和施工合同的要求,在对原始资料调查分析的基础上,编制出一份能切实指导该工程全部施工活动的组织设计。

施工预算是在工程中标价的基础上,根据施工图纸、施工组织设计、施工定额等文件进行编制的。施工预算是施工企业内部控制各项成本支出、考核用工、签发施工任务单、限额领料以及进行经济核算的依据,也是签订分包合同时确定分包价格的依据。那种不编制施工预算,而仅用投标书中的标价来指导施工的做法,并不能对施工过程中全部经济活动进行切实有效地控制,因此在施工前还应认真地编制施工预算。

2)劳动组织准备

(1)建立施工组织机构。施工组织机构的建立应根据工程项目的规模、结构特点和工程的复杂程度来决定。为了有效地进行各项管理工作,在项目经理之下应设置一定的职能部门,分别处理有关的职能事务。人员的配备应适应任务的需要,要力求精干、高效。机构的设置要符合精简的原则,坚持合理分工与密切协作相结合,分工明确,责权具体,便于指挥和管理。

(2)合理设置施工班组。施工班组的建立应认真考虑专业和工种之间的合理配置,技工和普工的比例要满足合理的劳动组织,并符合流水作业方式的要求。同时要制定出工程所需的劳动力需要量计划。

(3)施工力量的集结进场和培训。在建立工地组织领导机构后,根据各分部分项工程的开工日期和劳动力需要量计划,分批分阶段地组织劳动力进场,并及时组织进行入岗前的培训教育工作。因为施工生产中的决定性因素是人,所以施工力量的集结进场和特殊工种及缺门工种的培训教育工作是施工准备工作的一项重要任务。施工中需要的工种很多,如木工、起重工、混凝土工、钢筋工、电焊工、预应力张拉工、测量工、试验工、机械修理工等都是市政工程施工中不可缺少的工种。而潜水工、新工艺的操作工等属于特殊工种，对这些直接为施工服务的工种及其他缺乏的工种或技术水平要求较高的工种，进场前都应进行技术、质量、安全操作、消防和文明施工等方面的培训教育。

(4)向施工班组和操作工人进行开工前的交底。在单位工程或分部分项工程开工之前，应将工程的设计内容、施工组织设计、施工计划和施工的技术质量要求等，详尽地向施工班组和操作工人进行讲解、交代，以保证工程能严格按照设计图纸、施工组织设计、施工技术规范、安全操作规程和施工质量检验评定标准的要求进行施工。交底工作应按照管理系统自上而下逐级进行，根据不同对象交底可采取书面、口头和现场示范等形式。

交底的内容主要有：工程的施工进度计划、月(旬)作业计划；施工组织设计，尤其是施工工艺、质量标准、安全技术措施、降低成本措施和施工验收规范的要求；新技术、新结构、新材料和新工艺的施工实施方案和保证措施；有关部位的设计变更和技术核定等事项。

班组和操作工人在接受交底后，要组织其成员对所担负的工作进行认真地分析研究，弄清结构的关键部位、要达到的质量标准、需采取的安全措施以及应遵循的操作要领，并明确任务，做好分工协作。

(5)建立健全各项管理制度。工地必须建立健全各项管理制度，以使各项施工活动能顺利进行。在施工过程中，有章不循其后果是严重的，无章可依则更是危险。工地一般应建立技术质量责任、工程技术档案、施工图纸学习、技术交底、职工考勤考核、工程材料和构件的检查验收、工程质量检查与验收、材料出入库和保管、安全操作、机具使用保养等管理制度。

3)物资准备

各种材料、构件、制品、机具和设备是保证工程施工顺利进行的物质基础。这些物资的准备工作必须在相应的工程开工之前完成，方能满足工程连续施工的要求。

物资准备工作的内容主要包括：工程材料如普通钢材、预应力材料、木材、水泥和砂石材料等的准备；构件和制品的加工准备；施工机具设备的准备以及各种工具和配件的准备等。

物资准备工作的程序一般为：根据施工预算、分部分项工程的施工方法和施工进度安排制订需要量计划；与有关单位签订供货合同；拟定运输计划和运输方案；按施工平面图的要求，组织物资按计划时间进场，在指定地点、按规定方式进行储存或堆放，以便随时提供给工程使用。

4)施工现场准备

施工现场的准备工作，主要是为工程的施工创造有利的施工条件和物资保证。

(1)做好施工测量控制网的复测和加密工作。按照设计单位提供的工程总平面图及测量控制网中给定的基线桩、水准基桩和重要桩志沟保护桩等资料，在施工现场进行三角控制网的复测，并根据工程的精度要求和施工方案，补充加密施工所需要的各种标桩，建立满足施工要求的工程测量控制网。

(2)做好施工现场的补充钻探。工程在设计时所依据的地质钻探资料，有时因钻孔数量较少或钻孔位置相距过远而不能充分反映实际的地质情况。为满足施工的需要，有必要对一些墩位或桩位进行补充钻探，以查明实际的地质情况或可能存在的地下障碍物，为基础工程的施工创造有利条件。

(3)搞好“三通一平”。“三通一平”是指路通、水通、电通和平整场地。为满足采用蒸汽养生和寒冷冰冻地区取暖的需要，还要考虑做好供热工作。

(4)建造临时设施。按照施工总平面图的布置，建造各种生产、办公、生活居住和储存等临时房屋，以及施工便道、便桥、码头、混凝土搅拌站和构件预制场等大型临时设施。由于临时设施的项目繁多，内容庞杂，因此建造时应精打细算，做好规划，合理地确定项目、数量和进度等。要因地制宜，降低造价，使之尽量标准化和通用化，以便于拆迁和重复利用。

(5)安装调试施工机具。按照施工机具需要量计划，组织施工机具的进场，并根据施工总平面图的布置将施工机具安置在规定的地点。对所有施工机具都必须在开工之前进行检查和试运转。

(6)原材料的试验和储存堆放。按照材料的需要量计划，应及时提供材料试验，如钢材的机械性能试验，预应力材料的力学性能试验，水泥、砂石等原材料的试验，以及混凝土的配合比试验等的申请计划。材料的进场要及时组织，进场后应按规定的地点和指定的方式进行储存和堆放。

(7)做好冬雨期施工安排。按照施工组织设计的要求，落实冬雨期的临时设施和技术措施，做好施工安排。

(8)落实消防和保安措施。建立消防和保安等组织机构，制定有关的规章制度，布置安排好消防保安等措施。

二、施工组织设计的编制

1.编制施工组织设计的基本原则

根据工程建设的现实，以及实施施工组织设计中的经验和教训，施工组织设计一般应遵循以下基本原则：

(1)认真贯彻我国基本建设和改革开放的方针政策。

市政工程建设的投资巨大，耗用的人力、物力等各种资源多，必须纳入国家的计划安排，工程建设才有可靠的保障。组织施工应严格按基本建设程序办事，认真做好施工组织设计，充分发动群众，建立和健全各项施工的技术保障措施和相应的施工管理制度，确保正常的施工秩序。在当前全面改革开放的形势下，随着国家经济的发展，市政建设突飞猛进。市政工程施工更应该以现行政策为依据，利用施工组织设计调动各方面的积极性，努力提高劳动生产率，加快工程进度，提高工程质量，降低成本，全面完成市政建设计划。

(2)根据建设期限的要求，统筹安排施工进度。

市政工程施工的目的，在于保质保量地把拟建项目迅速建成，尽早交付使用，早日发挥工程的社会经济效益，因此，保证工期是施工组织设计中需要考虑的首要问题。根据规定的建设期限，按轻重缓急进行工程排队，全面考虑、统筹安排施工进度，做到保证重点，让控制工期的关键项目早日完工。在施工部署方面，既要集中力量保证重点工程的施工，又要兼顾全面，避免过分集中而导致人力、物力的浪费，同时还需要注意协调各专业间的相互关系，按期完成施工任务。

(3)采用先进技术，实现快速施工。

先进的科学技术是提高劳动生产率、加快施工进度、提高工程质量、降低工程成本的重要源泉。同时，积极运用和推广新技术、新工艺、新材料、新设备，减轻施工人员的劳动强度，是现代化文明施工的标志。施工机械化是市政工程实现优质、快速的根本途径。扩大预制装配化程度和采用标准构件是市政施工的发展方向，只有这样，才能从根本上改变市政施工手工操作的落后面貌，实施快速施工。在组织施工时，应结合当时机具的实际配备情况、工程特点和工期要求，作出切实可行的布置和安排。注意机械的配套使用，提高综合机械化水平，充分发挥机具设备的效能。对于基础工程、路基土石方、起重运输等用工多和劳动强度大的工程，以及特殊路基、高级路面等工序复杂的工程，尤其应优先考虑机械化施工。

(4)实现连续、均衡而紧凑的施工。

市政工程施工系野外流动作业，受外界的干扰很大，要实现连续、均衡而紧凑的施工就必须科学、合理地安排施工计划。计划的科学性，就是对施工项目作出总体的综合判断，采用现代数学的方法，使施工活动在时间上、空间上得到最优的统筹安排，也就是施工优化。计划的合理性，是指对各个项目相互关系的合理安排，如施工程序和工序的合理确定等。要做到这些，就必须采用系统分析、流水作业、统筹方法、电子计算机辅助系统和先进的施工工艺等现代化科学技术成果。施工的连续性和均衡性，对于施工物资的供应、减少临时设施、生产和生活的安排等都是十分必要的。安排工程计划时，在保证重点工程施工的同时，可以将一些辅助的或附属的工程项目作适当穿插。还应考虑季节特点，将一些后备项目作为施工中的转移调节项目。采取这些措施，才能使各专业机构、各工种工人和施工机械，不间断地、有秩序地进行施工，尽快地由一个项目转移到另一个项目上去，从而实现在全年中能够连续、均衡而又紧凑地组织施工。

(5)确保工程质量和安全施工。

市政设施是永久性的建筑物，工程质量的好坏不但影响施工效果，而且直接影响到国民经济的发展和人民的生活。本着对国家建设高度负责的精神，严肃认真地按设计要求组织施工，确保工程质量，这是每个施工组织者应有的态度。安全施工，既是施工顺利进行的保障，也是党和国家对劳动者关怀的体现。如果施工中发生质量、安全事故，不但会耽误工期、造成浪费，有时甚至引起施工工人思想情绪波动，造成难以弥补的损失。为此，在进行施工组织设计时，要有确保工程质量和安全施工的措施。在组织施工时，要经常进行质量、安全教育，遵守有关规范、规程和制度。实行预防为主的方针，质量和安全保障措施要具体可靠，认真贯彻执行，把质量事故和安全事故消灭在萌芽之中。

(6)增产节约，降低工程成本。

市政工程建设耗费的巨额资金和大量的物资，是按工程概、预算的规定计算的，即有一个“限额”。如果施工时突破这一限额，不仅施工企业没有经济收益，而且从基本建设管理角度也是不允许的。因此，施工企业必须实行经济核算，贯彻增产节约的方针，才能不断降低工程成本，增强企业自身的经济实力和社会竞争力。

社会经济实力的增长，一方面是以现有生产条件为基础，挖掘潜力、增加生产；另一方面则是依靠资金的积累，进行投资，增加生产设备，实现扩大再生产。市政施工涉及面广，需要资源的品种及数量繁杂，在施工组织设计和施工管理中，只有认真实行经济核算，增加生产，厉行节约，对施工计划进行科学合理的安排，才能取得更大的经济效益。此外，还应做到一切施工项目都要有降低成本的技术组织措施，尽可能减少临时工程，充分利用当地资源，并降低一切非生产性开支和管理费用。

2. 编制施工组织设计的依据

为了切合实际地编好施工组织总设计，在编制时，应以如下资料为依据：

（1）招标文件、计划文件及合同文件，如国家批准的基本建设计划、可行性研究报告、工程项目一览表、分期分批投产交付使用的期限和投资计划、工程所需设备和材料的订货指标、建设地点所在地区主管部门的批件、施工单位上级主管部门下达的施工任务计划、招投标文件及工程承包合同或协议、引进材料和设备供货合同等。

（2）建设文件，如已批准设计任务书、初步设计或技术设计或扩大初步设计、设计说明书、建设区域的测量平面图、工程总平面图、总概算或修正概算、建筑竖向设计等。

（3）工程勘察和技术经济资料，如地形、地貌、工程地质、水文地质、气象等自然条件，建设地区的建筑安装企业、预制件、制品供应情况，工程材料、设备的供应情况，交通运输、水、电供应情况，当地的文化教育、商品服务设施情况等技术经济条件。

（4）类似工程的有关资料、现行规范、规程和有关技术规定，如类似建设项目的施工组织总设计和有关总结资料，国家现行的施工及验收规范、定额、技术规定和技术经济指标。

（5）企业 ISO 9002 质量体系标准文件。

3. 施工组织总设计的编制程序

施工组织总设计的编制程序如图 9-1 所示。

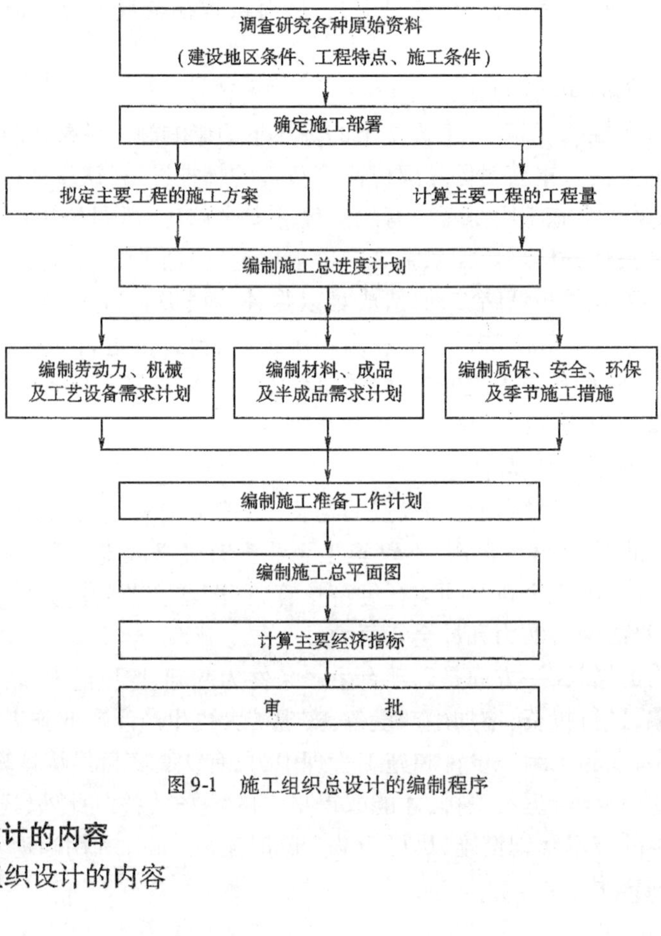

图 9-1　施工组织总设计的编制程序

4. 施工组织设计的内容

1）总体施工组织设计的内容

(1)编制说明;
(2)编制依据;
(3)工程概况;
(4)施工准备工作总计划,
(5)主要工程项目的施工方案;
(6)施工总进度计划;
(7)资源配置计划;
(8)资金供应计划;
(9)施工总平面图设计;
(10)施工管理机构及劳动力组织;
(11)技术、质量、安全组织及保证措施;
(12)文明施工和环境保护措施;
(13)各项技术经济指标;
(14)结束语。
2)单位工程施工组织设计的内容
(1)编制说明;
(2)编制依据;
(3)工程概况;
(4)施工方案选择;
(5)施工准备工作计划;
(6)施工进度计划;
(7)各项资源需要计划;
(8)施工平面图设计;
(9)质量、安全的技术组织及保证措施;
(10)文明施工和环境保护措施;
(11)主要技术经济指标;
(12)结束语。
3)分部分项工程施工组织设计的内容
(1)编制说明;
(2)编制依据;
(3)工程概况;
(4)施工方法的选择;
(5)施工准备工作计划;
(6)施工进度计划;
(7)动力、材料和机具等需要计划;
(8)质量、安全、环保等技术组织保证措施;
(9)作业区施工平面布置图设计;
(10)施工进度计划的表现形式。

第三节　市政道路养护工程的检查与验收

一、检查验收的一般要求

市政道路养护工程的检查与验收应包括：保养小修、中修工程、大修工程、加固、改扩建工程等。养护单位应对保养小修质量进行自查，并建立自查技术档案，将自查结果报管理单位备案，管理单位应进行质量抽检。

1. 中修工程的检查与验收

(1)养护单位、管理单位的质量管理人员应对施工过程和隐蔽部分的施工进行检查和验收。

(2)工程完成后，养护单位、管理单位应对工程外观质量及整体恢复程度提出验收意见。

(3)中修工程竣工资料应及时验收归档。

(4)中修工程宜由有相应资质的监理单位对工程全过程进行监理。

2. 大修工程检查与验收应满足的要求

(1)大修工程应由有相应资质的监理单位对工程全过程进行监理。

(2)大修工程应按分项工程逐项进行验收。

(3)大修工程竣工验收应按以下程序进行：

①工程竣工后，施工单位应按设计文件和城市道路维修作业验收标准进行自检，作出质量自评，并组织初验。

②监理单位应对工程质量作出监理评价，设计单位应对工程质量按设计要求作出评价。

③管理单位接到施工单位申请办理正式验收的报告后，应及时组织竣工验收及进行质量评定，并报有关单位备案。

④如工程未达到验收标准，管理单位应提出整改意见，由施工单位及时整改，达到标准再行复验。

⑤当工程内容符合设计文件、工程质量符合验收标准、竣工文件齐全完整时，管理单位应及时办理交验手续。

⑥大修工程竣工资料应及时验收，由管理单位归档。

二、沥青路面养护工程的检查与验收

沥青道路养护工程检查内容应包括：凿边质量、铺筑质量、平整度、接茬质量、路框差、横坡度等。沥青道路养护质量验收应符合表9-6的要求。

沥青道路养护质量验收标准　　表9-6

项　目	规定值及允许偏差	检验方法
凿边	1. 四周用切割机切割，整齐不斜； 2. 如采用铣刨机或其他工程机械施工，边口应整齐不斜， 3. 四周修凿垂直不斜，凿边宽度不小于50mm，深度不小于30mm	用尺量

续上表

项　目	规定值及允许偏差	检验方法
铺筑	1. 面层铺筑厚度 -5mm，+10mm； 2. 细粒式沥青混凝土面层厚度不得低于30mm，粗粒式沥青混凝土面层厚度不得低于50mm，中粒式沥青混凝土面层厚度不得低于40mm； 3. 表面粗细均匀，无毛细裂缝，碾压紧密，无明显轮迹	用尺量
平整度	路面平整，人工摊铺不大于7mm，机械摊铺不大于5mm	3m直尺量
接茬	1. 接茬密实，无起壳、松散； 2. 与平石相接不得低于平石，高不得大于5mm； 3. 新老接茬密实，平顺齐直，不得低于原路面，高不得大于5mm	1m直尺量
路框差	1. 各类井框周围路面无沉陷； 2. 各类井框与路面高差不得大于5mm	1m直尺量
横坡度	与原路面横坡相一致，不得有积水	目测

三、水泥混凝土路面养护工程的检查与验收

水泥混凝土道路养护检查内容应包括：切割质量、铺筑质量、平整度、相邻板差、伸缩缝、路框差、纵横坡度等。水泥混凝土道路养护质量验收应满足表9-7的要求。

水泥混凝土道路养护质量验收标准　　表9-7

项　目	规定值及允许偏差	检验方法
切割	四周切割整齐垂直，不得附有损伤碎片，切角不得小于90°	用尺量
铺筑	1. 抗压、抗折强度不低于原有路面强度，板厚度允许误差 +10mm，-5mm； 2. 路面无露骨，麻面，板边蜂窝麻面不得大于3%，面层拉毛应整齐	试块测试及用尺量
平整度	路面平整度高差不大于3mm	3m直尺量
抗滑	抗滑值 BPN≥45 或横向力系数 SFC≥0.38	测试
相邻板差	新板块接边，高差不得大于5mm	1m直尺量
伸缩缝	1. 顺直，深度、宽度不得小于原规定； 2. 嵌缝密实，高差不得大于3mm	1m直尺量
路框差	1. 座框四周宜设置混凝土保护护边； 2. 座框或护边与路面高差不得大于3mm	1m直尺量
纵横坡度	与原路面纵坡、横坡相一致，不得有积水	目测

四、人行道养护工程的检查与验收

1. 人行道养护工程验收标准

人行道养护检查内容应包括：材料质量、铺筑质量、平整度、路框差、接茬质量、凿边及滚花质量等。人行道养护质量验收应满足表9-8的要求。

人行道养护质量验收标准　　表 9-8

项　目	规定值及允许偏差	检验方法
铺筑	1. 预制块、块石铺筑平整不摇动，缝隙饱满； 2. 纵横缝顺直，排列整齐，纵向偏差不得大于 10mm； 3. 铺筑人行道板完整，一块板不超过一条裂缝，有缺角用混凝土补平	用 10m 线量测
强度	1. 现浇水泥人行道强度、厚度符合设计要求，振捣坚实； 2. 表面无露骨、麻面。厚度偏差 +10mm、-5mm	试块检验用尺量
平整度	预制块和现浇水泥人行道的平整度不得大于 5mm	3m 直尺量
路框差	1. 检查井及公用事业井盖框和人行道高差不得大于 5mm； 2. 现浇水泥人行道不得大于 3mm	1m 直尺量
接茬	1. 新老接茬齐平，高差不得大于 5mm； 2. 人行道面应高出侧石顶面 5mm	1m 直尺量
凿边及滚花	1. 现浇水泥人行道四周凿边整齐不斜，四周不得有损伤碎石； 2. 现浇混凝土粗底完成后紧跟做细砂浆，表面平整美观； 3. 纵横划线垂直齐整、缝宽和缝深均匀，滚花整齐	目测

2. 道路无障碍设施养护检查

道路无障碍设施养护检查应满足下列要求：

(1)无障碍设施应包括缘石坡道、缓坡道、盲道等。

(2)应检查盲道类型、位置、宽度等。

(3)应检查坡道位置、宽度、坡度、接茬平顺等。

盲道养护质量验收应满足表 9-9 的要求。无障碍坡道养护质量验收应满足表 9-10 的要求。

盲道养护质量验收标准　　表 9-9

项　目	规定值及允许偏差	检验方法
位置	1. 设置盲道的城镇道路人行道宽度不宜小于 3500mm， 2. 避开各类地面障碍物并距人行道边线 250 ~ 600mm； 3. 盲道中应无障碍物，检查井盖框高低差不超过 10mm	用尺量
宽度	1. 人行道铺设盲道宽度宜为 300 ~ 600mm； 2. 在人行道转弯处设置的全宽式无障碍坡道形式，设置提示盲道，宽度应大于行进盲道的宽度	用尺量

无障碍坡道养护质量验收标准　　表 9-10

项　目	规定值及允许偏差	检验方法
坡度	1. 缘石坡道正面坡的坡度不得大于 1:12 2. 缘石坡道两侧面坡的坡度不得大于 1:12； 3. 缓坡道正面坡的坡度不得大于 1:20	用尺量
高度	缘石坡道正面坡中缘石外露高度不得大于 20mm	用尺量

续上表

项 目	规定值及允许偏差	检验方法
宽度	1. 三面坡缘石坡道的正面坡道宽度不得小于1200mm； 2. 扇面式缘石坡道的下口宽度不得小于1500mm； 3. 转角处缘石坡道的上口宽度不宜小于2000mm； 4. 其他形式的缘石坡道的宽度不应小于1200mm	用尺量

五、其他路面养护工程的检查与验收

其他路面包括水泥混凝土预制块、彩色预制板、广场砖、大理石、花岗石等，其检查内容包括：平整度、相邻块高差、路框差、缝宽、纵横线中心偏差等。其他路面养护质量验收应满足表9-11的规定。

其他路面养护质量验收标准　　表9-11

项目	规定值及允许偏差	检 验 范 围	检验方法
平整度	大理石、花岗石 0～5mm 彩色预制块、广场砖 0～7mm	10m 检 1 点（取最大值）	3m 直尺量
相邻块高差	大埋石、花岗岩（光面）1mm （毛面）2mm 彩色预制块、广场砖 2mm	10m 检 3 点（取最大值）	用尺量
路框差	大理石、花岗石 2mm 彩色预制块、广场砖 3mm	每井检 1 点	用尺量
缝宽误差	大理石、花岗石 ±2mm 彩色预制块、广场砖 ±2mm	10m 检 3 点（取最大值）	10m 线用尺量

六、道路附属设施养护工程的检查与验收

附属设施包括隔离护栏、路铭牌等。隔离护栏检查内容包括：设置位置、顺直度、高度、固定式垂直度、相邻隔栅错缝高差等，具体验收标准见表9-12。路铭牌检查内容包括：字体、指向、高度、垂直度、位置等，具体验收标准见表9-13。

隔离护栏养护质量验收标准　　表9-12

项 目	允许偏差（mm）	检验频率		检 验 方 法
		范围（m）	点 数	
护栏顺直度	20	100	1	用 20m 线量取最大值
护栏高度	+20，-10	100	3	用钢尺量
固定式垂直度	10	100	3	用垂线吊量
相邻隔栅错缝高差	±5	100	3	用钢尺量

路铭牌养护质量验收标准　表9-13

项　目	允许偏差（mm）	检验频率		检验方法
		范　围	点　数	
高度	20	每块	2	用尺量
垂直度	10	每块	1	用垂线吊量
位置	35	每块	2	用尺量

第四节　市政道路养护管理系统

一、路面养护管理系统

1.概况

路面养护管理系统是近30年在公路界出现的一项研究成果。它运用现化管理科学的理论、系统分析的方法和计算机运算手段，为管理部门提供分析工具和方法，使有限的资源实现最佳配置，提供足够服务水平的路面。经过30余年的发展，路面养护管理系统已从一个概念变为在许多国家实际运转的系统，成为路面养护中一个受欢迎的现代化辅助决策工具。

路面养护管理系统的研究起源于美国和加拿大，1971年首次出现了路面养护管理系统PMS的术语。20世纪70年代后期，美国和加拿大的许多州和省相继建立和实施网级路面养护系统，到80年代中期，约有35个州和省已建成或基本建成路面管理系统。其中，较有代表性的有美国加利福尼亚州1978年建成的网级路面养护系统，亚利桑那州1980年建成的供财政规划用的网级优化系统，美国陆军工兵团1983年建立的军用机场和城市道路管理系统PAVER，加拿大阿尔伯达省1983年建立的路面信息和要求系统PINS(后改建成信息和优先排序系统PIPPS)以及1987年建立的城市路面养护管理系统MPMS。其他有代表性的还有1980年丹麦的路面养护管理系统及英国运输和道路研究会(TRRL)的公路养护评价系统CI—IAR。目前，路面养护管理系统的理论和方法已近成熟。我国路面养护管理系统的研究始于1984年，1985年首先在辽宁营15地区移植了英国的沥青路面养护管理系统。尔后，北京、广东、河北、山东、河南、云南和江西等省市的公路部门相继建立了省市级或地区级沥青路面养护管理系统。经过“七五”、“八五”攻关工作，我国路面养护管理系统的理论水平已接近或达到发达国家水平。但在实用上，尚有大量工作有待进行，这包括提高认识、改善数据采集手段、投资上予以倾斜等。

公路养护系统的应用将在很大程度上促进公路管理的科技进步，加快公路管理现代化建设的步伐。系统的应用体现在社会和经济方面的好处(效益)主要包括：

(1)由于决策科学，提高了公路管理部门的资金使用率。

(2)充分利用有限的养护资金，提高路网的使用质量，降低车辆损耗和油耗，提高车辆行驶速度和行驶舒适性(即所谓的社会效益)。国内外研究表明，这部分费用的节省(效益)，将远远高于公路养护投资的直接效益。

(3)提高了公路部门职工的科学管理水平，促进了公路行业的现代化建设。

按不同的管理层次，路面养护管理系统可分为网级路面养护管理系统和项目级路面养护管理系统。网级路面养护管理系统包括一个区域的公路网或一大批工程项目，是公路网的宏观分析系统。其作用是制定养护方针，确定分配方案，分析费用需求，确定项目优先顺序，为管理部门在进行关键性行政决策时提供依据。项目级路面养护管理系统是通过对一个或一组项目进行路面评价、优先排序、选择处治方法和分析费用寿命期，制定具体的路面养护计划，为管理部门对某一工程项目进行技术决策时提供对策，以选用费用效果最佳的方案。

路面养护管理系统可利用路面调查数据，对路面进行定量评价、预测、效益分析、优先决策、输出对策，其模块结构见表9-14。

路面养护管理系统模块结构　　表9-14

模　　块	主 要 内 容	典型输出结果
数据库管理	路段划分、几何尺寸、路面结构、交通量、路面使用性能、路面历史	路面现状报告（报表、图等形式），路面历史状况报告
养护和改建需要的分析	使用性能最低可接受水平，决策标准，使用性能预估模型	目前需要养护和改建路段，今后需要养护和改建路段，路面使用性能曲线
养护计划	典型养护措施和单价，养护政策（养护对策的决策标准），养护水平对路况的影响分析	各路段的养护措施、养护计划，不同养护预算水平的分析报告
改建计划	典型改建措施和单价，改建政策（改建对策的决策标准），优序原则或优化分析（费用最小或效益最大）	各路段的改建方案，优先计划（按年份、道路等级、地区等），预算水平分析，财务计划（按特定使用性能水平要求）
养护和改建综合计划	按预算水平养护和改建计划	各路段的养护和改建措施，养护和改建综合计划
项目级分析	路面弯沉和材料性能测定，改建路面结构设计，寿命周期费用分析	结构分析报告，改建方案分析报告

2. 路况调查

路况调查是养护工作中的一项常见内容，也是路面管理系统中数据采集的重要组成部分。通过路况调查进行动态数据采集，输入路面管理系统中，可自动生成路面评价指标及各种表格。

路况调查分为平整度调查、路面破损状况调查、结构承载力调查（沥青路面）和抗滑能力调查。路面调查可采用全面调查或抽样调查的方式。

1）路面破损调查

路面破损的调查指标为综合破损率（DR）。

高速公路和一级公路路面破损数据调查，宜采用先进快速的调查方法。其他等级公路，可采用人工调查的方法。

路面各种破损的损坏范围按实测损坏面积计，不规则形状的损坏面积按当量矩形面积估算。对于各种单条裂缝，其损坏面积按裂缝长度乘以0.2换算系数计算。对于车辙、拥包、波浪、坑槽，可用3m直尺测最大间隙。

调查结果应按破损路段进行汇总。二级及二级以下公路，路段长度采用1000m。以整公里桩号为起讫点，并考虑以公路交叉及政区分界为分段点；高速公路和一级公路，路段长度可为100～500m。将每个路段内各类损坏数据分别统计后，计入汇总表。

2)路面强度的调查

路面强度的调查指标为路面弯沉值。

调查设备可采用贝克曼梁或自动弯沉仪测量回弹弯沉值。如采用自动弯沉仪测定时,应建立与贝克曼梁测定结果的对比关系。

路面强度测定应在不利季节进行,并注意温度修正。在非不利季节测定时,应作季节修正。

3)路面平整度的调查

路面平整度的调查指标为国际平整度指数(IRI)。

路网的全面调查宜采用车载式颠簸累积仪快速检测平整度仪或3m直尺检测。各种方法的测定结果应建立其与国际平整度指数之间的关系。

4)路面抗滑能力的调查

路面抗滑能力的调查指标为轮胎与路面的摩擦因数。

调查设备可采用摆式仪和横向力系数(SFC)测定仪。高速公路和一级公路,宜采用横向力系数测定仪。

摆值的调查应在每个评价路段选5个测点,每个测点重复测定5次,取其均值作为该测点的测量值。

3.数据库管理系统

1)数据库的作用

路面管理系统是借助于计算机技术进行路面养护评价、预测、分析和决策的计算机辅助决策系统。数据库是这一系统的基础。系统所需的各种路况数据以不同的方式采集后输入计算机,通过数据库加以处理和管理,为系统的网级及项目级决策提供所需的数据。数据库在路面管理系统中的主要作用如下:

(1)通过数据库转换接口与数据库采集设备相连接,将采集设备中的数据直接收入并存储于数据库中。

(2)通过数据库管理模块接收并存储手工输入数据。

(3)通过数据库通信接口,接收来自其他应用系统的传送数据。

(4)存储并管理系统的模型参数数据。

(5)为网级和项目级系统提供数据。

(6)通过处理结果输出模块和路网基本数据。

2)数据库分类

路面管理系统中的数据库,依据其在系统中的作用主要分为3类:原始数据库、中间结果库和分析结果库。

原始数据库用于记录、存储系统的基本编码以及路况数据和资料;中间结果库用于存储系统在运行过程中产生的中间结果,这类库是系统内部应用的,在系统中为数不多,也没有用户界面;分析结果库用于存储系统所产生的分析和决策结果。

在CPMS中,原始数据库依据其存储数据的性质分为静态数据和动态数据库两类。

(1)静态数据库。静态数据库是指所存储的数据保持相对稳定,一次采集和输入后,除特殊情况外基本保持不变,构成系统的基本数据编码。静态数据主要包括:

①路线编码。

②政区编码。

③养管单位编码。

④区间编码。

⑤路段编码。

(2)动态数据库。动态数据库存储的数据是动态变化的,它必须根据路况的变化而定期地更新数据。严格地说,路况数据每时每刻都在发生变化。考虑到这些数据的采集具有一定的周期性,因此在两次数据采集之间,尽管实际的路况可能已产生了变化,但路面管理系统假设这期间路况是不变的。动态数据库主要包括:

①交通量数据。

②路面病害数据。

③路面平整度数据。

④路面弯沉数据。

⑤路面抗滑数据。

⑥处治历史数据等。

4. 公路养护决策与管理要求

公路的养护管理包括多方面内容,其中一个重要组成部分是路基、路面的养护管理。路基、路面的管理需求来自于路面结构破损以及荷载疲劳损坏和偶发事件(洪水、事故等)引起的破损。这些破损要求周期或随时进行路面养护和修补。在公路养护决策时将主要遇到如下问题:

1)路面使用状况评价

路面使用状况评价的主要功能是对公路路面状况进行客观的使用性能评价。评价内容包括:

(1)路面状况指数(PCI)。

(2)行驶舒适性指数(RQI)。

(3)路面结构强度指数(PSSI)。

(4)车辙深度指数(RDI)、路面抗滑指数(RSI)和综合指数(PQI)。

2)路网养护需求分析(指定养护标准)

路网养护需求分析的主要功能是在指定的道路服务水平限制下,根据公路网的路面状况,进行路面养护的需求分析,确定未来一定年度内的路面大、中修和日常养护工作量或资金需求。

3)路面养护需求分析(指定道路服务水平)

路面养护需求分析的主要功能是在指定的道路服务水平限制下,根据公路网的路面状况,进行路面养护的需求分析,确定未来一定年限内,把路面状况维持在要求的服务水平之上所需要的养护方案和最小道路养护预算。

4)养护预算分配

养护预算分配的主要功能是把确定的道路养护预算,以最经济的方式优化分配到指定的公路网上,确定公路的最佳路面养护方案。通过优化决策让决策者了解,在给定的预算条件下,路网中哪些路段、在什么时候、用什么方法进行路面养护管理。

5)投资水平与道路状况分析

通过分析道路投资和路面养护状况的关系，为决策者提供公路养护投资的选择方案。养护投资水平与道路状况分析的作用就是通过养护分析建立投资与路面状况的数学关系，用于公路养护的辅助决策。

根据上述需求分析和优化分析结果，编制公路年度路面养护计划和公路路面养护规划。

5. 沥青路面养护管理系统

1）沥青路面损坏与评价

路面现有使用质量评价的内容包括：路面破损状况、平整度、强度及抗滑性能。

2）路面使用性能预测

根据交通部公路科学研究所的研究结果，认为可采用马尔科夫链预测模型即概率模型来预测沥青路面性能。

3）维护养护对策

（1）小修保养对策：路面状况指数（PCI）评为优、良，行驶质量指数（RQI）也评价为优、良的路段，以日常养护为主，并对局部路面破损进行小修。

（2）中修对策：路面状况指数（PCI）评价为中，或行驶质量指数（RQI）为中的路段，应进行中修罩面。

（3）大修对策：对于强度不满足要求的路段，则应进行大修补强。

4）抗滑处理

公路的路面行驶质量、路面破损状况和强度均满足要求，但抗滑能力不足的路段，应加铺抗滑磨耗层。

5）改建对策

因路面不适应现有交通量或载重的需要，应提高现有路面的等级，或通过加宽等措施提高道路的通行能力。

6）专项养护

因自然灾害致使路面受严重的损坏，可申请专款对路面进行修复。

6. 水泥混凝土路面管理系统

1）水泥混凝土路面评价方法与指标

水泥路面使用质量评价参见《公路水泥混凝土路面养护技术规范》（JTJ 073.1—2001）。

2）维修养护对策

对一定路况的路面，选择合适的修复对策是一件十分困难的事。根据有关资料，可根据不同的路况等级确定相应的养护和改建措施。

（1）路况为优或良级状态，采用小修、保养措施。

（2）中级路况状态，采用小修或大修措施。

（3）路况较差时需采用中修或大修措施。

（4）路况很差的路段，应采用大修措施。

二、桥梁养护管理系统

1. 概况

由于桥梁的初期投资大，使用期长，养护资金投入集中，所以，如何科学地分配庞大的维修改建资金，特别是在资金普遍不足、养护需求得不到全部满足的情况下，如何把资金投到最需要、最重要的地方，将显得更加重要。

国外桥梁养护管理系统诞生于20世纪60年代，经过70年代的发展，80年代逐步完善，进入90年代已到了推广应用的新时代。80年代中期我国一些地区初步建立了桥梁的数据库，但没有对养护的经济性及效益进行分析。1991年由北京公路科研所与河南省公路局联合开发的桥梁养护管理系统比较全面地就桥梁养护工作的数据采集、养护对策、养护费用、优先排序及养护计划、计算机处理进行了研究开发，它的研究成果为我国今后桥梁养护系统的开发打下了良好的基础。

从1998年起，全国部分省市的高速公路管理部门相继开始使用由交通部公路科学研究所开发的高速公路桥梁管理系统（China Expressway Bridge Management System）。该系统现已在山西太旧、江西昌九、福建泉厦、河北石安、海南东线及广东多条高速公路上运用。广东、江西、山西、海南省高速公路管理养护部门已全面完成数据的采集、录入及系统的各功能调试工作，并已经将桥梁管理系统所提供的数据、计算分析结果作为养护的辅助依据。

桥梁管理系统（CBMS）基于桥梁结构工程、病害机理、检测技术和数据采集技术，运用计算机系统所提供的数据处理功能、评价决策方法和管理学理论，对现有桥梁进行状况登记、评价分析、投资决策和状况预测。建立CBMS系统能够全面的收集、储存和处理各类桥梁数据资源，通过系统提供的各个模型和功能的运行，用户可以直观地了解现有桥梁的过去、当前和将来若干年内的营运状况，从而合理安排有限的养护资金，及时、经济和有效地对桥梁进行养护和维修，达到延长桥梁使用寿命、充分发挥桥梁的运营效能、确保交通运输安全畅通的目的。

2. 桥梁管理系统数据库

桥梁管理系统数据库主要由桥梁静态数据、桥梁动态数据、文档、图像以及维修加固数据等资料库组成，它是桥梁养护与维修、安全评价的依据。

1）数据库的建立

数据的采集与录入、建立数据库是桥梁管理系统极其关键的一环。数据采集质量直接影响着整个系统运行效果，因此，必须非常重视数据库的建立工作。

数据采集及录入过程应遵守规定的编目、编码进行，并重点掌握数据库设置、各种数据字段的类型、长度、含义、归属、编码字段的编码规则及代码转换技术。对已损失的内业资料要进行补充，或通过实测加以修订。在外业数据采集中，对桥梁病害评价代码要正确理解和把握，保证数据的完整与准确。

2）数据库的功能

（1）利用数据库，能迅速、正确地查出所需的资料，若发现输出的某些资料有错误，可以用编好的程序进行修正。

（2）按需分类输出资料。管理人员可根据自己工作的需要调出各种资料，进行桥梁维护系统的相关分析，进而评估不同维护方法的效果。

（3）提供将来工程的基本参考资料。数据库所存储的资料除了为桥梁维护工作提供依据，还可为桥梁未来的改建或建设其他桥梁提供设计参考资料。

3. 桥梁管理系统结构及功能设置

1）系统结构

交通部推广应用的CBMS系统采用结构设计，以菜单方式调用，其结构共分为以下4层：

(1)总控制层。该层的作用是提供CBMS版本信息，对下层进行调用。

(2)子系统层。由数据管理、基本应用、统计处理、图形图像、评价对策、维修计划和费用分析等7个系统组成，该层由总控层调用。

(3)模块层。由若干管理模块组成，受对应的子系统调用。

(4)功能层。设有100余项独立处理功能块，处理某项具体工作，各功能块由相应的上层模块调用。

CBMS采用层层调用、层层返回的结构方式，结构清晰，各功能相互独立，便于系统维护和功能扩展。

2)系统功能设置

CBMS采用ORACLE关系数据库，建有桥梁静态、动态、文档和加固方法等4个数据库、13个库文件、155项数据字段，与c语言嵌套建有数据管理、评价对策等7个子系统，100余项功能。按其特点可分为以下6个方面：

(1)数据管理功能。cBMs提供了很强的数据管理功能，可进行数据输入、修订、查询、删除、校验、备份、重装、传输等处理，这些操作通过“数据管理子系统”实现。

(2)日常事务处理功能。提供固定检索，任意查询，快速制表，输出桥卡，汇总一览表、定检表以及各种统计功能，满足日常管理工作的需要。

(3)图像管理功能。提供彩色图像扫描、编辑、分类显示和印刷输出，通过图像信息决策，直观、清晰，一目了然。

(4)编制桥梁维修检查计划功能。系统根据数据采集所提供的维修检查建议，编制桥梁维修计划、特检计划和定期计划，输出结果按桥梁病害程度、桥龄长短、路网交通量及道路类别等关键字排序。

(5)提供维修费用估价功能。系统建立多种维修方法基价，用户输入工程量就可估算所需费用。

(6)评价对策功能。CBMS提供了桥梁使用功能评定及加固对策、人工智能处理子系统。桥梁使用功能评定是根据桥梁的结构缺损状况、荷载承重足够性和桥面交通适应性等三方面，同时考虑交通量、道路类别、绕行距离等条件来评价。通过对桥梁现状评定，以确定桥梁对路网的适应程度，从而为桥梁的维修改造计划的制定提供依据。CBMS采用了AHP层次分析和模糊评判两种评定方法，这两种方法均为系统工程中较为有效的方法。其中层次分析法(AHP)的评价结果以分数的形式表达((2BMS中采用100分制)，模糊评判以模糊数学为理论基础，其结果采用等级形式表示(2BMS采用1~5等级制)。

•第五节　路政管理•

一、概　　述

我国道路路政管理，是指道路主管部门及其授权的道路管理机构，根据《中华人民共和国公路法》(以下简称《公路法》)等有关法规，对道路依法实施的行政管理。路政管理属于国家行政管理的组成部分，是随着公路路政管理的实践而产生，随着行政管理学的发展而发展，是社会经济发展到一定阶段的必然产物。

路政管理学是一门专门化的行政管理学，除了普通管理学的一般原理外，还有其自身特点和内涵。它是一门研讨路政管理活动规律以及如何搞好路政管理的科学，其内容广泛，一般包括路政决策、路政管理、路政方法、路政法规、路政业务管理以及路政管理机构的设置、人员编制等。

路政管理学是一门新兴的边缘学科，与之相关的学科主要有行政管理学、社会学、经济学、管理心理学以及现代化管理知识等。

路政管理是公路管理的主要组成部分之一，是强化公路管理的重要一环，是公路行政管理的集中体现。

1. 路政管理的有关概念

路政管理是指公路主管部门及其授权的公路管理机构根据国家的有关法律法规，为保护公路、公路用地、公路设施、维护公路合法权益和为发展公路事业所进行的行政管理。

路政管理的目的是保障公路使用质量，提高公路的社会效益，保障公路的安全畅通。

路政管理应遵循“管养结合、综合治理、预防为主、依法治路”的原则。

2. 路政管理的特点

道路路政管理的对象是人、社会组织、物质资源(路产)、时空资源(路权)和信息资源等，所以，路政管理有如下的持点：

(1)法制性。路政管理是我国行政管理的组成部分，是代表国家履行管理职能的一种执法活动，属于法制的范畴。

(2)强制性。路政执法活动是国家意志的体现，由国家通过法规强制实施，任何个人和组织违反路政管理法，都要受到法律制裁。

(3)群众性。人们的生产和生活都离不开道路交通，因此，路政管理与人民群众有着密切的联系，特别是由于道路线长面广，其管理任务就更为艰巨。例如，为了保护道路的绿化完好，禁止挖掘、侵占道路、超限运输车辆过路过桥，保证公路交通标志的完好等，道路管理部门除了依法进行管理外，还必须宣传、教育、发动群众，使人人都能遵守交通法规，积极维护道路路产不遭到破坏，与各种破坏道路的行为进行斗争。因此，发动群众，特别是沿线群众参与路政管理具有十分重大的意义。

(4)广泛性。公路交通不但涉及到千家万户，而且与农业、市政、水利、林业、电讯、电力、厂矿、铁路、商业、建筑、汽车运输及沿线的乡、镇等各行各业或部门都会发生密切的联系，因而，它具有较强的广泛性。

(5)复杂性。路政管理工作与公安交通等部门在工作职责上有交叉，必须协调、配合。而路政管理机构的权威和手段也是有限的，因此有时需要其他部门的行政手段相配合。这些都反映了路政工作的复杂性。

二、公路路政管理的任务和实施

1. 道路路政管理的任务

(1)保护道路路产。保护道路路产的完好，保障道路畅通是路政管理的中心任务。主要表现在制止和查处如超限运输、在道路上试刹车、挖掘道路，毁坏和破坏道路的路基、路面、桥梁、隧道、涵洞、排水设施、防护构造物、花草林木、苗圃以及各种路标指示牌等违法行为。

(2)维护道路路权与秩序：

①维护路权不受侵犯，也是路政管理的重要任务。主要表现在控制道路两侧建筑物的红线、审理跨越道路的各种管线和渠道，审理各种道路与道路交叉，废弃道路的产权归属等。

②维护道路工作的正常秩序是路政管理的任务之一。主要表现在维护道路渡口、道路养护施工作业的正常秩序、道路外部行政管理的正常秩序。

(3)保护道路管理、路政管理人员的权益。主要是保护道路管理机沟、路政管理机构的合法权益，以及道路养护施工作业人员、道路管理人员从事生产、执行公务时的合法权益。对于发生的路政案件，应按《公路法》及其他有关法律责任的规定予以处理，并按如下规定处罚：

①凡违反《公路法》规定的单位和个人，按实际情况，责令其归还原物，恢复原状，赔偿损失，没收非法所得，并处以罚款。

②违反《公路法》规定的当事人，对交通主管部门或其授权的道路管理机构给予的处罚不服的，可在接到处罚通知单之日起 7 天内向上一级交通主管部门或授权的道路管理机构提出申诉，对上一级交通主管部门或其授权的道路管理机构的处理不服的，可以接到处理决定书之日起 15 天内向人民法院起诉；期满不起诉又不履行处理决定的，交通主管部门或其授权的道路管理机构可以报请人民法院强制执行。

③各级交通管理人员违反《公路法》规定的，由各级交通主管部门给予行政处分或经济处罚，情况特别严重的，可由司法机关处理。

交通管理人员受本单位或上级单位负责人指使、纵容而违反《公路法》规定的，除追究其本人责任外，并应追究有关单位及其负责人的责任。

④违反《公路法》规定的应受治安管理处罚的，由公安机关处理；构成犯罪的，由司法机关依法追究刑事责任。

2. 路政管理的实施

道路路产包括道路、道路用地和道路附属设施。《公路法》规定："道路受国家保护，任何单位和个人不得破坏、损坏或者非法占用道路、道路用地及道路附属设施。"同时，《公路法》还指出："各级地方人民政府应当采取措施，加强对道路的保护"，并规定"任何单位和个人不得擅自占用、挖掘道路"。在道路路政管理的具体实施中应特别注意以下几点：

(1)任何单位和个人不得在道路上非法设卡、收费、罚款和拦截车辆。道路路政管理人员依法在道路、建筑控制区、车辆停放场所、车辆所属单位等进行监督检查时，任何单位和个人不得阻挠，但道路路政管理人员在实施上述监督检查时，应当佩戴标志，持证上岗。

(2)在道路与退路用地范围内禁止以下物品的堆放和作业：

①设置电杆、变压器、地下管线及其他类似设施。

②设置棚屋、摊点、维修场及其类似堆积物。

③堆放垃圾、建筑材料及其他类似临时设施。

④挖掘、采矿、取土、引水灌溉、排放污水、种植作物以及烧窑、制坯、沤肥与其他类似作业。

⑤任何违章占有、损坏道路的行为。

(3)在道路大中型桥梁和渡口的上下游各 200m、道路隧道的上方和洞口外 100m 范围内不得：

①采挖矿石、淘金开矿、修筑堤坝、压缩或扩宽河床、烧荒、刷坡、爆破、取土木或进行其他类似作业。

②倾倒垃圾、污物，堆放或倒运物资，停泊船只、排筏或进行其他类似活动。

③有任何妨碍道路、桥梁、渡口、隧道安全畅通的行为。

(4)在道路两侧从事开山、采矿、伐木和施工作业，不得危及道路、道路设施的安全。如有危及的可能时，从事作业的单位或个人应在作业前报告当地道路管理机构，同时采取必要的防护措施；已发生危及路产安全的，须立即停止作业，听候处理。

(5)超过道路和道路桥梁、隧道、渡船限载、限高、限宽、限长标准的车辆不得任意通行。必须通行的，须经县以上交通主管部门批准，并由超限运输单位承担道路管理机构为此采取技术措施和修复损坏部分所发生的费用。

履带车、铁轮车以及类似可能损害路面的其他运输机具，不得在铺有路面的道路上行驶；必须通行时，应按上述规定办理。机动车辆制造、修理厂家不得擅自在道路上试车。

(6)兴建铁路、机场、电站、水库、水渠、地下管线或其他建设工程，需要挖掘道路或占用、利用道路、道路用地和道路设施时，建设单位或个人必须事先征得道路主管部门同意，签订协议，并承担按原道路技术标准修复或商定按规划标准改建道路的费用；影响交通的，还需征得公安交通管理机关的同意，才能进行工程的建设。

(7)修建跨越道路的各种桥梁、渡槽、管线等设施，必须考虑道路的远景发展规划，满足《公路工程技术标准》规定的各项几何尺寸及净空要求；因施工造成道路及道路设施损坏的，在尽可能恢复道路及设施原貌的前提下，还应缴纳道路损坏补偿费。

(8)在道路两侧修建永久性构造物或设施，其建筑设施边缘与道路边沟(坡脚护坡道、坡顶截水沟)外缘的最短间距必须符合以下规定：国道不少于20m、省道不少于15m、县道不少于10m、乡道不少于5m；在道路弯道内侧及平交道口附近还必须满足道路长远发展规划标准的行车视距或改作立体交叉的要求。

(9)通过道路渡口的一切车辆和人员，必须服从渡口和路政管理人员的调度及指挥，遵守渡口管理规章，不得以任何理由抢先登渡。

(10)对违反上述规定，侵犯公路合法权益，造成路产损坏或严重危及路产安全的单位、个人或车辆，道路路政管理人员有权对当事者和案发现场进行拍照取证和查处，责令赔偿损失，对驾车逃避者可通知公安交通管理人员或交通检查站会同检查人员共同拦截，查处其违章行为。

复习思考题

1. 预算定额的作用是什么？
2. 以《上海市市政工程预算定额》为例，试述市政工程预算定额的组成内容有哪些？
3. 如何进行建筑安装工程费的计算？
4. 市政道路检查与验收的要求有哪些？
5. 简述桥梁养护管理系统结构。

参考文献

[1] 傅智,金志强. 水泥混凝土路面施工与养护技术. 北京:人民交通出版社,2003.

[2] 沙庆林. 高速公路沥青路面早期破坏现象及预防. 北京:人民交通出版社,2003.

[3] 邓学钧. 路基路面工程. 北京:人民交通出版社,2000.

[4] 严家伋. 道路建筑材料. 北京:人民交通出版社,2002.

[5] 李继业,郭玉起. 道路建筑材料. 北京:科学出版社,2004.

[6] 荆农. 沥青路面机械化施工. 北京:人民交通出版社,2005.

[7] 徐培华. 高等级公路路基路面施工质量控制技术. 北京:人民交通出版社,2005.

[8] 北京市市政工程局. 市政工程施工手册(第二卷)——专业施工技术. 北京:中国建筑工业出版社,1995.

[9] 中华人民共和国交通行业标准. 公路水泥混凝土路面滑模施工技术规程(JTJ/T 073.1—2000). 北京:人民交通出版社,2000.

[10] 梁金江. 公路工程管理. 北京:人民交通出版社,2002.

[11] 中华人民共和国交通行业标准. 公路水泥混凝土路面养护技术规范(JTJ 073.1—2001). 北京:人民交通出版社,2001.

[12] 中华人民共和国交通行业标准. 公路沥青路面养护技术规范(JTJ 073.2—2001). 北京:人民交通出版社,2001.

[13] 中华人民共和国交通行业标准. 城镇道路养护技术规范(CJJ 36—2006). 北京:中国建筑工业出版社,2006.

[14] 金志强. 水泥混凝土路面养护维修手册. 北京:人民交通出版社,2003.

[15] 李世华. 道路桥梁维修技术手册. 北京:中国建筑工业出版社,2003.

[16] 姜云焕. 改性稀浆封层施工技术. 北京:石油工业出版社,2001

[17] 周传林. 公路养护技术与管理. 北京:机械工业出版社,2005.

[18] 虎增福. 乳化沥青及稀浆封层技术. 北京:人民交通出版社,2001.

[19] 高建立. 高速公路沥青路面养护关键技术与工程实例. 北京:人民交通出版社,2006.

[20] 郭忠印. 沥青路面施工与养护技术. 北京:人民交通出版社,2003.

[21] 赵茂才. 水泥混凝土路面板下脱空封堵设计理论与处治技术. 哈尔滨:哈尔滨工业大学出版社,2003.

[22] 筑龙网　组编. 市政工程施工组织设计范例精选. 北京:中国电力出版社,2006.

[23] 筑龙网　组编. 道桥工程施工组织设计范例精选. 北京:中国电力出版社,2006.

[24] 王骏. 市政工程定额与预算. 北京:中国建筑工业出版社,2001.

[25] 中华人民共和国行业标准. 城市桥梁养护技术规范(CJJ 99—2003). 北京:中国建筑工业出版社,2003.